탈현대와 동양사상의 재발견

홍 승 표

계명대학교 출판부

“본 연구는 2010년도 계명대학교 비사연구기금으로 이루어졌음”

목 차

들어가는 글

1992년 여름,

그러니까 지금으로부터 20년 전,

내 학문 인생에 혁명적인 전환이 일어났다.

그때까지 실증주의 사회학자였던 나는, 우연한 계기로 이 시대 속에서 동양 사상의 가치에 관심을 갖게 되었다.

그 날 이후, 나는 20년의 세월을 〈동양 사상의 사회학적 함의〉를 밝히는 데 매진해왔다.

학자로서 무척 행복한 시간이었다.

이 책은 그 간 내가 기울여왔던 노력의 여섯 번째 결실이다.

내 학문의 청사진이라 할 수 있는 『깨달음의 사회학』(예문서원, 2002)을 출간한 이래, 『동양 사상과 탈현대』(예문서원, 2005), 『노인 혁명』(예문서원, 2007), 『동양 사상과 새로운 유토피아』(계명대학교출판부, 2010), 『동양 사상과 탈현대적 삶』(계명대학교출판부, 2011)을 출간했고, 마침내 여섯 번째 책을 출간하게 되니 감회가 크다.

내가 동양 사상과 인연을 맺고, 학자로서 행복한 삶을 누릴 수 있게 된 것은 그야말로 '행운'이었다. 이 길을 걷게 된 것은 논리적인 귀결도 아니고, 결심에 의한 것도 아니었으며, 내가 잘나서 그런 것은 더욱 아니었다. 이것은 어느 날 우연히 그리고 갑자기 주어진 '하느님의 선물'이었다.

동양 사상에서 새로운 사회학의 비전을 본 이후, 난 뒤돌아보지 않고 이 길을 걸어왔다.

처음에는 동양 사상에 바탕을 둔 현대 문명 비판에 역점을 두었지만, 점점 나의 관심은 탈현대 세계관인 통일체적 세계관의 바탕 위에서 탈현대 문명을 구상하는 작업에 집중되었다.

지금까지 걸어온 이 길에 마음을 함께하는 친구가 있어 더 행복했다.

늘 곁에 있으면서 아낌없이 모든 도움을 베풀어주는 이현지 교수,

마음 든든한 친구이자 끝없이 나를 품어주는 형 정재걸 교수,

마음공부를 많이 한 착한 나의 아우 백진호 선생,

사려 깊은 조언과 깊은 고전 지식을 나누어주는 이승연 박사,

우리 다섯은 15년의 세월을 주말마다 만나 함께 공부하고, 토론하고, 웃고, 맛있는 식사를 하고, 여행도 함께 한다. 우리는 『동양 사상과 탈현대의 죽음』(계명대학교출판부, 2010)을 함께 출판했고, 『동양 사상과 노인 복지』를 탈고했으며, 5년간의 집중적인 스터디를 통해 우리의 역작 『주역과 탈현대』 원고를 거의 마무리했다.

이 친구들과 함께 해서, 내가 걷는 이 길은 더 즐겁고 보람찬 것이었다.

동양사상학회에도 뜻을 함께 하는 많은 벗이 있다.

존경하는 이영찬 교수님, 최석만 교수님, 이동인 교수님, 최영진 교수님, 사랑하는 제자 안신국 선생, 김보경 박사, 후배 신종화 교수, 박수호 교수 등, 생각해보니 내가 존경하고 나를 아껴주는 수많은 친구들이 있음을 알겠다.

이들과 함께 나는 이 길을 목숨이 다하는 날까지 걸어가려 한다.

지금도 『주역과 탈현대 문명』을 열심히 준비하고 있고, 『사랑의 사회학』, 『동양 사상과 탈현대 사회심리학』 등 몇 권의 책을 구상하고 있다.

사랑하는 아내, 나에게 큰 기쁨을 주는 성완이와 보람이를 비롯해 이 책이 나오기까지 감사해야 할 사람이 참 많다. 늘 내가 쓴 글들을 열심

히 읽어주고, 이 책을 처음부터 끝까지 꼼꼼하게 교정해준 안신국 선생님과 책 속에 예쁜 그림을 그려준 이현주 선생께 특별한 감사를 전한다.

내가 마음껏 학문 연구에만 정진할 수 있도록 기회를 주신 박경구 교수님 내외분께 이 책을 바친다.

서론

전현대가 신이 지배하는 시대였다면,
현대는 이성이 지배하는 시대이고,
탈현대는 사랑이 지배하는 시대일 것이다.

탈현대[1] 사회 구조는 빠른 속도로 우리 앞에 다가오고 있다. 하지만 현 인류의 의식은 여전히 현대 세계관에 고착되어 있다. 그 결과, 낡은 현대적인 의식과 새로운 탈현대적인 사회 구조 간의 충돌이 격렬하게 일어나고 있고, 많은 고통과 불행이 양산되고 있다. 이 책은 동양 사상에서 탈현대 사회 구조와 조화를 이룰 수 있는 새로운 형태의 의식을 찾고자 하는 의도에서 쓰였다. 동양 사상에서 탈현대 세계관인 통일체적 세계관을 구성하고, 이에 바탕을 두고 탈현대 사회 구조와 조화를 이룰 수 있는 새로운 형태의 의식을 찾아내는 것이 이 책의 목표이다.

전현대가 신이 지배하는 시대였다면, 현대[2]는 이성이 지배하는 시대이다. 그리고 탈현대는 사랑이 지배하는 시대일 것이다. 전현대를 건설하고자 했던 선구자들이 신의 존재를 계몽하고자 했다면, 현대를 건설

1) 이 책에서 '탈현대'는 '후기 현대'가 아니라 '현대 이후의 새로운 시대[the new era after the modern time]'를 지칭하는 용어로 사용한다. 보다 자세한 설명은 홍승표의 『동양 사상과 탈현대적 삶』(계명대학교출판부, 2011), 서론 3장 「이 책의 목적」에서 '탈현대'의 의미에 대해 서술한 내용을 참조할 것.

2) 현대(modern)이란 용어에는 두 가지 의미가 있다. 한 가지는 인류 역사의 특정 시점을 가리키는 의미이다. 이 경우 현대는 전현대나 탈현대와는 구분되는 시기를 가리킨다. 다른 한 가지는 현대라는 용어가 현재 이 시점을 가리키는 경우이다. 이 경우에는 역사의 어떤 시점에서나 현재의 그 시점이 현대를 의미하게 된다. 이 글에서 현대라는 용어는 전자의 의미로 사용된다.

하고자 했던 선구자들은 이성을 계몽하고자 한다. 그리고 탈현대를 건설하고자 하는 선구자들은 사랑을 계몽하고자 할 것이다. 이 책은 동양 사상의 바탕 위에서 사랑의 시대인 탈현대를 계몽하고자 하는 의도에서 써진 것이다.

현대 문명의 끝을 살아가고 있는 현 인류는 마치 세상이 곧 끝나버릴 것 같은 암담한 느낌을 갖고 있다. '자식이 부모를 살해했다.' '북극 얼음이 녹아내린다.' '교실이 붕괴되고 있다.' '청년 실업 대란이 우려된다.' '유럽 국가들의 재정 위기가 심각하다.' '사람들의 불행과 불안 지수가 전례 없이 고조되고 있다.' 이런 뉴스를 접할 때마다, 우리는 세상의 종말이 온 것 같은 느낌에 사로잡힌다.

우리는 도처에서 현대 문명을 지탱하던 기둥이 흔들림을 느낀다. 그렇게 어렵게 성취했던 민주주의의 기둥이 흔들림을 느낀다. 결코 무너지지 않을 것 같았던 자본주의의 기둥이 흔들림을 느낀다. 현대 교육의 기둥이 흔들림을 느낀다. 현대 가족의 기둥이 흔들림을 느낀다.

문명 대전환기를 살아가는 사회학자에게 요구되는 것은 일반인들과 마찬가지로 낡은 시대의 눈으로 그 시대 속에서 절망을 느끼는 것이 아니다. 그에게 요구되는 것은 낡은 시대가 무너져가는 한가운데에서 새로운 시대의 터전이 닦이고 있음을 자각하는 것이다. 현대의 혼돈 속에서, 탈현대의 비전을 보는 것, 그것이 바로 문명 대전환기를 살아가는 사회학자에게 주어진 소임이다. 그리고 이 책이 하고자 하는 작업이 바로 이런 것이다.

현대의 눈으로 보면, 현재 사회에는 현대를 지탱하던 사회 구조의 붕괴가 이루어지고 있다. 실업률의 증가, 국민 국가의 위기, 금융과 재정 위기, 교실 붕괴, 현대 가족 위기 등은 붕괴의 양상들이다. 하지만 탈현대의 눈으로 보면, 파괴가 바로 창조이다. 붕괴하는 현대 속에 탈현대가 웅비를 위한 용트림을 하고 있다. 여가 중심적인 새로운 삶의 양식의 확산, 다문화 사회의 도래, 탈현대 가족의 출현, 새로운 교육의 붕아 등이 그것이다.

그러나 현재 사회에는 여전히 낡은 세계관인 현대 세계관이 현대인의 의식을 지배하고 있다. 낡은 시대의 눈으로 보면, 파괴의 이면인 새 시대의 창조가 보이지 않는다. 현대 사회학 역시 현대에 함몰되어, 새로운 시대의 계몽이라는 사회학적인 책무를 감당하지 못하고 있다. 그래서 현대인도 현대 사회학자도 죽음을 앞둔 노인처럼 붕괴하는 현대 문명 앞에서 암담한 절망을 느끼며, 한탄의 한숨만을 뱉어내고 있다.

사회학자가 예지를 갖고 새로운 시대에 대한 비전을 제시하지 못한다면, 현 인류가 직면하고 있는 문제는 답이 없다. '전 세계적으로 청년 실업이 증가하고 있다.'는 현대 말 현상에 대해 현대 사회학자는 현대인과 마찬가지로 우려의 시선을 던질 뿐이다. 청년 실업의 증가는 현대 사회학자와 현대인의 눈에는 해결해야 할 사회 문제일 따름이다.

그래서 현대 사회학자와 현대인은 청년 실업을 해결하려한다. 새로운 일자리를 만들려고 한다. 대통령 후보들은 모두 새로운 일자리 창출을 공약으로 내세우고, 유권자들은 그 공약을 지킬 수 있을 것 같은 후보에게 표를 던진다. 하지만 세계의 어떤 대통령도 청년 실업을 해결하지 못했을 뿐만 아니라 앞으로도 해결할 수 없을 것이다. 이것은 러다이트 운동을 주도했던 숙련 노동자들이 기계화라고 하는 역사의 추세를 되돌려놓지 못했던 것과 마찬가지 이치이다.

이렇듯 현 인류는 현대 속에 함몰되어 있기에, 어떤 사회학자도 어떤 현대인도 청년 실업의 증가 속에서 새로운 시대의 희망을 보지 못한다. 문명이 시작된 이래, 인류의 뿌리 깊은 소망은 '노동의 고역이 없는 사회'에 도달하는 것이었다. 모든 민족의 황금 시대에 대한 신화에는 '노동 없는 사회'에 대한 인류의 꿈이 담겨 있다.

그런데 지금 인류의 오랜 꿈이 현실이 되어 나타나고 있다. 이제 귀족이 아니어도 그리고 은퇴한 노인이 아니어도, 노동의 고역을 감당하지 않아도 된다. 인류가 단지 꿈속에서만 그릴 수 있었던, '노동으로부터의 해방'이 현실로 다가오고 있다. 고대 사회에서 노예들이 감당해야만 했던 고역들을 이제 인공 지능을 장착한 기계들이 대신하고 있다. 공장에서도, 사무실에서도, 농장에서도, 가정에서도, 이들이 인간이 힘들여해야만 했던 일들을 대신하고 있다.

인류의 오랜 꿈이 실현되어가고 있지만, 현대 사회학자와 현대인은 우려 섞인 눈으로만 그것을 바라본다. 왜일까? 그 이유는 그들이 '현대의 안경을 쓰고 있는' '현대' 사회학자이며, '현대'인이기 때문이다. 직업노동에 지고의 가치를 부여하는 기묘한 현대의 눈으로 이 시대를 바라본다면, 노동을 통해 인간의 인간적인 본질을 실현한다는 마르크스의 이상한 눈으로 이 시대를 바라본다면, 이 시대는 정말 해결하기 어려운 문제에 봉착해있는 파국으로만 해석될 것이다. 그리고 우리는 그런 눈으로만 이 시대를 바라보고 있다. 그래서 '현대' 사회학자와 '현대'인은 이 시대 속에서 현대의 붕괴만을 보며, 탈현대의 비전을 보지 못한다.

이것은 현 시대 속에서 재앙만을 본다는 문제에 그치는 것이 아니라 이 시대를 더 큰 재앙에 빠지게 한다는 문제를 갖고 있다. '현대의 안경'을 벗어버리지 않는다면, '현대' 사회학자와 '현대'인이 할 수 있는 것은 재앙을 키워가는 일밖에 없다. 비유하자면, 이것은 서구 중세 말의 신학자가 무너져가는 신앙심에 매달려 시대를 구원하고자 하는 것이나, 조선 시대말의 유학자가 유가적인 도의에 매달려 시대를 구제하고자 했던 것과 똑같은 것이다. 그들은 절박한 심정으로 시대 구제를 위해 노력했지만, 그들이 할 수 있는 것은 아무 것도 없었다. 그들이 바라보았던 그 시대의 문제 속에 새로운 시대의 희망이 담겨 있음을, 낡은 안경을 쓴 채로는 결코 자각할 수 없었기 때문이다.

지금 지구상에는 낡은 현대 세계관과 새로운 탈현대 사회 구조 간의 격심한 문명 충돌이 일어나고 있다. 이 중 바뀌어야 할 것은 무엇이겠는가? 그것은 분명 이제는 낡아버린 현대 세계관이다. 낡은 현대의 안경을 벗어던지고, 새로운 탈현대의 눈으로 이 시대를 보면, 돌연 현대의 붕괴 속에 탈현대의 건설이 시작되고 있음을 볼 수 있다.

이 책이 하고자 하는 작업이 바로 이와 같은 것이다. 필자는 오래된 동양 사상이라는 광물을 제련해서 통일체적 세계관[3]이라고 하는 탈현대의 안경을 만들고자 했다. 이는 현대를 건설했던 선구자들이 고대 그리스와 로마의 사상과 문화 속에서 현대의 비전을 찾고자 했던 것과 같은 이치이다.

현대의 선구자들이 고대 그리스와 로마의 르네상스[부흥]를 주창했듯이, 필자는 고대 동양 사상의 르네상스를 주창한다. 현대의 선구자들이 고대 그리스와 로마의 르네상스를 통해 새로운 현대 문명에 대한 비전

---

3) 통일체적 세계관은 필자가 이십 년 가까이 동양 사상의 바탕 위에서 구축하고자 노력해온 새로운 세계관이며, 이것은 곧 탈현대 세계관이다. 이 책에서의 통일체적 세계관에 대한 서술은 기존에 출판한 필자의 책, 『깨달음의 사회학』(예문서원, 2002), 『노인 혁명』(예문서원, 2007), 『동양 사상과 새로운 유토피아』(계명대학교출판부, 2010), 『동양 사상과 탈현대적 삶』(계명대학교출판부, 2011)에서의 통일체적 세계관에 대한 서술을 정리, 종합하고 새로운 내용을 보완한 것이다.

통일체적 세계관이라는 용어 선택과 관점 형성에는 최봉영의 『韓國人의 社會的 性格(Ⅰ)』(느티나무, 1994) 2장 1절 1항 '통체-부분자적 세계관'에 대한 서술에서 도움 받은 바가 크다. 최봉영이 서술하고 있는 통체-부분자적 세계관에는 분명히 통일체적 세계관의 요소가 풍부하게 포함되어 있다. 그러나 최봉영의 통체-부분자적 세계관의 구성 자체가 유교적인 가(家)의 원리와 실현을 중심으로 한 조선 사회의 유교 문화와 사회 조직에 대한 설명을 목적으로 한 것이기 때문에, 전현대적 세계관이 포함되어 있는 통체-부분자적 세계관을 탈현대의 새로운 문명 설계의 기초로 삼을 수가 없었다. 이것이 필자가 2002년 『깨달음의 사회학』 이래 통일체적 세계관이라는 새로운 용어를 만들어, 이를 탈현대 문명의 기초로 삼고자하는 이유이다.

을 제시하고자 했듯이, 필자는 고대 동양 사상의 르네상스를 통해 새로운 탈현대 문명에 대한 비전을 제시하고자 한다.

이 책이 갖고 있는 전략은 다음과 같다. 일단 동양 사상을 기반으로 해서 새로운 문명의 기초가 될 수 있는 탈현대 세계관인 통일체적 세계관을 구성한다. 그리고 통일체적 세계관의 바탕 위에서, 현대 학문관, 여가관, 노동관, 다문화 사회관, 노인관, 죽음관을 비판하고, 그리고 탈현대 학문관, 여가관, 노동관, 다문화 사회관, 노인관, 죽음관을 구축하는 것이다.

통일체적 세계관을 구축하는 작업에서는 현대 세계관의 특징과 문제점을 살피고 난 후에, 통일체적 세계상, 통일체적 인간관, 통일체적 관계관을 구성하도록 하겠다. 통일체적 세계관은 이후 모든 논의의 기반이 된다.

각론의 첫 번째 작업은 통일체적 세계관의 바탕 위에서 탈현대 학문관을 구상하는 것이다. 먼저 현대 학문의 특징과 문제를 살펴보도록 하겠다. 그러고 나서 탈현대 학문에 있어서 앎의 목적, 앎의 의미, 앎의 방법을 서술할 것이다.

두 번째 작업은 통일체적 세계관의 바탕 위에서 탈현대 여가관을 구상하는 것이다. 먼저 현대 여가관의 특징과 문제를 살펴보도록 하겠다. 그러고 나서 탈현대 여가의 핵심적인 특징으로 '수행(修行)으로서의 여가'와 '낙도(樂道)로서의 여가'를 서술할 것이다.

세 번째 작업은 통일체적 세계관의 바탕 위에서 탈현대 노동관을 구상하는 것이다. 먼저 현대 노동관의 특징과 문제를 살펴보도록 하겠다. 그러고 나서 탈현대 노동의 핵심적인 특징으로 우주적인 자기에 대한 자각을 목표로 하는 '수행으로서의 노동'과 우주적인 자기를 즐기는 '낙도로서의 노동'을 서술할 것이다.

네 번째 작업은 통일체적 세계관의 바탕 위에서 탈현대 다문화 사회의 기초를 구상하는 것이다. 먼저 현대 세계관과 다문화 사회의 문제를 살펴보도록 하겠다. 그러고 나서 유가의 '화(和)' 사상과 '겸(謙)' 사상, 도가의 '절대 평등' 사상과 '유약(柔弱)' 사상, 불가의 '무아(無我)' 사상과 '상즉(相卽)' 사상의 바탕 위에 탈현대 다문화 사회의 기초를 찾아보도록 할 것이다.

다섯 번째 작업은 통일체적 세계관의 바탕 위에서 탈현대 노인관을 구상하는 것이다. 먼저 현대 인간관에 기인하는 노인 소외와 현대 노인관 비판을 행하도록 하겠다. 그러고 나서 성숙하고 아름답게 나이 들어가는 수행으로서의 나이 들기와 삶을 즐기는 낙도하는 삶을 살아가는 노인의 모습을 서술하도록 할 것이다.

여섯 번째 작업은 통일체적 세계관의 바탕 위에서 탈현대 죽음관을 구상하는 것이다. 먼저 현대 인간관과 소외된 죽음관에 대한 비판을 행하도록 하겠다. 그러고 나서 죽음을 마지막 성장의 기회로 활용하면서 편안하고 장엄하게 죽어가는 탈현대 죽음을 서술하도록 하겠다.

이 책의 목표를 정리한다면 다음과 같다. 첫째, 현대 문명 위기의 근원이 현대 세계관에의 고착에 있음을 직시하고, 탈현대 문명 구축의 기초로 탈현대 세계관인 통일체적 세계관을 구성한다. 둘째, 통일체적 세계관의 기반 위에서, 학문, 여가, 노동, 다문화 사회, 늙음, 죽음 등 여섯 부문에 걸쳐, 이에 대한 새로운 정체성을 탐구한다. 이 모든 작업의 목적은 현대 세계관에의 고착에서 비롯되고 있는 '현대의 늪'을 빠져나갈 수 있는 방법을 찾는 것이다. 그리고 결론은 '현대의 늪이란 본래 없었다.'는 것이다.

Chapter

I

현대 세계관의 특징과 비판

오늘날에 이르러,
현대 세계관은
늪이 되어버렸다.

이 책에서의 현대 세계관에 대한 논의는 현대 세계관 자체를 이해하는 데 목적이 있는 것이 아니다. 현대 세계관에 대한 논의의 목적은 현대 세계관이 현 시대와 조화를 이룰 수 없는 낡은 세계관으로 전락했음을 비판하고, 새로운 탈현대 세계관인 통일체적 세계관에게 자리를 물려주어야 하는 당위성을 입증하는 것이다.

현대 세계관이란 서구 근대기에 출현한 인간과 세계를 바라보는 새로운 관점을 가리킨다. 현대 세계관은 17세기를 전후해 서구 사회에서 출현했다. 현대 세계관은 이후 전 세계로 확산되었고, 오늘날에 이르기까지 현대 사회의 지배적인 세계관으로 작용하고 있다.

16세기에 이르면, 중세 세계관은 중세 말 사회가 직면하고 있는 사회문제에 창조적으로 응전할 수 없을 뿐만 아니라 새롭게 출현하는 현대 사회 구조와도 충돌을 빚는다. 이에 중세 세계관의 붕괴가 가속화되었다. 중세 세계관의 붕괴는 그 시대를 살아가던 사람들에게는 세계의 흔들림이었으며, 삶의 혼란과 고통의 가중을 의미하는 것이었다. 바로 이런 무질서가 새로운 질서를 모색케 하는 원동력으로 작용하여, 현대 세계관을 출현시킨 근원적인 힘이 되었다.

그러나 현대 말이자 탈현대 초인 현 시점에 이르러, 과거 중세 세계관이 그랬던 것과 마찬가지로, 현대 세계관은 더 이상 새로운 시대와 어울릴 수 없는 낡은 세계관이 되어버렸다. 이 장에서는 현대 세계관의 특징을 살펴보고, 현 시대의 맥락에서 현대 세계관에 대한 비판을 전개하고자 한다. 그리고 이를 통해, 새로운 탈현대 세계관 구축의 필요성을 제기하고자 한다.

1. 현대 세계관의 특징

현대 세계관의 핵심은 '이 세상 모든 존재는 자신을 둘러싸고 있는 세계와 시공간적으로 분리되어 있다.'는 가정이다. 현대 세계관의 출현에 가장 직접적인 영향을 미친 것은 근대 물리학에서 새롭게 출현한 기계론적 자연관이다. 기계론적 자연관의 유추를 통해 원자론적 사회관이 형성되었다. 그리고 이것은 다시 욕망 주체로서의 인간관과 진화론에서 주장하는 바와 같은 적대적 대립관으로 발전되었다. 여기에서는 현대 세계관을 현대 세계상, 현대 인간관, 현대 관계관으로 나누어 살펴보도록 하겠다.

1.1. 현대 세계상

현대 세계관의 관점에서 세상을 바라볼 때, 그 근본적인 가정은 '모든 존재들 간의 근원적인 분리'이다. 즉, 특정의 인간, 사회, 자연물 등 모든 존재가 자신을 둘러싸고 있는 세계와 시공간적으로 단절되어 있다는 것이 현대가 세계를 바라보는 특징적인 관점이다. 현대 세계관의 관점에서 볼 때, 나와 너, 나와 세계는 근원적으로 분리된 존재이며, 이렇듯 상호 분리된 존재로 해석된 세계, 그것이 현대 세계상이다. 이 책에서는 현대 세계상을 현대 자연관과 현대 사회관으로 나누어 설명하도록 하겠다.

현대 자연관

동서양을 막론하고, 현대 이전의 사람들은 자연이 영혼을 갖고 있는 살아 숨 쉬는 생명체라고 인식했었다. '만물은 신들로 가득 차 있다.'라는 탈레스(Thales, B.C. 624?- 546?)의 말은 고대인의 자연관을 잘 보여준다. 자연은 스스로 성장과 발생을 거듭하는 하나의 거대한 생명체로 인식되었다. 그래서 전현대인은 외경심을 갖고 자연을 바라보았다.

그러나 중세가 몰락하고, 근대가 시작되던 16세기에서 18세기에 이르는 기간 동안, 서구 사회에는 자연을 바라보는 관점에 있어 커다란 변화가 일어났다. 유기체적이고 생명체적인 자연관이 기계론적 자연관으로 대치되었던 것이다.[4] 이 시기에 이르러, 자연 과학자들은 자연을 무수히 분리된 물질들로 조립된 거대한 기계와 같은 것으로 간주하기 시작했다.[5] 자연에 대한 이런 새로운 관점을 기계론적 자연관이라고 한다. 기계론적 자연관의 관점에서 보면, 자연은 기계적인 법칙에 따라서 움직이는 생명 없는 물질의 세계이다. 근대 초 물리학의 발달은 새로운 자연관 형성에 큰 영향을 미쳤는데, I. 뉴턴(Isaac Newton, 1642-1727)은 그 대표자이다.

기계론적 자연관 출현의 철학적인 기초를 마련한 것은 정신과 물질

---

4) F. Capra, 이성범 · 구윤서 옮김, 『새로운 科學과 文明의 轉換』(범양사출판부, 1985), p. 50 참조.

5) F. Capra, 이성범 · 구윤서 옮김, 『새로운 科學과 文明의 轉換』(범양사출판부, 1985), p. 46 참조.

을 이원론적으로 파악하는 새로운 관점의 확산이었다. T. 홉스(Thomas Hobbes, 1588-1679), R. 데카르트(Rene Descartes, 1596-1650), B. 스피노자(Baruch de Spinoza, 1632-1677), J. O. de 라메트리(Julien Offray de La Mettrie, 1709-1751) 등은 정신과 물질의 이원론 확립에 기여한 대표적인 학자들이다.

이 중에서도 데카르트는 가장 중요한 인물이다. 그는 정신과 물질을 철저히 구분하는 이원론을 전개했다. 데카르트적인 이원론에 따르면, 자연은 물질세계에 속한다. 이리하여 자연에서 신성(神性)이 제거되었다. 데카르트는 자연은 법칙에 따라 움직이는 하나의 기계라는 관념을 형성했다.[6] 데카르트에게 있어서, "자연은 기계적 법칙에 따라 움직이며 물질세계의 모든 것은 각 부분의 배열과 운동으로 설명 가능한 것이었다."[7]

"우주를 분리된 객체로 구성된 기계 조직으로 보고, 분리된 객체는 다시 기본적인 구성체로 환원되며, 이들 구성체의 성질과 상호 작용이 모든 자연 현상을 완전히 결정한다는 우주관으로 유도하였다. 이 데카르트적 자연관은 나아가 생물에게도 연장되어 생물 역시 분리된 부품으로 구성된 기계로 간주하기에 이르렀다"[8]. 이런 기계론적 자연관의 영향으로 마침내 조종되고 이용될 수 있는 객체로서의 자연 관념이 확립되었다.

기계론적 자연관은 자연을 영혼 없는 하나의 기계와 같은 물질세계

---

6) J. Bronowski and B. Mazlish, 차하순 옮김, 『西洋의 知的 傳統』(학연사, 1986), p. 250 참조.

7) F. Capra, 이성범 · 구윤서 옮김, 『새로운 科學과 文明의 轉換』(범양사출판부, 1985), p. 57.

8) F. Capra, 이성범 · 구윤서 옮김, 『새로운 科學과 文明의 轉換』(범양사출판부, 1985), p. 40.

로만 바라보는 관점을 확산시켰다. 기계론적 자연관의 확립과 더불어, 인류는 자연에 대한 외경심을 더 이상 갖지 않게 되었다. 뿐만 아니라 자연의 작동 법칙에 대한 이해의 기반 위에서, 자연을 인간의 욕망 충족을 위해 이용, 지배, 착취해도 좋은 대상으로 간주하게 되었다. 결과적으로, 기계론적 자연관은 물질적으로 풍요한 현대 문명 형성의 원천이 되기도 했지만, 다른 한편으로는 자연에 대한 무분별한 개발과 파괴를 초래한 세계관적인 기초가 되었다.

현대 사회관

현대 자연관은 현대 사회관 형성에 큰 영향을 미쳤다. 현대가 사회를 바라보는 관점은 한 마디로 원자론적 사회관이라고 할 수 있다. 원자론적 사회관의 요점은 다음과 같다. 사회는 독립적인 개인들이 단순히 모여 있는 집합체에 불과한 것이며, 그러므로 사회는 자신의 독자적인 실체를 갖지 못한다는 것이다.

뉴턴이나 갈릴레이 같은 과학자들은 인간 원자들로 구성된 인공적인 구조물로서의 사회 모델을 형성하는 데 기여했다.[9] 뉴턴 물리학의 영향을 받은 J. 로크(John Locke, 1632-1704)는 개인을 기본 구성체로 하는 원자론적 사회관을 발전시켰다.[10] 로크는 인간은 본래 자유롭고, 평등하며, 독립된 존재라고 하면서, 개인들은 자신의 안전과 재산 보호를 위해 사회를 구성하기로 합의했다고 주창했다.[11]

J. J. 루소(Jean-Jacques Rousseau, 1712-1778) 역시 현대 사회관 형

9) J. Bronowski and B. Mazlish, 차하순 옮김, 『西洋의 知的 傳統』(학연사, 1986), p. 238 참조.
10) F. Capra, 이성범 · 구윤서 옮김, 『새로운 科學과 文明의 轉換』(범양사출판부, 1985), p. 65 참조.
11) J. Locke, 강정인 · 문지영 옮김, 『통치론』(까치, 1996), p. 93 참조.

성에 기여했다. 그는 『사회계약론』에서 사회는 개인들의 자유로운 의사에 따라 구성될 수도 있고 해체될 수도 있는 집합체와 같은 것이라고 설명했다. 사회란 개인들이 맺은 약속의 결과에 불과한 것이며, 그러므로 사회는 얼마든지 그리고 언제든지 변조와 해체가 가능하다는 것이 그의 입장이었다.[12)]

J. 벤담(Jeremy Bentham, 1748-1832)도 현대 사회관 형성에 기여했다. 벤담은 사회를 이해할 때, 개인들이 이익을 추구하는 측면을 강조했다. 그는 사회란 쾌락을 추구하고, 고통을 회피하려고 하는 개인들의 집합체에 불과하고, 사회의 이익이란 그들 개인의 쾌락의 총계에 지나지 않는다고 주장했다.[13)] 그는 사회란 각자 자신의 이익을 추구하는 개인들에 의해 형성된 거래의 장이라는 '시장[market]으로서의 사회상'을 구축했다.

이들은 낙하하는 물체의 속도를 지배하는 자연 법칙이 존재하는 것과 똑같이 인간 사회를 지배하는 자연 법칙이 있다고 생각했다.[14)] 이런 자연법 사상에 따르면, 인간은 자유롭고 평등한 존재이며, 자신의 생명, 자유, 재산에 대해서 양도할 수 없는 권리를 갖는다는 것이다.[15)]

이들의 논의를 거치면서 확립된 현대 사회관의 특징은 다음과 같다. 이들은 개인을 다른 인간이나 사회와 분리, 독립적으로 존재하는 실체로 간주한다. 사회란 개인이라는 개별화된 주체들의 집합체에 불과하며

---

12) 최봉영, 「'사회' 개념에 전제된 개체와 전체의 관계와 유형」, 『東洋社會思想』 1(東洋社會思想學會, 1998), p. 11 참조.
13) 淺野榮一 · 古賀英三郎 편저, 한마당편집실 옮김, 『어떻게 社會科學을 할 것인가』(한마당, 1982), p. 79 참조.
14) J. Bronowski and B. Mazlish, 차하순 옮김, 『西洋의 知的 傳統』(학연사, 1986), p. 244 참조.
15) J. Bronowski and B. Mazlish, 차하순 옮김, 『西洋의 知的 傳統』(학연사, 1986), p. 243 참조.

독자적인 실체를 갖지 않는다.[16] 사회는 현대적인 의미에서의 자연과 마찬가지로 인과 법칙에 따라 움직이는 일종의 기계와 같은 것이다. 그러므로 사회는 기계와 같이 분해와 조립, 변조가 가능하다는 것이다. 프랑스 대혁명을 포함해서 현대기에 일어난 역사상의 혁명 운동들은 모두 합리적으로 개조 가능한 사회라고 하는 현대 사회관에 바탕을 두고 있다.

1.2. 현대 인간관

현대 인간관은 인간을 바라보는 새롭고 독특한 관점을 제공한다. 발생론적으로 보자면, 현대 인간관은 중세 사회에서 신에 예속되어 있던 인간을 해방시키는 과정에서 형성된 것이다. 결과적으로 보자면, 현대 인간관의 핵심은 '시간적 · 공간적으로 분리된 유한한 개체로서의 인간'을 가정한다는 점이다. 현대 인간관은 다양한 형태로 표현되지만, 여기에서는 그 중 가장 중요한 양상인 욕망 주체로서의 인간관과 이성적인 존재로서의 인간관을 살펴보도록 하겠다.

현대 인간관의 탄생 과정

현대 인간관이 탄생하게 된 직접적인 계기는 인간의 자연 본성을 억압하는 서구 중세 인간관에 대한 반발이었다. 중세 사회는 기독교가 삶을 전반적으로 규제했던 신본주의 사회였다. 신은 이 우주의 창조자로서 전지전능하며, 완전한 존재인데 비해, 인간은 본질적으로 불완전한 존재였던 것이다. 절대자인 신과 피조물인 인간 사이에는 극복될 수 없

16) 최봉영, 「'사회' 개념에 전제된 개체와 전체의 관계와 유형」, 『東洋社會思想』 1(東洋社會思想學會, 1998), p. 1 참조.

는 간극이 존재했다.

더구나 기독교적인 관점에서 보면, 인간은 원죄를 짊어진 죄인이었다. 원죄의 근원은 감성적인 정욕이기 때문에, 인간의 동물적인 자연 본성은 죄악시되었고, 억압되었다.[17] 이렇듯 중세 사회에서는, 인간의 정신적이고 영적인 측면만을 과도하게 강조했던 반면에, 육체와 현세적인 삶은 덧없는 것으로 간주하고, 인간의 감성 · 충동 · 육체를 비하하는 종교적 인간관이 만연했었다.[18]

르네상스기에 접어들면서, 중세의 신 중심적인 질서가 무너지고, 인간 중심적인 새로운 질서가 출현하게 된 것이 현대 인간관 탄생의 계기가 되었다. 인간 중심적인 새로운 질서가 형성되면서, 중세 사회에서 신에게 부여되었던 권위와 능력이 인간에게 부여되었다.

인간이 이 세상 모든 존재 중에서 특권적이고 중심적인 위치를 차지한다고 가정되었고, 인간의 영혼과 이성에 대한 찬미가 주어졌다. G. P. D. 미란돌라(Giovanni Pico della Mirandola, 1463-1494)의 다음 말은 이 시대에 생성된 인간에 대한 새로운 관점을 잘 드러내어준다.

> 인간은 우주에서 가장 경이로운 존재로서, 모든 찬사를 받을 가치가 있으며, 자신의 이성의 힘으로 신적인 존재로 상승할 수 있는 자기 규정의 능력을 가진 존재이다.[19]

미란돌라를 포함해서 르네상스기 휴머니스트들은 인간에 대해 새로

---

17) 신오현, 「르네상스 휴머니즘과 철학」, 신오현 외 6인 공저, 『르네상스 휴머니즘의 현대적 의의』(영남대학교 출판부, 1990), pp. 72-73 참조.

18) 楊的, 노승현 옮김, 『동서인간론의 충돌』(백의, 1997), p. 185 참조.

19) G. P. D. Mirandola, "Oration on the Dignity of Man", In *The Renaissance Philosophy of Man*, edited by Ernst Cassirer, Paul Oskar Kristeller, and John Herman Randall, Chicago: The University of Chicago Press, 1948, p. 223.

운 관점을 제시했다. 그들은 초자연적이고 탈세속적인 중세 인간관에 반대했으며, 인간이 갖고 있는 감성적이고 육체적인 특성을 긍정했다.[20] 이 시대에는 인간의 육체적인 아름다움에 대한 인식이 증가하고, 청춘의 즐거움과 쾌락을 찬미하는 경우가 많았다. 그들은 내세에서의 삶이나 구원보다는 현세에서의 세속적인 생활에 더 큰 의미를 부여했다.[21] 또한 그들은 인간이 역사를 형성해 나가는 과정에서 주도적인 역할을 수행할 수 있다고 믿었다.[22]

또한 개신교에서 이루어진 종교적 개인주의의 발전이나 도시 발달이 개인의 출현을 가속화했다. 이런 여러 가지 요인에 힘입어 현대 인간관이 확립되었다. 마침내 '천부적으로 자유로운 존재이며 자율성과 독자성을 갖고 있는 역사의 창조자로서의 개인'이라고 하는 새로운 인간 인식이 출현했다.[23] 또한 인간은 자신의 생명 · 자유 · 재산에 대해서 양도할 수 없는 권리를 갖는다고 하는 현대적인 신념이 확산되었다.[24]

이리하여 중세로부터 현대로의 전환은 신 중심적인 세계로부터 인간 중심적인 세계로의 전환을 의미하게 된다. 이 세계를 지배하는 신성한 존재로서의 신에 대한 의식은 해체되었다. 인간관의 측면에서 볼 때, 인간의 영적이고 정신적인 면을 인간에 대한 인식에서 배제한 채, 배타적으로 인간의 감성적 · 물질적인 특징만을 강조하는 세속적 인간관이 팽배하게 되었다. 인간을 욕망의 추구자로 간주한다거나, 감성적인 존재로 본다거나, 현대적인 의미에서 이성적인 존재로 보는 입장 등이 모

---

20) 허재윤, 「르네상스 휴머니즘의 종교적 의의」, 신오현 외 6인 공저, 『르네상스 휴머니즘의 현대적 의의』(영남대학교 출판부, 1990), p. 168 참조.

21) 차하순, 『르네상스의 사회와 사상』(탐구당, 1991), p. 248 참조.

22) 차하순, 『르네상스의 사회와 사상』(탐구당, 1991), p. 71 참조.

23) 전경갑, 『현대와 탈현대의 사회사상』(한길사, 1993), p. 54 참조.

24) J. Bronowski and B. Mazlish, 차하순 옮김, 『西洋의 知的 傳統』(학연사, 1986), p. 243 참조.

두 이런 부류이다.

욕망 주체로서의 인간

'욕망 주체로서의 인간', 이것은 현대가 인간을 바라보는 가장 전형적인 관점이다. 현대 세계관의 관점에서 보았을 때, 인간이란 어떤 존재일까? 인간이란 자기 바깥에 있는 모든 존재들과 근원적으로 분리 · 독립된 고립적인 존재이다. 이런 존재론적인 특징을 갖고 있는 개개의 인간은, 더 이상 자신이 속한 집단이나 친밀한 사람들과의 관계를 통해 자신의 정체성을 파악하고 삶의 의미를 발견하며 집단적인 삶에 자신을 헌신할 수 없다. 개인에게 남아있는 유일한 삶의 의미는 외부 세계와 분리된 자기 자신 뿐이다. 이렇게 되었을 때, 자기 자신의 실체는 바로 자신의 욕망이다. 따라서 현대 사회에는 '자신의 욕망 충족의 극대화를 추구하는 존재로서의 인간'이라고 하는 인식이 팽배하게 되었다.

'욕망 추구자로서의 인간'이라고 하는 현대 인간관을 확립하는 데 기여한 대표적인 학자는 홉스였다. 홉스에게 있어서 인간이란 권력을 위시하여 부, 명예, 육감적인 쾌락, 안락, 지식 등 자신의 이기적인 욕망을 끝없이 추구하는 존재였다.[25] 이런 인간 본성을 방치했을 때, 인간은 타인을 이용하거나 때로는 희생시켜서라도 자신의 이익을 달성하려 한다. 이 때문에, 모든 사람은 다른 모든 사람에게 적이 되고,[26] 상호간의 경쟁심, 타자에 대한 불신감이 형성되며, 필연적으로 경쟁과 갈등이 빚어지게 된다.[27] 즉 '만인의 만인에 대한 투쟁'이 벌어지게 된다는 것

---

25) T. Hobbes, *Leviathan*, Indianapolis, Indiana: Hackett Publishing Company, Inc., 1994, pp. 58-59 참조.

26) T. Hobbes, *Leviathan*, Indianapolis, Indiana: Hackett Publishing Company, Inc., 1994, P. 76 참조.

27) R. Trigg, *Ideas of Human Nature: An Historical Introduction*, Oxford, UK: Basil

이다.

인간의 자연 본성에 대한 홉스의 견해는 현대 세계에 광범위한 영향을 끼쳤다. 인간과 사회를 연구하는 현대 학문들은 대부분 홉스적인 인간관의 바탕 위에 구축되었다. 현대 정치학은 '인간이란 권력을 추구하는 존재'라고 하는 전제 위에 형성·발전해 왔다. 또한 정치적 인간관의 한 변형으로 경제학에서는 인간이란 '자신의 이윤의 극대화를 추구하는 존재'로 간주되었으며, 경제인[homo economicus] 개념이 형성되었다. 심리학에서는 S. 프로이드(Sigmund Freud)를 중심으로 인간이란 '본능 특히 성적인 본능을 추구하는 존재'라고 전제했다.

이렇듯, 자신의 욕망을 추구하는 존재로 인간을 규정했을 때, 세계는 단지 자신의 욕망 충족을 위한 자원 공급 대상으로서의 도구적인 가치만을 갖게 된다. 각각의 인간은, 살아남기 위해 자신과 마주하고 있는 대상 세계와 투쟁해서 그것을 정복하고 자신이 필요로 하는 자원을 탈취해야 한다.

이리하여 현대 사회에서 '자아와 비아(非我)로서의 세계'는 근원적으로 분리된 가운데 본래적인 적대 관계를 갖게 되었다. 인간에게 있어서 외부 세계는 투쟁을 통해 정복하고 탈취해야 할 대상으로 변했다.[28] 이런 세계관의 변화로 인해, 자연은 인간이 자신의 욕망을 충족시키기 위해 이용하고 착취하고 극복해야 할 대상이 되어 버렸다.

또한 욕망 주체로서의 현대 인간관은 이상 사회관에도 큰 영향을 미쳤다. 현대인이 생각하는 이상 사회의 전형은 욕망 충족적인 사회이다. 이것은 경제적인 측면에서 보면 끝없는 경제 성장의 추구로 나타났고,

---

Blackwell, 1988, pp. 60-61 참조.

28) 이규성, 「우주적 연대 속의 인간과 욕망」, 김종철 편, 『녹색평론선집1』(녹색평론사, 1993), p. 136 참조.

문화적인 측면에서 보면 쾌락주의 문화의 확산으로 나타났다. 현대 사회에서 우리가 개인적으로나 사회적으로 추구하는 것은 이 두 가지를 크게 벗어나지 않으며, 이런 현대적인 현상의 원천은 욕망 주체로서의 현대 인간관이다.

이성적인 존재로서의 인간

다른 한 가지 특징적인 현대 인간관은 '이성적인 존재'로서의 인간관이다. 이성적인 존재로 인간을 바라보는 관점은 특히 서구 역사에서 오래된 그리고 지속적인 인간관의 하나이다. 하지만 이성적인 존재로서의 인간관 내에도 다양한 스펙트럼이 존재하는데, 그것은 시대에 따라 이성의 의미가 커다란 변모를 겪었기 때문이다. 중세 사회에서 이성이라고 할 때, 그것은 무엇보다도 '신을 알 수 있는 능력'을 의미했다. 하지만 현대 인간관의 하나로 이성적인 존재로서의 인간을 말할 때, 이성의 의미는 과거와 다르다.

현대적인 의미에서 이성이란 크게 보아 두 가지 의미를 갖고 있다. 첫째, 이성이란 현상을 관찰하여 그로부터 법칙적인 지식을 산출할 수 있는 능력을 의미한다. 이런 유형의 이성관은 F. 베이컨(Francis Bacon, 1561-1626) 이후의 영국 경험론과 뉴턴의 과학 사상으로부터 크게 영향을 받은 것으로, 과학 발달의 기초가 되었다. 둘째, 이성이란 A. de 볼테르(Aarouet de Voltaire, 1694-1778), 루소, P. H. 올바흐(Paul-Henri Holbach, 1725-1771) 등에서 볼 수 있듯이, 비합리적인 기존 제도와 관행을 비판적으로 인식하고 합리적인 사회를 추구할 수 있는 능력을 뜻한다.[29] 이런 유형의 이성은 사회 비판과 개혁의 기초가 되었다.

---

29) D. L. Westby, *The Growth of Sociological Theory: Human Nature, Knowledge, and Social Change*, New Jersey: Prentice Hall, 1991, p. 21 참조.

현대적인 의미에서의 이성관에 기초해서, 인간은 완전한 독립성을 가진 행위 주체로 규정되었으며, 이제까지 자신을 속박해 왔던 전통의 힘으로부터 벗어나게 되었다.[30] 이성에 입각해서, 인간은 종교적·정치적인 신념을 결정하고 자신의 삶을 영위하며 사회를 개혁해 나갈 수 있는 주체로 인식되었다.[31]

현대가 추구해 온 두 가지 사회적인 이상은 욕망 충족적인 풍요한 사회 건설과 이성적인 사회 건설이라고 할 수 있다. 풍요한 사회 건설의 원동력은 과학 기술의 발달이며, 과학 기술 발달의 원동력은 인간 이성의 계몽이다. 이성적인 사회 건설의 원동력은 비판적인 사회 인식과 합리적인 사회 이상의 제시이며, 이런 활동의 바탕은 이성이다. 그러므로 현대 문명이 추구해온 모든 것을 떠받치고 있는 것이 이성적인 존재로서의 현대 인간관이라고 할 수 있다.

1.3. 현대 관계관

현대 관계관의 전형은 적대적 관계관이다. 현대 관계관의 형성에는 현대 인간관이 직접적인 영향을 미쳤다. 현대 세계관의 관점에서 볼 때, 나와 너의 관계의 본질은 무엇일까? 나와 너는 서로에게 아무런 본래적인 의미도 없는 존재이다. 왜냐하면, 현대 세계관은 인간을 포함해서 이 세상 모든 존재가 자신을 둘러싸고 있는 다른 존재와 근원적으로 분리·독립된 고립적인 개체라고 인식하기 때문이다.

이렇듯 현대 세계관의 관점에서 볼 때, 자기 바깥의 세계는 자신과

---

30) A. Laurent, 김용민 옮김, 『개인주의의 역사』(한길사, 2001), p. 60 참조.
31) 최석만, 「사회윤리로서의 합리주의와 유교의 비교」, 『東洋社會思想』 1(東洋社會思想學會, 1998), p. 137 참조.

아무런 관련이 없다. 자기 바깥의 대상 세계가 자신에게 어떤 의미를 갖는 것은 오직 대상물이 자신의 욕망 충족을 위한 수단이 될 때뿐이다. 그러므로 나에게 있어 너의 의미는 자신의 욕망 충족을 위해 극복하거나 이용해야 할 대상일 따름이다. 서로가 서로를 이용과 착취의 대상으로 바라보게 될 때, 거기에는 필연적으로 이해관계의 대립이 존재하게 되며, 적대적인 대립이 생겨난다.

이에 따라서, 적대적 관계관이 출현하게 되었고, 이것이 현대 관계관의 전형이 되었다. 진화론적 세계관은 적대적 관계관을 대표하는 이론이며, 또한 적대적 관계관 형성에 큰 영향을 미쳤다. 그래서 여기에서는 진화론적 세계관을 중심으로 현대 관계관을 설명하도록 하겠다.

진화론적 세계관의 형성

진화론은 적대적 관계관을 잘 형상화하고 있다. 진화론의 관점에서 보면, 모든 생명체는 살아남기 위해 자신과 마주하고 있는 대상과 처절한 경쟁과 갈등을 벌여야한다. 진화론을 확립한 학자는 C. R. 다윈(Charles Robert Darwin, 1809-1882)이다. 다윈의 진화론, 그 중에서도 핵심이 되는 생존 투쟁을 통한 적자생존의 개념을 형성하는 데 있어서, T. R. 맬서스(Thomas R. Malthus, 1766-1834)의 『인구론』이 크게 영향을 주었다.

맬서스는 『인구론』에서, 인구 증가와 토지의 생산력 간에 존재하는 자연적인 불균형에 주목했다.[32] 즉, '식량 공급은 기껏해야 산술적으로 증가하는 반면 인구는 제한을 받지 않는다면 기하급수적으로 증가한다.'고 하는 인구 법칙을 제시했다.[33] 그러므로 자연에 의한 생계 수단

---

32) T. R. Malthus, 김일곤 옮김, 『인구론』(대양서적, 1972), p. 85 참조.
33) T. R. Malthus, 김일곤 옮김, 『인구론』(대양서적, 1972), p. 86 참조.

의 공급과 인간의 필요 사이에는 불가피하게 불균형이 존재하며, 살아남기 위한 투쟁은 불가피한 것이 된다는 것이다.

다윈은 맬서스의 『인구론』에서 인류 문명 발전 과정에서 식량 공급과 인구 증가 간의 불균형의 문제를 모든 생명체들에게 있어서 먹이의 양과 번식 속도 간의 불균형의 문제로 일반화시켰다. 모든 생명체의 숙명인 양자 간의 불균형은 필연적으로 불가피한 생존경쟁을 유발시킨다는 것이다. "생존경쟁은 모든 유기체가 높은 비율로써 증가하려는 데에서 필연적으로 생기게 된다."[34]고 다윈은 말했다. 모든 유기체는 만약 이들의 자손이 모두 생존하여 자손을 출산하는 일이 계속된다면 단 한 쌍의 자손들에 의해 지구가 모두 덮여질 정도의 높은 율로 자연적인 증가를 해나갈 것이기 때문에, 살아남기 위한 생존경쟁은 필연적이라는 것이다.[35]

그러므로 개체 간에는 생존을 위해 전력을 다하는 투쟁이 전개되며, 이런 개체 간의 투쟁 과정을 통해, 생존에 유리한 개체적인 차이와 변이는 보존되며, 불리한 것들은 파괴된다.[36] 즉, "모든 유기체는 자연 질서에 있어서 각기 자기의 지위를 획득하려고 노력하고 있으므로, 만약 어떤 한 종이라도 그의 경쟁자와 비슷한 정도로 변화되고 개량되지 못한다면 그것은 절멸해 버리고"[37] 말게 된다. 진화는 이런 최적자생존 또는 자연도태 과정을 통해서 이루어진다는 것이다.

진화론은 현대 관계관에 두 가지 측면에서 큰 영향을 미치게 된다. 하나는 '나에게 있어서 너'는 내가 살아남기 위해 극복하고 이용하고 착취해야 할 적이라는 것이며, 이것은 너에게 있어서도 마찬가지라는 생

---

34) C. R. Darwin, 이민재 옮김, 『種의 起源』(을유문화사, 1983), p. 81.
35) C. R. Darwin, 이민재 옮김, 『種의 起源』(을유문화사, 1983), p. 82 참조.
36) C. R. Darwin, 이민재 옮김, 『種의 起源』(을유문화사, 1983), p. 95 참조.
37) C. R. Darwin, 이민재 옮김, 『種의 起源』(을유문화사, 1983), p. 114.

각이다. 그러므로 너와 나 간에는 살아남기 위한 갈등과 경쟁이 불가피하다는 것이다. 다른 하나는 경쟁과 갈등은 불가피한 것일 뿐만 아니라 긍정적인 변화를 초래한다는 것이다. 경쟁과 갈등의 부정적인 결과에만 주목하던 전현대적인 관점에서 보면, 이것은 아주 새로운 주장이다.

본래 다윈의 생물학적인 진화론의 핵심 관념은 맬서스의 『인구론』에서 차용한 것이었지만, 이제 다시 생물학적인 진화론은 사회 진화론으로 발전한다. 생명체와 마찬가지로 인류 사회도 생존을 위한 투쟁이 필연적이며, 투쟁의 결과로 사회 발전이 이루어진다는 것이 사회 진화론의 요점이다.

W. 바조트(Walter Bagehot, 1826-1877), L. 굼플로비츠(Ludwig Gumplowicz, 1838-1909), G. 라첸호퍼(Gustav Ratzenhofer, 1842-1904) 등은 사회 진화론을 형성한 대표적인 학자들이다. 이들은 사회 변화를 이해하는 데 있어서, 집단 간 투쟁의 중요성을 주장하면서, 집단 간 투쟁 과정을 통해 적자생존이 이루어지고, 역사는 진보하는 것이라고 주장했다.[38] 사회 진화론을 본격적인 사회 이론으로 발전시킨 사람은 마르크스와 F. 엥겔스(Friedrich Engels, 1820-1895)였다.

진화론적 세계관의 확산

진화론적 세계관은 행위 주체들 간의 다툼에 대한 관점 전환에 결정적인 영향을 끼쳤다. 동서양을 막론하고 근대 서구 이전 사회에서는 개인 간 또는 집단 간 다툼을 늘 부정적이고 파괴적인 것으로 생각했다. 사람들에게 윤리적인 판단 기준을 제공해주었던 유력한 원천인 기독교나 불교와 같은 종교들은 한결같이 '다투지 말 것', '사랑할 것'을 강조

38) N. S. Timasheff and G. A. Theodorson, 박재묵 · 이정옥 옮김, 『사회학사: 사회학 이론의 성격과 발전』(풀빛, 1976), pp. 77-91 참조.

해 왔다. 그러나 19세기 서구 사회에서 형성된 진화론적 세계관에서는, 다툼은 인간의 욕망 충족에 충당될 수 있는 자원이 희소하다는 조건에서 연유하는, 필연적이며 자연스러운 현상으로 간주되고, 또한 발전의 핵심 원리로 생물체와 사회의 진화에 기여하는 것으로 생각했다.

이런 진화론적 세계관의 영향 아래서, A. R. 월러스(Alfred Russel Wallace, 1823-1913)는 생존경쟁이야말로 "도덕적 능력을 발휘케 하고 천재의 잠재적 불꽃을 불러일으키는"[39] 것이라고 주장했다. 마르크스 역시 계급투쟁이 이상 사회에 이르는데 있어서 결정적인 요인으로 작용함을 주장했다. G. 짐멜(Georg Simmel, 1858-1918)은 갈등이 전체 사회 통합에 기여하는 측면을 탐구했다.

갈등을 분석하는 데 있어서 이들의 강조점에는 차이가 있을지라도 이들의 논의는 문제 해결 방식으로 갈등의 긍정적인 측면을 강조하고 있다는 점에서는 동일하다. 이런 인식 형태는 오늘날 한국 사회를 포함하는 현대 자본주의 사회에 만연되어 있는 견해이기도 하다.

생존경쟁의 결과로, 부적합한 존재의 자연도태가 이루어지고, 환경에 가장 적합한 존재만이 생존, 번식하게 됨으로써, 진화가 이루어진다는 진화론적 세계관은, 그 논리적인 귀결로 강자를 찬양하고, 약자를 경멸하는 강자의 철학을 내포하고 있다. 맬서스는 다른 사람에게 의지하는 빈곤은 불명예스러운 것이며, 가족을 부양하지 못하면서 결혼하는 노동자는 같은 계급의 모든 사람에게 적이라고 말했다. 또한 가난한 사람을 구호하기 위한 구빈법을 비난했다.[40] "구빈법은 일반 민중의 저축의 힘과 의지를 감퇴시키며, 또 따라서 절제와 근로, 그리고 행복에 대한 가

---

39) R. Young, 「맬더스와 진화론자들」, 김영식 편, 『근대사회와 과학』(창작과 비평사, 1989), p. 233.

40) T. R. Malthus, 김일곤 옮김, 『인구론』(대양서적, 1972), p. 106 참조.

장 강한 유인의 하나를 약하게 만든다."[41]고 맬서스는 주장했다. 구빈법은 인구를 그 부양수단의 증가 없이 증가시킴으로써, 일반인의 생활수준을 하락시키고, 결과적으로는 더 많은 빈민을 만들어낸다는 것이다.[42]

이런 맬서스의 주장을 직설적으로 표현하면, 스스로 생존 능력이 없는 사회적인 약자는 구제되기보다는 기아나 질병으로 죽어버리는 것이 사회적으로 바람직하다는 것이다. 다음 구절은 약자는 도태되어야한다는 그의 생각을 압축하고 있다.

> 만약 여러 가지 구빈법이 전에 존재하지 않았다고 한다면, 매우 가혹한 곤궁의 사례가 좀 더 많았을지도 모르겠으나, 일반 사람들 사이에 있어서 행복의 총량은 현재보다는 훨씬 컸을 것이라고 나는 마음속으로 믿고 있다.[43]

마르크스와 엥겔스는 진화론적 세계관의 확산에 크게 기여했다. 마르크스와 엥겔스가 공동 집필했던 『도이치 이데올로기』의 다음 구절은 진화론적 관점에서의 세계상을 잘 보여준다.

> 인간은 자연 속의 동식물들 가운데서 일어나는 처절한 경쟁을 관찰할 수 있다. 예를 들면, 인간은 참나무 숲을 이루고 있는 식물의 군락지에서 어떻게 키가 크고 위풍당당한 참나무들이 작은 덤불들의 영양 공급원들을 침해하는가를 볼 수 있다. 작은 덤불들은 이렇게 외칠 것이다. '나는 땅, 수분, 공기와 햇빛을 빼앗기고 있다.' 그는 또한 식물 세계의 이데올로기스트인 기생 식물들을 관찰할 수 있다. 그는 또한 숲새들과

41) T. R. Malthus, 김일곤 옮김, 『인구론』(대양서적, 1972), p. 106.
42) T. R. Malthus, 김일곤 옮김, 『인구론』(대양서적, 1972), p. 109 참조.
43) T. R. Malthus, 김일곤 옮김, 『인구론』(대양서적, 1972), p. 108.

> 여러 곤충들 간의, 그리고 초원의 풀들과 혈기왕성한 말들 간의 공공연한 전쟁을 관찰할 수 있다.[44)]

마르크스는 『자본론』을 다윈에게 헌정하고자 했을 정도로 진화론적 세계관의 영향을 강하게 받았다. 그는 모든 인류 역사는 계급투쟁의 역사라고 주장했다.

> 지금까지 존재한 모든 사회의 역사는 계급투쟁의 역사이다.
>
> 자유인과 노예, 귀족과 평민, 영주와 농노, 장인과 직인, 한 마디로 억압자와 피억압자는 항상 서로 대립하면서, 때로는 숨겨진, 때로는 공공연한 싸움을 벌였다.[45)]

마르크스는 인류는 늘 투쟁을 벌여왔을 뿐만 아니라 바로 이 계급투쟁을 통해서 이상 사회에 이를 수 있다고 주장했다.

진화론적 세계관은 살아남기 위한 경쟁과 갈등의 불가피성을 말하고, 경쟁이나 갈등이 미치는 긍정적인 영향을 강조한다. 진화론은 현대 사회에서 모든 존재들 간의 관계를 설명하는 지배적인 패러다임이 되었다.

진화론의 관점에서 볼 때, 인간을 포함해서 모든 생명체는 자신의 생존과 종족의 번성을 추구한다. 그러므로 모든 생명체는 살아남기 위한 처절한 싸움을 벌여야만 한다. 그 결과로 적자생존의 원리에 따라 환경에 적합한 것은 살아남고 환경에 부적합한 것은 도태된다.

---

44) K. Marx and F. Engels, *The German Ideology*, Karl Marx and Frederick Engels Collected Works Vol. 5, Moscow, U.S.S.R.: Progress Publishers, 1984, p. 471.

45) K. Marx, and F. Engels, *Manifesto of the Communist Party*, Karl Marx and Frederick Engels Collected Works Vol. 6, Moscow, U.S.S.R.: Progress Publishers, 1984, p. 482.

적자생존의 원리란 밀림의 원리이다. 이런 원리에 비추어 볼 때, 강자가 약자를 잡아먹고 지배하고 착취하는 것은 자연스러운 일로 간주된다. 강한 군사력을 갖고 있었던 서구 국가들이 제 3세계를 침략하거나 자본가들이 노동자들을 착취하는 것이, 이런 이유에서 정당화되었다. 현대 사회에는 자신의 이익을 확보하기 위해서 상대편과 경쟁하고 투쟁해야 한다는 생각이 널리 확산되어 있다.

미국이 주도하고 있는 신자유주의적 세계 질서론 역시 '무한 경쟁과 적자생존의 과정을 통한 사회 발전'이라는 생각에 바탕을 두고 있다. 신자유주의적 세계 질서론은 국가 간의 또는 기업 간의 자유로운 경쟁과 적자생존의 과정을 통해 전체적으로 생산성이 높은 사회에 도달할 수 있다는 적대적 대립관에 바탕을 두고 있다.

진화론적 세계관은 현대 학문의 관점에도 광범위한 영향을 끼쳤다. 예를 들어서, 여성학에서 남녀 간의 관계를 바라보는 관점에는 진화론의 영향이 뚜렷하게 나타난다. 이현지는 진화론적 세계관이 여성학의 남녀 관계관에 미친 영향을 명료하게 정리했다. "여성학은 출발부터 남성과 여성의 대립을, 이해관계를 달리하는 지배와 피지배의 적대적 대립으로 인식해 왔다."[46] 또한 여성학에서는 남녀 관계에서 존재하는 문제를 해결하기 위한 방법으로 갈등과 투쟁의 방법을 제시했다.[47]

46) 이현지, 「음양론의 여성학적 함의」, 『東洋社會思想』 4(東洋社會思想學會, 2001), p. 257.

47) 이현지, 「음양론의 여성학적 함의」, 『東洋社會思想』 4(東洋社會思想學會, 2001), p. 261 참조.

2. 현대 세계관 비판

현대 세계관은 틀린 세계관인가? 아니다. 현대 세계관은 맞는 세계관인가? 아니다. 이 질문과 대답은 모든 세계관에 공통된 것이다. 세계관이란 관점이다. 그러므로 그 세계관 자체가 객관적으로 옳고 그름을 판단하는 것은 불가능하다. 동일한 세계관이 역사의 어떤 시점에서는 인간다운 삶과 사회 발전의 원동력으로 작용하기도 하고, 어떤 시점에서는 인간다운 삶과 사회 발전을 저해하는 근원이 되기도 한다. 현대 세계관도 마찬가지이다.

현대 세계관은 현대 초기와 중기에 걸쳐서 인간다운 삶과 사회 발전의 원동력으로 작용했다. 현대 세계관은 인간을 집단의 예속으로부터 해방시키고, 비합리적인 사회 관행을 철폐하며, 과학과 기술 발전을 통해 인류의 숙명이었던 빈곤 퇴치와 욕망 충족적인 문명 건설의 굳건한 기초가 되었다.

그러나 현대 말·탈현대 초에 해당하는 현 시점에 이르러, 현대 세계관은 인간다운 삶과 사회 발전을 저해하는 근원이 되어버렸다. 그러므로 이 책에서의 현대 세계관 비판은 현대 세계관의 객관적인 타당성에 대한 비판이 아니라, 시의성을 상실한 현대 세계관에 대한 현 시점에서의 비판이다.

2.1. 현대 세계관과 현대 문명 위기의 심화

현대 문명 위기가 나날이 고조되고 있다. 현대 문명 위기의 결과로 인간, 사회, 그리고 지구상의 모든 생명체들이 고통 받고 있다. 여기서는 세계관적인 측면에서 현대 문명 위기를 진단하고, 현대 문명 위기의 근원이 현대 세계관임을 밝히고자 한다.

현대 문명 위기는 요약하면 세 가지 차원에서 진행되고 있는데, 환경 문제의 심화, 사회관계의 악화, 그리고 인간 소외의 증대 등이 그것이다. 각각의 현대 문명 위기의 근원에 현대 세계관이 존재하고 있음을 밝혀보도록 하겠다.

환경 문제의 심화

현대 세계관은 환경 문제 심화의 근원으로 작용하고 있다. 현대 환경 문제가 심각함을 인식하는 데는 특별한 상상력이 필요치 않다. 인류로 인해 빚어지고 있는 환경 파괴 속도는 엄청난 것이다. 불과 수백 년에 불과한 짧은 시간 동안에, 인류는 수십 억 년 동안 균형과 조화를 유지해 온 지구 생태계를 교란시키고 파괴했다. 현대가 직면하고 있는 대표적인 환경 문제는 환경 오염 문제와 생태계 붕괴 문제이다.

오늘날 환경 오염은 빠른 속도로 진행되고 있다. 환경 오염의 양상을 서술하면 다음과 같다.

수질 오염이 빠른 속도로 진행되고 있다. 공장에서 흘러나온 폐수와 생활 하수, 축산 폐수, 농약 살포, 쓰레기의 증대, 무분별한 개발, 합성 세제의 사용, 음식물 찌꺼기의 배출, 무분별한 관정의 사용 등으로 인해, 하천과 바다가 오염되고 있고, 지하수 역시 오염되고 있다.

대기 오염도 가속화되고 있다. 대기 오염의 주원인은 공장에서 배출되는 오염 물질, 자동차 배기 가스, 연료 연소 등이다. 비닐 등을 태울 때 나는 유독 가스나 스프레이 또는 냉장고나 자동차 냉매로 쓰이는 프레온 가스 배출도 대기 오염의 원인이 된다. 대기 오염의 결과로 거대 도시에는 광화학 스모그가 형성되어 있는 곳이 많으며, 오존층이 파괴되고 있다. 지구 온난화는 대기 오염의 중요한 결과 중 하나이다.

토양 오염도 심각한 수준에 이르렀다. 농약 살포는 토양 오염의 주요 원인이다. 중금속을 함유한 산업 폐수도 토양 오염의 원인이 된다. 원자력 발전과 핵실험 등으로 인해 생성된 방사성 폐기물이 비와 함께 떨어져 토양을 오염시키기도 한다. 사람들이 버리는 음식물 쓰레기나 기타 쓰레기 등도 토양 오염의 원인이 된다. 특히 썩지 않는 비닐이 땅속에 매립되면 토양에 나쁜 영향을 미친다. 유기성 폐기물 매립장이나 가축 축사의 분뇨 야적장 부근에서 유기물에 의한 토양 오염이 발생하는 경우도 많다.

생태계의 교란과 붕괴 문제 역시 심각한 수준에 도달했다. '꿀벌의 개체수가 줄어들고 있다.', '아마존 열대 우림이 줄어들고 있다.', '사막화 현상이 가속화되고 있다.', '고래, 참치, 황새치, 상어 등의 개체수가 줄어들고 있다.', '북극 얼음이 녹고 있다.', '중국의 황하, 아프리카의 나일강, 북미의 콜로라도강은 지류가 말라붙었다.', '많은 동·식물이 멸종위기에 놓여 있다.', '산호가 사라지고 있다.', '만년설이 녹고 있다.', '지구 온난화로 인해 해수면이 상승하고 있다.', '골재용 모래 채취로 해양 생태계가 붕괴되고 있다.' 이런 것들은 오늘날 일어나고 있는 지구 생태계 교란과 붕괴의 몇 가지 사례이다.

이렇듯 환경 문제가 심화되고 있는 근본적인 원인은 현대 세계관이다. 현대 인간관의 핵심은 '인간은 이 세계와 근원적으로 분리된 개체'라는 것이다. 그러므로 현대 인간관의 관점에서 볼 때, 자신을 둘러싸고 있는 세계는 자신과 아무런 연관성도 없는 무의미한 존재이다. 외부 세계가 자신에게 어떤 의미를 갖게 되는 것은 '자신의 욕망 충족을 위해 이용 가치가 있을 때' 뿐이다. 이것이 현대 자연관의 핵심이다. 즉, 자연이란 인간이 자신의 욕망 충족을 위해 이용, 극복, 지배해야 할 대상일 따름이다.

현대 문명의 기초를 만든 대표적인 선구자의 한 사람인 F. 베이컨(Francis Bacon, 1561-1626)은 "인간의 지식이 곧 인간의 힘이다."[48]라고 말했다. 이 말은 부연하자면, '자연의 작동 원리에 대한 지식이 바로 자연을 인간의 욕망 충족의 목적을 위해서 이용할 수 있는 힘'이라는 말이다. 실제로 현대 문명은 이런 방식으로 자연을 대해 왔고, 그 결과 오늘날 자연은 황폐화되었다.

현대 인간관의 핵심이 '욕망 주체로서의 인간'이기 때문에, 현대인은 욕망 충족을 추구하는 삶을 살아가며, 현대 사회는 욕망 충족적인 문명 건설을 추구해 왔다. 이리하여 생산과 소비에 그 삶의 중심을 두는 현대적인 삶의 양식이 확립되었다.

이와 같이, 욕망 충족적인 삶과 문명의 추구가 필연적으로 빚어내는 것이 환경 문제이다. 욕망 충족적인 삶과 문명의 추구는 생산과 소비의 끝없는 확장을 초래한다. 끝없는 생산 증대는 생산 과정에서 많은 공해 물질을 배출하고 자원 고갈 문제를 야기 시킨다. 또한 지나친 소비는 많은 쓰레기를 발생시키며, 이는 환경 오염의 직접적인 원인이 된다. 공기와 수질 오염을 포함한 환경 오염은 지구상 모든 생명체들의 건강한 삶을 위협하며 결국 생태 위기를 가속화 시킨다.

상황이 이러함에도 불구하고 오늘날 세계의 거의 모든 나라들은 과학과 기술 발전에 혈안이 되어 있다. 과학 기술 발전에 바탕을 둔 고생산-고소비의 욕망 충족적인 사회를 건설하려는 현대의 기획이 성공을

48) F. Bacon, 진석용 옮김, 『신기관-자연의 해석과 인간의 자연 지배에 관한 잠언』(한길사, 2001), p. 39.

거듭할수록 생태계의 재난은 더욱 깊어갈 수밖에 없다. 자본주의 경제 체제 아래서 구조화된 고생산-고소비의 생활 양식과 가치 역시 자연의 황폐화를 촉진시키고 있다.

사회관계의 악화

오늘날 사회관계의 악화가 광범위하게 일어나고 있다. 현대 세계관은 사회관계 악화의 근원이다. 현대 관계관의 영향으로, 현대 사회에서는 모든 행위 주체가 대립물을 자신의 욕망 충족을 위해 이용·극복·착취·지배해야 할 수단과 도구로 인식한다. 서로가 서로를 이런 방식으로 인식할 때, 개인·집단·국가·문명을 가리지 않고 모든 행위 주체들의 관계는 파탄에 이르게 된다.

현대 사회에서 부부관계는 전반적으로 악화일로를 걷고 있다. 범세계적인 현상인 이혼율 증가는 부부관계 악화의 주요 척도이다. 부부관계가 악화되는 근본 요인은 현대 관계관의 영향이다. 현대 관계관에서 보면, 배우자는 자신의 욕망 충족을 위한 수단적이고 도구적인 존재이다. 이것은 배우자의 선택 과정에서부터 영향을 미친다. 상대편이 갖고 있는 재산, 직업과 수입, 외모, 성격 등을 서로 따져서 일종의 거래로 결혼이 성립하는 경우가 많다. 이런 경우, 상대편이 거래 대상으로 가치를 상실할 경우 이혼을 고려하게 된다. 만일 이런 부부가 원활한 거래를 유지하면서 평탄한 부부 생활을 영위한다고 하더라도, 이들의 부부관계는 지극히 소외된 것이다.

현대 부부관계 악화의 근본적인 원인은 남편과 아내 모두 '사랑할 수 있는 능력'이 없다는 점이다. 이들은 자신과 다른 상대편의 특징을 존중하지 않는다. 이혼한 부부의 이혼사유를 보면 성격차이가 가장 많은데, 이 경우가 바로 여기에 해당한다. 어떤 부부도 서로 차이가 있을 것인데, 현대 부부들에게는 서로의 차이를 조화로 만들어나갈 능력이 없는 것이다.

왜 현대 부부들은 서로의 차이를 존중하지 못할까? 그 답은 현대 세계관의 영향이다. 현대 인간관의 관점에서 보면, '나'도 '너'도 유한하고, 무력하며, 무의미한 존재이다. 그러므로 현대인은 배우자는 물론이고 자기 자신도 존중하지 않는다. 존중해야 할 이유가 없기 때문이다. 부부 간에 서로를 존중하지 않으면, 필연적으로 화목한 부부생활이란 불가능해진다.

자신과 다른 배우자를 존중조차 할 수 없는데, 사랑한다는 것은 더군다나 불가능한 일이다. 배우자를 깊이 믿고, 잘못을 용서하며, 깊이 사랑하는 것은 현대인에게 불가능한 일이다. 그래서 열정이 식는 순간 부부 간의 사랑도 끝이 난다. 세월과 더불어 더욱 깊은 사랑을 키워가는 부부가 드문 것은 바로 이런 이유 때문이다. 부부관계의 본질이 전형적으로 사랑의 관계인 점을 감안한다면, 현대인의 부부관계는 심각한 소외를 겪고 있다.

부모와 자녀 간의 관계 역시 악화되고 있다. 오늘날 많은 부모와 자녀가 서로 소통조차 되지 않으며, 때로는 심하게 증오하고 있다. 왜 이런 일이 발생하는 것일까? 그 직접적인 원인은 부모에게 있다. 현대 부모들은 대부분 사랑의 무능력자들이다. 그들은 생물학적인 본능에 바탕을 둔 자녀에 대한 열정을 사랑이라고 착각한다. 그 결과 현대 부모들은 자녀에게 다양한 형태의 잘못을 범한다. 몇 가지 예를 들면 다음과 같다.

자녀의 개성을 존중하지 않는 부모가 많다. 그들은 자신이 자녀에게 바람직하다고 생각하는 진로나 성격 등을 강요한다. 그들은 무의식 중에 자녀를 지배하려하고 소유하려한다. 부모가 이런 자세를 취했을 때,

부자관계는 반드시 파탄에 이르게 된다. 또 흔히 보는 부모의 잘못의 한 가지는 무엇이든지 자녀가 원하는 대로 해주는 것이다. 이것은 외양만을 보면 아이에 대한 사랑이고 존중인 것처럼 보인다. 하지만 실제는 그렇지 않다.

부모의 역할의 하나는 아이의 스승이 되어주는 것이다. 아이가 마음 깊이 존경하고 자기 삶의 본으로 삼을 수 있는 사람이 되어야 할 의무가 부모에게는 있다. 아이에게 절제를 가르치고, 자신의 욕구 충족만이 아니라 사랑할 수 있는 능력을 키워줘야 할 의무가 부모에게는 있다. 위에서 말한 젊은 부모들은 이런 의미에서 부모의 의무를 팽개치는 것이며, 결국 아이를 소외된 존재로 만들게 된다.

이렇듯, 현대 부모는 아이를 사랑한다고 생각하지만 결과적으로는 아이를 불행하고 고통스럽게 만든다. 부자관계도 당연히 정립될 수 없다. 부모가 노인이 되고 나서도, 창조적으로 교감하는 부자관계를 현대 사회에서는 찾아보기 어렵다. 결국 부모의 무력함으로 인해서 부모도, 자녀도, 이들 간의 관계도 모두 고통스러워지는 안타까운 현실에 현대는 직면해 있다.

사제관계의 악화도 심각하다. 사제관계의 악화에는 선생님과 학생 모두에게 책임이 있다. 이들 양자는 모두 현대 세계관의 영향을 받고 있다. 현대 인간관의 관점에서 보면, 학생이 선생님을 존경해야 할 이유를 찾을 수 없으며, 선생님이 학생을 사랑해야 할 이유를 찾을 수 없다. 또한 이들은 존경할 수 있는 능력도 사랑할 수 있는 능력도 갖고 있지 않다. 학생이 선생님을 존경하지 않을 때 그리고 선생님이 학생을 사랑하지 않을 때, 필연적으로 창조적인 사제관계의 정립은 불가능하다. 더군다나 현대 관계관의 영향으로, 학생은 교사를 지식 판매인으로 여기는 경향이 높고, 교사는 학생을 자신의 지식을 구매하는 고객으로 여기는 경향이 높다. 결국, 사제관계의 악화는 이런 현대 교육 패러다임이 바뀌지 않고서는 피할 수 없는 일로 보인다.

위에서 살펴본 부부관계, 부모와 자녀 간의 관계, 사제관계 등은 가장 친밀한 관계 영역이다. 이들 관계가 악화되고 있다면 다른 관계들은 말할 필요도 없다. 더군다나 국가 간 관계를 포함한 집단 관계는 서로 이용하거나 지배하려는 관계일 뿐 진정한 친구 관계나 사랑의 관계는 찾아볼 수 없다.

위에서 살펴본 몇 가지 사례를 포함해서, 현대 사회에서 사회관계가 악화되는 근본적인 원인은 현대 세계관이다. 현대 세계관의 관점에서 볼 때, 세계는 나와 아무런 근본적인 연관성이 없다. 세계가 나에게 의미를 갖는 것은 오직 세계가 내 욕망 충족의 대상이 되었을 경우뿐이다.

그러므로 내가 너와 관계를 맺게 되는 것은 오직 나의 욕망을 충족시키기 위해서이다. 이것은 나와 관계를 맺는 상대편도 마찬가지이다. 이때, 상대편은 내가 나의 욕망을 충족시키기 위해서 이용, 착취, 극복해야 할 수단과 도구로서의 대상이다.

그런데 나의 욕망과 너의 욕망은 빈번하게 충돌한다. 욕망 충족의 대상물을 상대편이 갖고 있을 경우, 충돌은 갈등의 형태를 띤다. 욕망 충족의 대상물이 제 삼자의 손에 있을 때, 충돌은 경쟁의 형태를 띤다. 경쟁이든 갈등이든 내가 원하는 것을 차지하기 위해서는 너를 극복해야만 한다. 그러므로 현대 세계관의 지배를 받게 되면, 관계가 악화된다.

갈등의 결과 한쪽이 결정적인 승리를 거두게 되면, 지배와 복종 관계가 형성된다. 경쟁이나 갈등이 아니라 서로가 원하는 것을 주고받게 되면 교환관계가 형성된다. 그 어느 경우라고 하더라도, 상대편이 나의 욕망 충족을 위한 수단과 도구에 불과함은 동일하다.

이런 유형의 관계에서는 자신과 상대편에 대한 근본적인 존중이나 사랑, 애정이 없다. 자신과 상대편에 대한 진정한 존중의 정신이 없이는 튼튼하고 창조적인 관계를 맺을 수 없다. 바로 이런 이유로 인해서, 현대 사회에서는 모든 형태의 관계들이 혼란과 파탄에 직면하고 있는 것이다.

인간 소외의 심화

현대 세계관의 영향으로 초래된 문명 위기의 또 한 가지 국면은 인간 소외의 심화이다. 현대 인간관은 출발점에서부터 인간의 한정된 부분만을 인간으로 전제함으로써 이런 인간 소외를 예고하고 있었다. 그 결과, 현대 사회에는 인간 소외가 광범위하고 전폭적으로 발생하고 있다.

현대 인간관의 관점에서 보면, 인간다움에 도달하는 성패는 자신의 외부에 위치한 희소 자원을 얼마나 쟁취하는가에 달려 있다. 그러므로 현대 인간관이 지배하고 있는 현대 사회에서는 자아 확장 투쟁으로서의 삶이 보편화되어 있다.

현대인의 의식 활동은 외부 지향적이다. 즉 현대인의 일상적인 의식은 주로 외부 환경을 조작해서 돈, 지위, 성공, 권력, 인기 등과 같은 외적인 것들을 성취하는 데에 집중되어 있다. 이것은 필연적으로 자신에 대한 관심의 결여를 초래한다. '자신에 대한 진정한 관심의 결여', 이것이 현대 인간 소외의 핵심적인 측면이다.

이에 따라서, 현대인은 자신에게 진정한 관심을 기울이지 않으며, 자신을 사랑하지 않는다. 마찬가지로, 타인이나 자연에 대해서도 진정한 관심을 기울이지 않는다. 자연히 현대인은 자연이나 타자와 교감할 수 있는 능력이 부족하며, 현실을 생생하고 풍부하게 느낄 수 없다. 현대인의 의식 내부는 메마르고 공허한 것이 되어버렸다.

현대 사회에서 인간 소외가 이렇게 심화된 근본 원인은 무엇일까? 그 답은 현대 세계관, 그 중에서도 현대 인간관이다. 현대 인간관과의 관련에서 현대 인간 소외의 근원을 밝히면 다음과 같다.

인간 존재에는 세 가지 차원이 있다. 생물학적인 존재 차원, 에고[49]로서의 존재 차원, 그리고 셀프로서의 존재 차원이 그것이다. 인간 존재의 세 차원은 수평적으로 병렬되어 있는 것이 아니라 수직적으로 배열되어 있으며, 인류의 발전론적인 과정을 반영한다.

문명 이전의 인류는 생물학적인 차원에서만 존재했다. 다른 동물이 그러하듯이 생물학적인 본능에 따라 생활했다. 식욕, 성욕, 배설욕, 수면욕, 공격욕 등이 이 단계에서 인류의 삶을 지배했다. 이 단계에서는 아직 자의식을 포함해서 자각적인 의식이 존재하지 않았다.

문명 발생과 에고의 발생은 거의 동의어에 가깝다. 문명 발생과 더불어 인간은 분리된 자아로서의 삶을 시작하게 되었다. 현대 이전에는 집단 에고로서의 삶이 주류를 이루었고, 현대 이후에는 개별 에고로서의 삶이 주류를 이루었다.

개별 에고로 인간을 규정하는 현대 인간관은 현대 문명의 발생과 발전이라는 측면에서 보면 기능적인 것이었다. 하지만 현대 문명과 탈현대 문명의 대전환기인 현 시점에 이르러서 현대 인간관은 근본적인 문제를 야기 시키고 있다. 지금 인류는 에고 차원으로부터 셀프 차원으로

49) 이 책에서 에고(ego)는 '분리된 자아로서의 나'를 지칭한다. 에고는 현대 인간관의 관점에서 인식되는 '나'이다. 이것은 나를 둘러싸고 있는 세계와 시간적, 공간적으로 분리된 개체로서의 나를 의미한다. 셀프(self)는 '우주적인 존재로서의 나'를 지칭한다. 셀프는 통일체적 인간관의 관점에서 인식되는 '나'이다. 이것은 영원한 시간과 무한한 공간을 내 안에 품고 있는 나를 의미한다. 에고와 셀프의 개념 사용에 직접적인 도움을 준 글은 C. G. 융(Carl Gustav Jung, 1875-1961)의 에고와 셀프의 개념을 정리한 M. L. 폰 프란츠(Marie-Louise von Franz)의 "個性化 過程"(1983)과 E. 톨레(Eckhart Tolle)의 『Now』(2008)와 『지금 이 순간을 살아라』(2008)이다.

의 존재 혁명을 요구 받고 있다. 하지만 현대 인간관은 이런 시대의 요청에 적절히 부응할 수 없다. 왜냐하면 현대 인간관에는 셀프로서의 인간에 대한 관점이 탈락되어 있기 때문이다. 결과적으로, 현 시점에 이르러서 현대 인간관은 인간 소외의 근본적인 요인으로 작용하고 있다.

2.2. 현대 세계관과 문명 충돌

오늘날 현대 세계관은 문명 위기의 근원으로 작용하고 있음과 동시에 문명 발전의 걸림돌이 되고 있다. 탈현대의 새로운 사회 구조가 급속하게 출현하고 있지만, 현대 세계관은 여전히 현대인의 의식에 강력한 지배력을 행사하고 있다. 이로 말미암아, 낡은 현대 세계관과 새로운 탈현대 사회 구조 간의 격심한 충돌이 지금 이 세계에 일어나고 있다. 이런 문명 충돌은 현대 문명 위기를 더욱 고조시키고 있다.

낡은 현대 세계관과 새로운 탈현대 사회 구조 간의 충돌이 일어날 때, 사라져야 할 것은 무엇인가? 사라져야 할 것은 당연히 낡은 현대 세계관이다. 현 시점에서 볼 때, 현대 세계관은 새 시대의 요구에 부응할 수 없는 낡은 세계관이며, 사라져야 할 세계관이다. 이것이 현대 세계관에 대한 두 번째 비판이다.

여기에서는 두 개 부문에서, 새로운 사회 구조와 낡은 세계관 간의 충돌을 다루면서, 현대 세계관을 비판하도록 하겠다. 하나는 여가 중심적인 삶의 양식의 보편화라고 하는 새로운 사회 구조와 현대 노동관이라고 하는 낡은 세계관 간의 충돌이다. 다른 하나는 다문화 사회라는 새로운 사회 구조와 적대적 대립관이라고 하는 낡은 세계관 간의 충돌이다.

여가 중심적인 삶의 양식과 현대 노동관 간의 충돌

여가 중심적인 새로운 삶의 양식과 현대 노동관이 충돌하고 있다. 오늘날 현대인의 삶에서 생산 노동이 차지하는 시간은 점점 축소되고, 여가 시간은 점점 확대되면서, 여가 중심적인 삶의 양식이 인류의 새로운 삶의 양식으로 확산되고 있다. 그러나 노동에 궁극적인 가치를 부여하는 현대 노동관이 여전히 현대인의 의식을 지배하고 있다. 이로 인해, 양자 간의 충돌이 격화되고, 현 인류는 불필요한 많은 고통을 겪고 있으며, 문명 위기가 심화되고 있다.

여가 중심적인 삶의 양식이란 직업적인 생산 노동에 참여하지 않으면서, 시간의 대부분을 여가로 보내는 삶의 양식을 가리킨다. 전통 사회에서는 특권적인 신분에 속하는 소수의 사람들만이 이런 삶을 누릴 수 있었다. 하지만 오늘날의 사회에서는 여가 중심적인 삶의 양식이 대중적인 차원에서 확산되어가고 있다.

오늘날 여가 중심적인 삶의 양식의 보편화를 가속화시키는 두 개의 중요한 요인이 있다. 그것은 인공 지능을 이용한 생산 자동화와 평균 수명 증대이다. 이 중에서 앞의 요인이 더 근본적이고 중요하다. 생산 영역에서 인간 노동력에 대한 필요를 감소하는 경향은 문명의 역사만큼 오래된 것이다. 인류가 도구를 만들어 쓰게 되면서부터, 동일한 양을 생산하는 데 소요되는 노동 시간은 감소하게 되었다.

산업 혁명이 일어나면서 기계 사용이 본격화되고, 인간 근력을 이용한 생산은 기계력을 이용한 생산으로 급속히 바뀌게 된다. 이에 따라서, 생산 영역에서 인간의 육체 노동에 대한 수요는 급격히 줄어들었다. 20세기 후반에 이르러 또 한 번의 혁명적인 기술 혁신이 일어났다. 그것은 인공 지능을 생산 현장에 도입하는 것이었다. 생산 영역에서 인공 지능은 인간 지력을 대체한다. 이리하여 생산 영역에서 인간 노동력이 불필요한 생산 자동화가 가속화되고 있다.

자동화는 공장과 같은 이차 산업 영역뿐만 아니라 은행과 같은 서비스업이나 농업과 같은 일차 산업 등 모든 산업 영역으로 확대되고 있고, 가사 노동에도 파급되고 있다. 다시 말하자면 자동화는 사회 모든 영역으로 빠르게 확산되고 있고, 이에 따라서, 인간 노동력에 대한 수요는 급진적으로 감소하고 있다.[50] 이렇듯 생산 자동화는 여가 중심적인 삶의 양식을 보편화시키는 강력한 요인으로 작용하고 있다.

이와 같이, 탈현대적인 사회 구조의 하나인 여가 중심적인 삶의 양식이 급속히 확산되고 있는데 반해서, 생산 현장에의 참여를 궁극적인 가치로 간주하는 현대 노동관은 여전히 현대인의 의식 속에 강력한 지배력을 갖고 있다. 현대 노동관에의 고착으로 인해서, 일자리가 줄어들수록 사람들은 더욱 일자리에 집착하는 기이한 현상이 나타나고 있다.

일자리에 대한 수요와 공급의 괴리는 엄청난 취업 경쟁을 부추기고 있다. 사회는 일군을 점점 더 적게 필요로 하는데, 대학은 점점 더 많은 일군을 배출하는 직업 교육 훈련소로 전락해가고 있다. 일자리를 구하지 못한 청년 실업자와 일터에서 쫓겨난 중년 실업자들은 절망감을 느낀다. 청년과 중년들조차도 일자리가 부족한 상황에서, 노인들마저도 일자리를 달라고 아우성이다. 일자리가 급속히 줄어드는 가운데, 일자리를 얻기 위한 현대인의 투쟁은 엄청난 양의 고통을 만들어내고 있다.

이런 현재의 상황을 연출하게 만드는 주범은 현대 노동관이다. 현대 노동관이란 현대 문명이란 계절과 어울리는 옷이다. 계절이 바뀌면 옷을 바꿔 입듯이, 문명의 전환이 이루어지는 지금 이 시점에서 우리는 철에 맞지 않는 현대 노동관이란 옷을 벗어버려야 한다. 여름이 왔는데

---

50) J. Rifkin은 『노동의 종말』(민음사, 1996)에서 생산 자동화에 따른 노동에 대한 사회적인 수요의 감축을 설득력 있게 설명하고 있다.

도 두꺼운 옷을 껴입은 채로 새로운 계절을 탓한다면 그것은 어리석은 일이다. 이와 마찬가지로, 탈현대로의 문명 대전환기에 이르러서도 현대 노동관을 고집한다면 이는 어리석은 일이다. 바로 이런 의미에서, 현대 노동관을 포함한 현대 세계관은 현 시점에서 비판의 대상이 된다.

다문화 사회와 적대적 대립관 간의 충돌

탈현대 사회 구조와 현대 세계관 간의 충돌이 일어나고 있는 또 하나의 중요 영역은 다문화 사회라는 새로운 사회 구조와 적대적 대립관이라고 하는 낡은 세계관 간의 충돌이다. 급속한 교통 · 통신의 발달로 인해서 문화 간 접촉과 교류가 증대되고, 이질적인 문화가 동일 공간에 혼재하는 새로운 시대가 다가왔다. 의식 차원에서 보더라도 다양한 문화가 개인의 의식 속에 혼재하고 있다. 더 이상 분리 · 독립된 단위로서의 문화 · 민족 · 국가 · 인종 · 종교 등은 성립할 수 없다.[51] 단일문화 사회로부터 다문화 사회로의 전환은 역사의 거역할 수 없는 추세로 오늘날 빠른 속도로 진행되고 있다.

다문화 사회라는 새로운 사회 구조가 급속히 확산되고 있는 상황에서, 집단 간 · 문화 간의 편견, 차별, 갈등은 심각한 사회 문제로 부각되고 있다. 이스라엘과 팔레스타인 간의 끊임없이 되풀이되는 공격과 보복, 그들이 갖고 있는 상대편에 대해 심한 편견과 불신은 많은 불안과 고통을 양산하고 있다. 한국 사회에서 벌어지고 있는 외국인 노동자나 이주여성, 혼혈아 등에 대한 차별 역시 심각하다. 정도를 달리할지라도 이런 집단 간 편견이나 차별 그리고 그로 인한 고통과 불행은 오늘날 범지구적인 현상이다.

---

51) 홍승표, 「유교사상을 통해 본 다문화 사회」, 『철학연구』 107(대한철학회, 2008), p. 70 참조.

다문화 사회라고 하는 새로운 사회 구조는 급속히 확산되고 있지만, 현대 사회의 다양한 집단과 문화는 서로를 존중하고 깊이 이해하려하지 않으며, 사랑하지는 더욱 않는다. 그들은 다만 상대편을 이용·착취·지배하려 할 뿐이다. 이것은 현 인류에게 엄청난 고통을 초래하고 있으며, 문명의 미래를 어둡게 만드는 중요한 요인이다.[52)]

현대 다문화 사회 문제가 이렇게 심각한 요인은 무엇일까? 그것은 다문화 사회라고 하는 새로운 사회 구조가 급속히 확산되고 있는데 반해서 낡은 세계관인 현대 세계관이 여전히 현대인의 의식에 강한 영향력을 발휘하고 있기 때문이다. 현대 세계관은 왜 다문화 사회와 충돌하는 것일까? 현대 인간관과 관계관이 그 근본 요인이다.

먼저 현대 인간관이 왜 다문화 사회와 충돌하는가를 설명하도록 하겠다. 현대 인간관은 현대 문명 건설의 주역이었지만, 새로운 사회 구조인 다문화 사회와 조화를 이루기에는 근본적인 곤란이 있다. 현대 인간관의 핵심은 '시공간적으로 분리된 개체로서의 인간'이라는 인식이다. 인간은 우연하게 생겨났다가 죽음으로 인해 무(無)로 돌아가는, 이 세계 속에서 유한하고, 무의미하며, 무력한 존재이다.

이런 현대 인간관의 관점에서 보면, 나와 너 모두 근본적으로 무의미한 존재이며, 부질없는 욕망을 좇으며 살아가는 욕망의 주체일 따름이다. 나는 나 자신이나 너를 존중하거나 존경해야 할 아무런 이유도 없다. 이것이 현대 사회에서 인간이 자기 자신과 상대편을 함부로 대하는 가운데, 무례(無禮)함이 팽배해 있는 근본적인 이유이다.

그런데 무례함은 개인적인 차원에 국한되지 않고 집단적인 차원으로 확대된다. 즉, 상대편 국가, 종교, 민족, 인종, 지역, 문화 등 모든 영역

52) 홍승표, 「유교사상을 통해 본 다문화 사회」, 『철학연구』 107(대한철학회, 2008), pp. 71-72 참조.

으로 무례함이 확산되어 있다. 우방이 실질적으로 사라졌을 뿐만 아니라 우방이란 단어 자체를 거의 찾아볼 수 없게 되었다는 사실은 현대 사회에서 집단 간의 무례함이 얼마나 심각한가를 보여주는 단적인 사례이다.

상대편 문화를 근본적으로 존중하지 않는 가운데, 다양한 문화가 평화롭게 공존하면서 조화로운 삶을 영위할 수는 없다. 그러므로 다문화 사회라는 새로운 사회 구조가 확산되고 있지만, 현대 인간관의 토대 위에서는 조화로운 다문화 사회를 건설할 수 없다. 서로를 무례하게 대하는 가운데, 고통과 불행을 양산하고 있는 것이 현대 다문화 사회의 현주소이며, 그 근본적인 원인은 바로 현대 인간관이다.

다음으로 현대 관계관과 다문화 사회 간의 충돌을 설명해보도록 하겠다. 현대 관계관의 전형은 적대적 대립관이다. 적대적 대립관의 관점에서 보면, 나와 너는 이해관계가 상충하는 관계이다. 내가 살아남기 위해서는 너를 극복해야 하며, 너 역시 마찬가지이다. 그러므로 경쟁과 갈등은 대립물 간의 자연스런 관계로 인식된다. 이것은 인간 간, 집단 간, 문화 간, 국가 간, 지역 간, 인종 간, 종교 간 등을 포함해서 모든 행위 주체들 간의 보편적인 관계로 간주된다.

그러므로 현대 관계관인 적대적 대립관과 새로운 사회 구조로서의 다문화 사회는 조화를 이룰 수 없다. 다문화 사회 속에, 적대적 대립관에 바탕을 둔 차별, 편견, 갈등, 지배 등이 지속함으로써, 현대 다문화 사회는 많은 고통과 불행을 양산하고 있다. 현대 인간관과 다문화 사회의 논의에서와 마찬가지로, 이 경우에도 바뀌어야 할 것은 다문화 사회가 아니라 이제는 역사 속에서 그 효력을 다한 적대적 관계관이다.

이상과 같이, 현대 세계관의 바탕 위에서 발전을 추구하고 달성할수록, 환경 문제, 관계 악화, 소외의 심화 등과 같은 현대 문명 위기는 더 심각해진다. 또한 현대 세계관은 새롭게 출현하는 탈현대 사회 구조와 조화를 이룰 수 없을 뿐만 아니라 이것과 충돌하면서 많은 고통과 불행을 양산한다. 특정 세계관이 더 이상 인간다운 삶과 좋은 세상을 만들어나가는 데 기여할 수 없다면, 그 세계관은 폐기되어야 한다. 이것이 현 시점에서 현대 세계관을 비판하는 이유이다.

Chapter

Ⅱ

동양 사상과 탈현대 세계관으로서의 통일체적 세계관

낱낱의 그 몸속에
모든 세계 용납하고
또 한 찰나 가운데
세 세상을 다 보이네

본 연구의 두 번째 과제는 동양 사상의 바탕 위에서 탈현대 세계관인 통일체적 세계관을 구성하는 것이다. 통일체적 세계관은 이 책 Ⅲ장에서부터 이루어지는 모든 논의의 기초가 된다. 통일체적 세계관 구축을 위한 전략으로, 본 연구는 동양 사상에 풍부하게 내장되어 있는 탈현대 세계관의 요소를 추출하여 필자가 통일체적 세계관이라고 명명한 탈현대 세계관을 구축하고자 한다.

현대 세계관이 '시공간적으로 모든 존재들 간의 근원적인 분리'를 인식의 대전제로 삼고 있음에 반해서, 탈현대 세계관인 통일체적 세계관은 '시공간적으로 모든 존재들 간의 근원적인 통일성'을 인식의 대전제로 삼는다. 통일체적 세계관의 전체적인 특징은 아래 〈그림 1〉과 같다.

다른 모든 세계관과 마찬가지로, 통일체적 세계관은 동서양의 어느 사회나 시대를 막론하고 부분적으로 존재해왔다. 그러나 통일체적 세계관이 정교한 체계를 갖추며 발달한 것은 유가(儒家)·도가(道家)·불가(佛家) 사상을 중심으로 하는 동양 사상에서였다. 그 중에서도 가장 체계적으로 통일체적 세계관을 발전시킨 경우는 중국 당대(唐代)에 융성했던 화엄(華嚴) 사상이다.

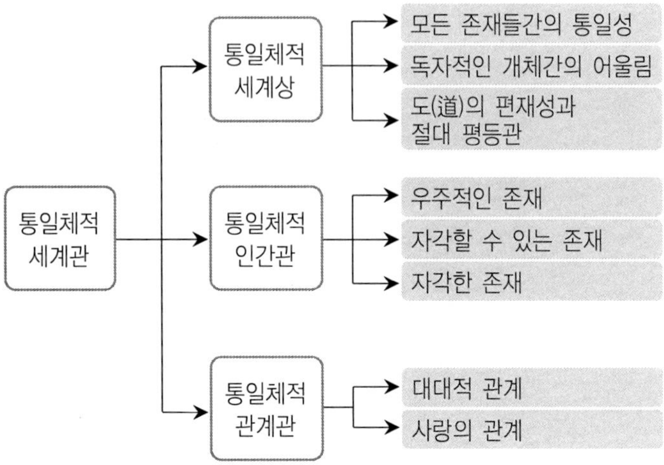

〈그림 1〉 통일체적 세계관

현대적인 삶의 세계관적인 기초가 현대 세계관이듯이, 탈현대적인 삶의 세계관적인 기초는 통일체적 세계관이다. 현대가 시작하던 무렵, 현대 세계관은 중세의 질곡 속에서 고통 받고 있는 사람들에게 해방의 메시지였으며, 새로운 문명 건설을 위한 생생한 비전을 제시해 주었다. 하지만 현대 말·탈현대 초라고 할 수 있는 오늘날에 이르러서 현대 세계관은 인간 소외의 근원이 되었고, 새로운 문명 출현을 가로막는 장애물이 되어버렸다.

현대 세계관은 여전히 현대인의 의식을 지배하고 있지만, 새롭게 출현하고 있는 탈현대적인 사회 구조와 격심한 충돌을 일으키고 있다. 세계관의 소임이 인간다운 삶과 문명 발전의 기초를 제공하는 것임을 고려한다면, 현대 세계관은 이제 역사 속에서 그 소임을 다하고 물러나야만 할 상황에 처해 있다. 현재의 인간 소외와 문명 위기를 해소하기 위해, 우리에게는 새로운 세계관이 절실히 필요하다. 이런 시대적인 요청에 대한 응답이 통일체적 세계관이다.

그러나 통일체적 세계관을 구성하는 데 있어서, 난점이 있다. 그것은 역사 속의 통일체적 세계관은 빈번히 집단 중심적인 또는 신 중심적인 세계관, 즉 전현대 세계관과 뒤섞여 있다는 점이다.[53] 그러므로 순수한 통일체적 세계관을 구성하기 위해서는, 역사 속의 통일체적 세계관에 대한 제련이 필요하다. 필자가 수행한 작업은 동서양의 통일체적 세계관을 수합하고 정리해서 순수한 통일체적 세계관을 구성하는 것이었다.

현 시대와 미래 사회에서 통일체적 세계관의 효용은 크다. 통일체적 세계관은 인간과 세계를 바라보는 새롭고 창조적인 관점을 제공할 수 있다. 통일체적 세계관은 현대 사회가 직면하고 있는 위기의 본질을 발전적으로 인식할 수 있는 관점을 제시할 수 있다. 뿐만 아니라, 통일체적 세계관은 탈현대의 새로운 삶과 문명을 설계하는 데 있어서, 그 바탕이 될 수 있다.

이 장에서는 통일체적 세계관을 세 부분으로 나누어서 살펴보도록 하겠다. 첫째, 통일체적 세계상을 살펴볼 것이다. 모든 존재들 간의 통일성에 대한 인식, 독자적인 개체들 간의 어울림에 대한 강조, 도(道)의 편재성과 모든 존재들 간의 절대 평등관 등을 여기서 다루도록 하겠다. 둘째, 통일체적 인간관을 서술할 것이다. 전 우주를 자신 안에 품고 있는 존재로서의 인간, 우주적인 존재로서의 자신과 세계를 자각할 수 있는 존재로서의 인간, 우주적인 존재로서의 자신과 세계를 자각한 인간 등에 대한 논의가 이루어질 것이다. 셋째, 통일체적 관계관을 논의할

---

53) 유불도로 대변되는 동아시아 전통 사상에는 다양한 세계관이 혼합되어 있고, 유가, 불가, 도가의 세계관적인 기초도 엄격히 일치하는 것은 아니다. 다만 이 책의 목적은 각각의 전통 사상의 세계관적인 특징을 구명하는 것이 아니라 이들 동아시아 전통 사상에 내포되어 있는 통일체적 세계관의 요소를 추출해서 새로운 세계관으로서 통일체적 세계관을 구성하고자 하는 것임을 밝힌다.

것이다. 통일체적 관계관인 대대적(對待的) 대립관의 주요한 양상들과 대대적 대립관에 입각한 이상적인 관계인 사랑의 관계를 여기서 논의할 것이다.

1. 통일체적 세계상

통일체적 세계관의 관점에서 바라본 세계의 모습은 어떤 것일까? 현대인은 현대 세계관에 워낙 익숙한 상태여서, 통일체적 세계관의 관점에서 세계를 바라보는 것이 쉽지 않다. 통일체적 세계관의 관점에서 바라본 세계의 모습은 경이롭고 장엄한 것이다. 그것은 모든 존재가 자신의 영롱한 빛을 발하는 세계이다. 중국 연애시에 "그녀의 손에서는 생활에 관한 평범한 산문도 시가 된다."[54]는 구절이 있는데, 연인에 대한 사랑을 느끼는 이가 경험하는 '시로 변해 버린 일상의 세계', 그것이 바로 통일체적 세계관의 관점에서 바라본 세계의 모습이다.

연인에 대한 사랑은 금방 식고, 잠시 열렸던 통일체적 세계의 모습도 닫힌다. 그러나 자신과 세계의 본연의 모습을 깨달은 사람은 지속적으로 통일체적 세계관의 관점에서 세상을 바라볼 수 있다. 화엄 사상에서는 통일체적 세계를 반복적으로 묘사하고 있다. 그것은 중중무진(重重無盡)의 세계이다.

『화엄경』에 나오는 제석천(帝釋天)의 인드라망(因陀羅網)에 대한 비유는 통일체적 세계상을 잘 드러내는 사례이다. 인드라망의 모습은 "마치 여러 거울이 서로 비추어 여러 거울의 그림자가 한 거울 가운데 나

54) J. C. H. Wu, 류시화 옮김, 『禪의 황금시대』(경서원, 1986), pp. 292에서 재인용.

타나고, 이와 같은 그림자 가운데 다시 여러 그림자를 나타내며, 낱낱의 그림자 가운데 다시 여러 그림자를 나타냄과 같으니, 곧 겹치고 겹치어 그림자를 나타내 그 다함없고 거듭 다함없음을 이룸"[55]인 것이다.

요약하자면, 이것은 하나가 다른 모든 것을 품고 빛을 발하는 세계이다. 아래에 인용해 놓은 W. 블레이크(William Blake)의 시 「순수의 전조」(Auguries of Innocence)의 첫 구절에는, 이런 통일체적 세계의 모습이 잘 형상화되어 있다.

> 한 알의 모래 속에 세계를 보며
> To see a World in a grain of sand,
> 한 송이 들꽃에서 천국을 본다.
> And a Heaven in a wild flower,
> 그대 손바닥 안에 무한(無限)을 쥐고
> Hold Infinity in the palm of your hand,
> 한 순간 속에 영원을 보라.
> And Eternity in an hour.[56]

이 시를 산문적으로 서술하면 다음과 같다. 앞의 세 구절은 공간적인 측면에서 통일체적 세계상을 서술하고 있다. '한 알의 모래', '한 송이 들꽃', '그대 손바닥'은 아주 작은 부분이다. 반면에, '세계', '천국', '무한'은 아주 큰 전체이다. 통일체적 세계관의 관점에서 보면, '아주 작은 부분' 속에 '아주 큰 전체'가 들어 있다. 뒤의 한 구절은 시간적인 측면에서 통일체적 세계상을 서술하고 있다. '한 순간'은 아주 짧은 시간이다. '영원'은 아주 긴 시간이다. 통일체적 세계관의 관점에서 보면, '아주 짧

---

55) 대한불교조계종교육원편, 『화엄종관행문』(조계종출판사, 2001), 「3장 華嚴一乘十玄門」, pp. 272-273.

56) W. Blake, 김종철 옮김, 『天國과 地獄의 結婚』(민음사, 1974), p. 83.

은 시간' 속에 '아주 긴 시간'이 들어 있다.

즉, 통일체적 세계관의 관점에서 본 세계란 온 우주가 시간적 · 공간적으로 상즉 · 상입하는 화엄의 세계이다. 우리는 한 떨기 작은 들꽃 속에서 온 우주를 바라보고, 온 우주의 향기를 맡으며, 온 우주의 율동을 느낄 수 있다. R. W. 에머슨(Ralph Waldo Emerson)이 "우주는 한 원자 속에도, 시간의 한 순간 속에도 표시될 수 있다."[57]고 말했을 때, 이는 블레이크와 똑같이 통일체적 세계상을 서술하고 있는 것이다.

통일체적 세계관의 관점에서 세계를 바라보는 것이 현대인에게는 낯설지만, 동아시아 전통 사상에는 통일체적 사유가 풍부하게 내장되어 있다. '천인합일(天人合一)', '물아일여(物我一如)', '만물일체(萬物一體)', '도통위일(道通爲一)', '심신일여(心身一如)', '내외합일(內外合一)', '표리일체(表裏一體)', '체용불리(體用不離)', '리일분수(理一分殊)', '자타불이(自他不二)', '자타일여(自他一如)', '일즉전 전즉일(一卽全 全卽一)', '일즉다 다즉일(一卽多 多卽一)', '일즉일체(一卽一切) 일체즉일(一切卽一)', '일중다(一中多) 다중일(多中一)', '인즉천(人卽天)' 등의 말들은 모두 통일체적 세계상을 표현하는 용어들이다.

통일체적 세계상의 특징을 요약한다면 다음과 같이 정리할 수 있다.

- 모든 존재들 간의 통일성: 이 세상 모든 존재들은 공간적 · 시간적으로 연결되어 있다. 아주 미세한 입자에도 우주적인 공간이 내재해 있으며, 아주 짧은 순간에도 영원한 시간이 내재해 있다. 그러므로 나는 너 속으로 너는 나 속으로, 현재는 과거 속으로 과거는 미래 속으로 자유롭게 드나들 수 있다.
- 독자적인 개체들 간의 어울림: 우주가 작은 입자 속으로 들어간다고 해도 작은 입자는 자신의 독자성을 상실하지 않으며, 영원이 짧

57) R. W. Emerson, 이창배 옮김, 『에머슨 隨想錄』(서문당, 1973), p. 221.

은 시간 속으로 들어간다고 해도 짧은 시간은 자신의 독자성을 잃지 않는다.

- 도(道)의 편재성과 모든 존재들 간의 절대 평등관: 아무리 미물이라고 하더라도 모든 존재는 도(道)를 내재하고 있고, 그러하기에 모든 존재들은 절대적으로 평등하다.

아래에서, 통일체적 세계상이 갖고 있는 이런 특징들을 나누어서 서술해보도록 하겠다.

1.1. 모든 존재들 간의 통일성

아래 인용하는 『화엄경』의 한 구절에는 모든 존재들 간의 통일성이라고 하는 통일체적 세계상이 잘 나타난다.

> 낱낱의 그 몸속에
> 모든 세계 용납하고
> 또 한 찰나 가운데
> 세 세상을 다 보이네[58)]

이 구절의 앞부분은 이 세계의 공간적인 통일성을 표현하고 있고, 뒷부분은 이 세계의 시간적인 통일성을 표현하고 있다.

이와 같이, 통일체적 세계상은 이 세상 모든 존재들의 시공간적인 통일성을 전제로 세계를 인식하고자 한다. 즉, 통일체적 세계관의 관점에서 보면, 어떤 존재에도 우주적인 시간과 공간이 내재해 있으며, 모든

58) 『한글대장경 華嚴經(六十卷本) 1』, 「盧舍那佛品 2」, p. 81.

것은 하나이다. 틱낫한(Thich Nhat Hanh)은 "만일 당신이 시인이라면, 당신은 이 종이 안에 구름이 떠 있는 것을 분명히 볼 수 있을 것입니다."[59]라고 말했는데, 이 말 속에는 이 세상 모든 존재들 간의 통일성에 대한 인식이 잘 표현되어 있다. 한 장의 종이 안에는 구름뿐만 아니라 하늘, 햇빛, 비, 그리고 이 세상 모든 것이 들어있다. '무한한 공간과 영원한 시간을 담고 있는 한 장의 종이', 그것이 바로 통일체적 세계관의 관점에서 바라본 이 종이의 진정한 모습이다.

이와 같이, 통일체적 세계관에서는 '주체와 객체' · '인간과 자연'의 상호 통일을 기본 전제로 하여 세계를 인식하려 한다.[60] 통일체적 세계관의 관점에서 보았을 때, 우주만물은 시간적 · 공간적으로 서로 상즉(相卽; mutual identity) · 상입(相入; mutual penetration)하여 통일체적 존재 양식을 취하고 있다. 이 세상 어떤 것도 분리된 실체로 존재하지 않는다. 모든 것은 서로 연관되어 있을 뿐만 아니라 궁극적으로 하나이다. '부분은 전체를 포함하고 있으며, 부분과 전체는 하나'라고 하는 이 세상 모든 존재들의 통일성에 대한 가정은 통일체적 세계 인식의 핵심적인 특징이며, 현대 세계관과의 중요한 차이점이다.

현대인은 '모든 존재들 간의 근원적인 분리'라는 관념에 워낙 익숙해 있어서, 모든 존재의 통일성을 이해하는 것이 쉽지 않다. 최근 유행하고 있는 유전자 복제를 생각해보면, 이 세상 모든 존재들 간의 통일성의 의미를 이해하는 데 도움이 될 것 같다. 생명체 안에는 수많은 세포가 있다. 각각의 세포는 전체 몸에 대한 유전 정보를 갖고 있다. 그래서 하나의 세포를 배양하면 전체 생명체와 똑같은 모습의 복제가 가능하다. 이런 식으로 생명체를 바라보는 유전 공학자의 관점은 통일체적

59) N. H. Thich, *Being Peace*, Berkeley, California: Parallax Press, 1987, p. 46.
60) 蒙培元, 『中國哲學主體思惟』(北京: 東方出版社, 1993), p. 1 참조.

세계관의 관점과 유사하다. 생명체 속의 수많은 세포들은, 인드라망에 달려있는 수많은 구슬들처럼, 서로가 서로를 비추며, 하나하나의 세포가 전체 생명체를 포함하는 구조를 갖고 있다.

역사적으로 볼 때, 개체와 전체를 바라보는 통일체적 관점을 가장 정교하게 발달시킨 것은 화엄 사상이다. 화엄 사상가들은 일즉다(一卽多) 다즉일(多卽一), 일중다(一中多) 다중일(多中一)의 논리 구조를 갖고서, 이 세상 모든 존재들 간의 근원적인 통일성을 서술했다.

의상(義湘, 625-702)은 『화엄일승법계도(華嚴一乘法界圖)』에서 개체와 전체의 통일성을 다음과 같이 표현했다.

일(一) 가운데 일체(一切)가 있고 다(多) 가운데 일(一)이 있으며	一中一切多中一
일(一)이 곧 일체(一切)요 다(多)가 곧 일(一)이다.	一卽一切多卽一
한 티끌 속에 시방(十方)을 포함하고	一微塵中含十方
일체(一切) 티끌 중에도 이와 같다.	一切塵中亦如是[61]

위의 구절에서 볼 수 있듯이, 화엄 사상의 통일체적 세계관은 상즉(相卽) 사상에 잘 나타난다.[62] 상즉이란 '색즉시공(色卽是空) 공즉시색(空卽是色)', '일즉다(一卽多) 다즉일(多卽一)', '일즉일체(一卽一切) 일체즉일(一切卽一)'이라고 말할 때와 같이, 외견상 상이한 범주들 간의 통일성을 지시하는 개념이다.

상즉 사상의 한 가지 표현인 '일즉다 다즉일'의 사유 체계에는, 통일체적 세계관에서 말하는 개체와 전체의 통일성에 대한 관념이 담겨 있다. 화엄 사상 관련 서적을 읽으면, '일이 일체이며 일체가 일이다[一卽一切 一切卽一].'라는 구절이 빈번하게 등장한다. '일즉다'란 '일이 다를

61) 김해주, 『義湘華嚴思想史硏究』(민족사, 1993), p. 122.
62) G. C. C. Chang, 이찬수 옮김, 『華嚴哲學』(경서원, 1998), p. 219 참조.

포함하고 있고, 다가 일을 포함하고 있어서' 지금 바로 이 순간에 있어 '일이 곧 다요 다가 곧 일임'을 주장한다. 법장(法藏, 643-712)은 "하나가 일체에 즉하고 일체가 하나에 즉하여 완전무결하게 융합되어 자유자재하며 걸림이 없다."고 말했다.[63]

두순(杜順, 557-640)의 「화엄법계관문(華嚴法界觀門)」에서는 물결의 비유를 들어 모든 존재들의 통일성을 다음과 같이 말했다. "이는 온전히 한 큰 바다가 한 물결 가운데 있으나 바다가 줄어들지 않음과 같으며, 저 한 작은 물결이 큰 바다를 두르되 물결이 커지지 않음과 같다."[64]

『화엄경』 「보현보살행품(普賢菩薩行品)」에서는 '개체와 전체'의 통일성을 다음과 같이 표현하고 있다.

> 일체 세계를 한 털구멍에 들이고 한 털구멍에서 불가사의한 세계를 내며, 일체 중생의 몸을 다 한 몸에 들이고 한 몸에서 한량없는 몸을 내며, 말할 수 없는 겁을 다 한 찰나에 들이고 한 찰나를 말할 수 없는 겁에 들게 하며, 일체의 불법을 다 한 법에 들이고 한 법을 일체의 불법에 들게 하며, 일체의 받아들임을 한 받아들임에 들이고 한 받아들임을 일체의 받아들임에 들게 하며, 일체의 감관을 한 감관에 들이고 한 감관을 일체의 감관에 들게 하며, 일체의 감관을 감관 아닌 법에 들이고 감관 아닌 법을 일체의 감관에 들이며, 일체의 모양을 다 한 모양에 들이고 한 모양을 일체의 모양에 들이며, 일체의 말을 한 말에 들이고 한 말을 일체의 말에 들이며, 일체 삼세(三世)를 다 한 세상에 들이고 한 세상을 일체의 삼세에 들이는 것 등이다.[65]

---

63) 法藏, 김무득 옮김, 『華嚴學體系(華嚴五敎章)』(우리출판사, 1998), p. 374.
64) 대한불교조계종교육원편, 『화엄종관행문』(조계종출판사, 2001), 「3장 華嚴一乘十玄門」, p. 170.
65) 『한글대장경 華嚴經(六十卷本) 2』, 「普賢菩薩行品」, pp. 209-210.

분석적으로 보면, 모든 존재들 간의 통일성에 대한 논의는 두 가지로 나눌 수 있다. 하나는 부분과 전체 간의 공간적인 통일성이고, 다른 하나는 순간과 영원 간의 시간적인 통일성이다.

부분과 전체 간의 공간적인 통일성

통일체적 세계관의 관점에서 보면, 티끌과 같이 아주 작고 보잘것 없는 것 속에도 무한한 우주가 내재해 있다. 『화엄경(華嚴經)』에는 개체와 전체의 공간적인 통일성을 가리키는 구절들이 많다. 아래 인용한 것은 이 중의 일부이다.

> 이 말할 수 없는 세계의 티끌 수 같은 향수해 가운데 말할 수 없는 세계 티끌 수의 세계종(世界種)이 있고, 낱낱 세계종(世界種)에는 말할 수 없는 세계의 티끌 수 같은 세계가 있느니라.[66]

> 세 세상이 한량없는 그 겁 동안에
> 이뤄지고 무너지는 갖가지 모양
> 한 털 구멍에서 모두 나타내나니
> 이것이 깨끗한 최상의 지혜이네.[67]

> 한 털 속에 모든 세계 다 수용하고[68]

> 낱낱의 티끌 같은 그 갈래에서
> 일체 모든 세계를 다 나타내네.[69]

---

66) 『한글대장경 華嚴經(八十卷本) 1』, 「華藏世界品 1」, p. 162.
67) 『한글대장경 華嚴經(八十卷本) 1』, 「世間淨眼品」, p. 39.
68) 『한글대장경 華嚴經(八十卷本) 1』, 「盧舍那佛品 2」, p. 70.
69) 『한글대장경 華嚴經(八十卷本) 1』, 「盧舍那佛品 2」, p. 74.

하나하나의 그 티끌 속에서
시방의 모든 국토 두루 보았네.[70]

하나하나 티끌 속에
나타나는 모든 세계[71]

한 티끌 속에 있는 많은 세계들[72]

하나 가운데 한량없는 것 알고
한량없는 것 가운데서 하나를 알아
그것들이 서로 서로 내는 줄 알면
지혜로운 그 사람 공포 없으리.[73]

낱낱의 작은 그 티끌 속에
한량이 없는 부처 세계 있나니
하나 속에서 무량을 알고
무량 속에서 하나를 아네.[74]

이 구절들의 내용을 정리하면 다음과 같다. 하나의 티끌, 한 오라기의 털, 한 털 구멍과 같은 정말 작은 것 속에도 온 우주가 다 들어 있다는 것이다. 이렇듯 미세한 작은 것 속에 거대한 우주 전체가 들어있을 뿐만 아니라, 미세한 것과 거대한 것은 상입한다. 『화엄경』에서 인용한 아래 구절들은 이런 세계상을 표현하고 있다.

70) 『한글대장경 華嚴經(六十卷本) 2』, 「入法界品 9」, p. 629.
71) 『한글대장경 華嚴經(六十卷本) 2』, 「入法界品 9」, p. 85.
72) 『한글대장경 華嚴經(六十卷本) 2』, 「賢首菩薩品 1」, p. 190.
73) 『한글대장경 華嚴經(六十卷本) 2』, 「如來光明覺品」, p. 132.
74) 『한글대장경 華嚴經(六十卷本) 2』, 「普賢菩薩行品」, pp. 214-215.

한 국토가 시방에 차기도 하고
시방 세계 한 국토에 들기도 하나[75]

한 몸으로 한량없는 몸이 되다가
한량없는 몸이 다시 한 몸 되나니[76]

한 털 끝에 한량없는 세계 있어도
그 안이 조금도 비좁지 않고
미세한 그 털끝이 커지지도 않지만
두루 넓은 부처 세계 다 용납하네.[77]

저 세계의 하나하나 티끌 가운데
시방 세계 국토들이 모두 들도다.[78]

이 세상 모든 존재들 간의 통일성에 대한 관념은 도가 사상과 유가 사상에서도 풍부하게 찾아볼 수 있다. 『노자(老子)』와 『장자(莊子)』를 중심으로 하는 도가 사상에는 만물일체(萬物一體) 사상이 내장되어 있다. 도가 사상가들은 인간과 자연의 통일성을 강조했다. 모든 존재는 도(道)의 관점에서 보면 하나이다. 인간은 자신의 육체적인 한계를 벗어나서 자연과 교감을 나누며, 우주와 일체가 된다.

『장자』에 나오는 다음 구절들은 도가 사상에 내장되어 있는 만물일체 사상을 잘 보여준다.

참된 도의 입장에서는 다 같이 하나가 된다.[79]

---

75) 『한글대장경 華嚴經(六十卷本) 1』, 「盧舍那佛品 3」, p. 101.
76) 『한글대장경 華嚴經(六十卷本) 1』, 「如來光明覺品」, p. 139.
77) 『한글대장경 華嚴經(六十卷本) 1』, 「心王菩薩問阿僧祇品」, p. 147.
78) 『한글대장경 華嚴經(八十卷本) 1』, 「華藏世界品 1」, p. 155.
79) 『莊子』, 「齊物論」, "道通爲一"

천지는 나와 함께 태어났으며, 만물은 나와 일체가 된다.[80]

천지도 하나의 손가락이고 만물도 한 마리의 말이다.[81]

고요한 하늘과 하나가 되는 경지에 든다.[82]

장자(莊子, B.C. 362-286)의 만물일체 사상은 『노자』에도 본체계와 현상계의 신비한 합일을 뜻하는 현동(玄同)이란 형태로 이미 등장했다. 도가의 만물일체 사상은 불교와 신유학을 포함하여 후대 동아시아 사상에 폭넓은 영향을 미쳤다. 이런 의미에서 도가의 만물일체 사상은 이 세상 모든 존재들의 통일성을 강조하는 동아시아 전통 사상의 근원이 되고 있다. 훗날 석두(石頭) 희천(希遷, 700-790)은 장자 사상의 영향을 받아서 다음과 같이 말했다.

천지와 나는 같은 뿌리에서 나왔고, 모든 만물은 나와 하나이다.[83]

송대 신유가의 한 사람인 장재(張載, 1020-1077)도 '만물은 한 몸'이라는 만물일체(萬物一體) 사상을 발전시켰는데, 이는 모든 존재들 간의 근원적인 통일성에 대한 주장을 담고 있다. 노사광(勞思光)은 장재의 주저인 「서명(西銘)」의 요지는 "만물은 한 몸이라는 것[萬物一體]과, '이치'는 하나인데 나뉘어 다르게 되었다[理一分殊]는 뜻을 논한 것"[84]이라고 했다.

80) 『莊子』, 「齊物論」, "天地與我竝生 而萬物與我爲一"
81) 『莊子』, 「齊物論」, "天地一指也 萬物一馬也"
82) 『莊子』, 「大宗師」, "乃入於寥天一"
83) J. C. H. Wu, 류시화 옮김, 『禪의 황금시대』(경서원, 1986), pp. 247-248에서 재인용.
84) 勞思光, 정인재 옮김, 『中國哲學史』(탐구당, 1987), p. 205.

만물일체 사상은 「서명」에 나오는 아래의 구절들에 명료하게 나타난다.

> 건은 (하늘로서) 아버지라 부르고 곤은 (땅으로서) 어머니라고 부른다. 나는 여기서 아득하게 작지만 하늘·땅과 한데 섞여져서 그 가운데 있다. 하늘과 땅의 가득 찬 것은 나의 몸이고, 하늘과 땅을 이끌고 가는 것은 나의 본성이다. (사람이나 사물은 만유의 기가 모여서 이루어진 것으로) 사람들은 모두 한 뱃속의 형제와 같고, 모든 만물은 나와 함께 있는 (친구인) 것이다.[85)]

> 천하를 보건대 어떠한 사물도 자기가 아님이 없다.[86)]

「서명」은 부모 자식 간의 사랑을 전 우주적인 범위까지 확대한 것이다. 공자(孔子)와 맹자(孟子)에서 시작된 '인(仁)' 사상은 부모에서 이웃과 인류에 대한 사랑으로 넓혀져 갔다. 이것은 마침내 송대(宋代)에 이르러 천지가 만물을 낳는 마음으로 환원되고, 인간과 만물이 일체가 되는 경지로 차원의 전환을 이루었다.[87)] 나와 세계의 통일성에 대한 사상이 확충되고 체계화된 것이다.

순간과 영원의 시간적인 통일성

통일체적 세계관에서 말하는 모든 존재들 간의 통일성은 시간적인

---

85) 『張子全書 1』, 「西銘」, "乾稱父 坤稱母 豫玆藐焉 乃混然中處 天地之塞吾其體 天地之師吾其性 民吾同胞 爲吾與也" 장윤수, 『정주철학원론』(이론과 실천, 1992), p. 159의 번역을 사용했다.
86) 『張子全書 1』, 「西銘」, "視天下無一物非我" 장윤수, 『정주철학원론』(이론과 실천, 1992), p. 159의 번역을 사용했다.
87) 곽신환, 「周易에서의 大德과 萬物一體論」, 『동서철학의 제 문제』(허원선생·이경선생화갑기념논문집, 1996), p. 17 참조.

측면에서도 작용한다. 순간과 영원은 상즉 · 상입하면서 통일체적 존재 양식을 취한다. 통일체적 세계관은 '시간을 초월하여 모든 존재들은 하나'라고 하는 이 세상 모든 존재들 간의 근원적인 통일성을 가정한다. 과거 · 현재 · 미래 간의 시간적인 통일성을 기본 전제로 하고서, 나와 세계를 이해하고자 한다.

의상의 『화엄일승법계도』[88]의 다음 구절은 통일체적 세계에서의 시간적인 통일성을 잘 표현하고 있다.

무량한 먼 겁이 곧 일념이요,	無量遠劫卽一念
일념이 곧 무량겁이다.	一念卽是無量劫
구세 십세도 서로 같은 것이니,	九世十世互相卽
흐트러지지 않고 따로 이룬다.	仍不雜亂隔別成

이렇듯, 한 순간 속에 영원한 시간이 들어있다는 것이 통일체적 세계관의 시간관이다. 각각의 순간은 영원과 맞닿아 있으며, 영원을 포함하고 있다. 순간과 영원은 하나이다.

『화엄경』에도 순간이 영원을 포함하고 있다는 통일체적 시간관이 많이 표현되어 있다. 그 몇 가지 사례를 인용하면 다음과 같다.

한량없고 수없는 그 많은 겁을
한 생각 가운데서 다 관찰할 때
온 것도 없거니와 간 것도 없고
현재에도 또한 머물러 있지 않네.[89]

세 세상의 한량없는

88) 김해주, 『義湘華嚴思想史硏究』(민족사, 1993), p. 122.
89) 『한글대장경 華嚴經(六十卷本) 1』, 「如來光明覺品」, p. 147.

그 동안에 하시던 일
찰나 찰나 그 사이에
남김없이 다 보시네.[90]

한 찰나 사이에 말할 수 없는
모든 겁의 바다에 두루 들어가[91]

지난 세상 오는 세상 지금 세상의
시방에 벌려 있는 모든 세계들
한량없는 겁 동안의 깨끗한 장엄
낱낱 부처 세계에 다 나타나네.[92]

세 세상의 부처님과
그 일체의 불국토를
한 세계의 가운데서
그 모든 것 볼 수 있네.[93]

과거가 바로 그 미래요
미래가 바로 그 과거요
현재가 바로 과거요 미래거니
보살은 그것 모두 환히 아네.[94]

틱낫한은 순간과 영원의 통일성에 관해 다음과 같이 말했다.

우리들이 현재의 이 순간과 깊이 있게 접촉하였을 때, 우리들은 모든

90) 『한글대장경 華嚴經(六十卷本) 1』, 「世間淨眼品 2」, p. 57.
91) 『한글대장경 華嚴經(六十卷本) 3』, 「入法界品 15」, p. 150.
92) 『한글대장경 華嚴經(六十卷本) 1』, 「盧舍那佛品 2」, p. 87.
93) 『한글대장경 華嚴經(六十卷本) 1』, 「盧舍那佛品 3」, p. 108.
94) 『한글대장경 華嚴經(六十卷本) 2』, 「普賢菩薩品」, p. 225.

> 우리의 조상들과 모든 미래의 후손들이 우리들 안에 현존하고 있음을 볼 수 있습니다.[95]

지금의 내 안에는 나의 아버지와 어머니가 살고 있고, 나의 할아버지와 할머니가 살고 있으며, 수십 억 년 전의 나의 조상인 아메바와 같은 단세포 생물을 포함해서 모든 나의 조상들이 살고 있다. 또한 내 안에는 나의 자식과 자식의 자식, 그리고 수 억 년 후의 나의 후손들이 살고 있다. 나는 이들 모두이고, 이들 모두는 나이며, 나와 이들 모두는 하나이다. 통일체적 세계관에서 볼 때, 한 순간은 영원을 담고 있는 것이다.

틱낫한의 시 「종이 한 장」은 모든 존재들이 시간적으로 상즉·상입하는 통일체적 세계를 아름답게 표현하고 있다.

> 옴도 감도 없고
> 나중도 먼저도 없습니다.
> 나는 그대를 꼬옥 붙잡았다가
> 자유롭게 놓아드립니다.
> 나는 그대 안에 있고 그대는 내 안에 있습니다.[96]

1.2. 독자적인 개체들 간의 어울림

통일체적 세계관에서 볼 때, 시간과 공간을 넘어서 이 세상 모든 존재들은 하나이다. 하지만, 이런 통일성에 대한 강조가 개체의 개성과

95) N. H. Thich, *Present Moment Wonderful Moment*, California: Parallax Press, 1990, p. 13.

96) N. H. Thich, 허문명 옮김, 『죽음도 없이 두려움도 없이』(나무심는 사람, 2003), pp. 117-118.

자유에 대한 억압으로 이어지는 것은 아니다. 오히려, 통일체적 세계관은 개체의 독자성과 자율성을 강조하며, 개체의 독자성과 자율성의 바탕 위에서만 진정한 통일이 이루어질 수 있음을 말한다.

개인의 자유, 자율성, 개성 등은 현대 사회가 어렵게 성취한 것이다. 이런 현대적인 성취는 탈현대 문명 건설의 기초가 된다. 통일체적 세계관은 개체들 간의 분리를 극복하고자 한다는 점에서 현대 세계관을 극복의 대상으로 삼지만, 개체성을 존중한다는 측면에서는 현대 세계관을 계승한다.

이 책이 통일체적 세계관을 구성하는 데 있어서, 중요한 전거로 삼고 있는 것은 동아시아 전통 사상이다. 그런데 동아시아 전통 사상은 전현대 사회에서 발전한 것이다. 이에 따라서, 동아시아 전통 사상에는 개인의 개체성에 대한 인식이 미발달되어 있는 경우가 많다. 인간은 빈번하게 그가 속한 집단으로부터 미분화된 존재로 인식된다. 그러므로 동아시아 전통 사상으로부터 통일체적 세계관을 구성하는 데 있어서, 이 점을 유의해야 하고 또한 보완해야 한다.

그러나 비록 동아시아 전통 사상에 집단 중심적인 관점이 많이 섞여 있다고 하더라도, 통일체적 세계관은 그 원리상 개체의 특수성과 독자성을 전제하기 때문에, 개체의 독자성을 강조하는 부분이 내포되어 있다는 사실도 주목해야 한다. 이 책에서는 그런 부분들을 참고하면서, 개체의 독자성을 강조하는 통일체적 세계관의 특징을 서술하도록 하겠다.

이 세상 모든 존재들 간의 '통일성'이란 개념은 전현대 사회의 집단 중심적인 관점에서 말하는 모든 존재들의 '일체성'이란 개념과 외관상 유사해 보인다. 그러나 '통일성'과 '일체성'은 근본적으로 다르다. 양자 간의 차이를 명백하게 인식하는 것은 통일체적 세계관을 올바르게 인식하는 데 있어서 중요하다.

집단 중심적인 관점에서 '일체성'을 말할 때, 집단 구성원들 각자가 갖고 있는 개별자로서의 독자성은 인정되지 않는다. '일체성'이란 전체만을 중시하는 가운데, 개체의 개성이 인정되지 않은 획일화된 '동(同)'의 상태를 가리킨다. 예를 들어서, 똑같은 군복을 입고서 똑같은 걸음으로 행진하는 군대의 모습을 상상해보라. 그것이 바로 획일화된 '동'의 상태로 '일체성'이 확보된 모습이다.

그러므로 집단 중심적인 관점에서 말하는 '일체성'은 개체성에 대한 억압과 부정을 반드시 수반한다. 일체성을 중시하는 집단 중심적인 관점에서, 전체를 구성하고 있는 각각의 구성원은 개별자로서의 독자성을 갖지 못한다. 개인은 오직 집단에 종속되었을 때만 자신의 존재 의미를 찾을 수 있다. 집단 중심적인 관점에서, 전체가 하나 되기 위해서는 개체가 갖는 특성은 소멸되어야만 한다.

이에 반해서, 통일체적 세계관에서는 각각의 개인이 자신만의 색깔과 향기를 갖고 있는 독자적인 존재라고 간주하며, 이를 존중한다. 통일체적 관점에서 말하는 '통일성'의 구현은 전체를 구성하고 있는 개체의 자유와 개성 그리고 자율성의 실현에 바탕을 둔다. '통일성'이란 각각의 개체가 자신의 개성을 실현하는 가운데, 다양한 것들 간의 어울림이 이루어진 '화(和)'의 상태이다. 통일체적 세계란 획일성이 강조되는 '동'의 세계가 아니라 서로 다른 것들 간의 어울림이 강조되는 '화'의 세계인 것이다.[97]

그러므로 통일체적 관점에서 말하는 '통일성'에 이르기 위해서는, 개체성에 대한 존중과 개성 실현이 반드시 전제되어야 한다. 모든 것들이 하나 되기 위해서는, 각각의 개체가 갖고 있는 고유한 특성이 실현되어

---

97) 바로 이런 이유에서, 공자는 『論語』, 「子路篇」에서 "君子和而不同 小人同而不和"라고 말했다.

야 하는 것이다.

통일체적 세계관에는 집단 중심적인 관점[98]이 중시하는 '전체의 일체성'이라는 관념과 개인 중심적인 관점이 중시하는 '개체의 독자성과 자율성'이라고 하는 관념이 모두 포함되어 있다. 하지만 '통일성'이란 전체의 '일체성'이나 개체의 '독자성' 중에서 그 어느 하나와 동일한 개념은 아니다. '통일성'이란, 모든 존재들 간의 분리를 전제하는 가운데 개체의 '독자성'만을 인정하는 '독자성'과 의미가 다른 만큼이나, 각 개체의 '독자성'을 인정하지 않는 가운데 전체의 '일체성'만을 인정하는 '일체성'과도 의미가 다르다.

이와 같이 통일체적 세계관의 관점에서 볼 때, 전체 세계의 통일성과 부분이 갖고 있는 개성은 서로 모순되지 않는다. 뿐만 아니라, 전체를 이루고 있는 각각의 부분은 자신이 갖고 있는 개성을 지키고 실현해 나가는 과정에서 전체의 조화에 참여하게 된다. C. G. 융(Carl Gustav Jung, 1875-1961)이 '참된 자기'를 실현해가는 과정을 '개성화[individuation] 과정'이라고 명명한 것도 이와 같은 맥락에서 이해할 수 있다.

다만 여기에서, 통일체적 세계관에서 말하는 개체의 개성과 개인 중심적인 관점에서 말하는 개체의 개성이 가리키는 바가 다른 것임을 잊지 말아야 한다. 개인 중심적인 관점에서 말하는 개체의 개성이란 세계와 분리되고 단절된 개체가 갖고 있는 특수한 성질을 가리킨다. 이에 반해서, 통일체적 세계관에서 말하는 개체의 개성이란 개체가 갖고 있는 고유한 특성이지만 그것은 시간과 공간을 넘어 이 세상 모든 존재와 연결되어 있고 궁극적으로는 하나인 것이다.

엄군평(嚴君平, B.C. 88-A.D. 1-5?)의 저술인 『노자지귀(老子指歸)』

98) 집단 중심적인 관점과 개인 중심적인 관점의 의미에 대해서는 홍승표의 『깨달음의 사회학』(예문서원, 2002), pp. 25-41을 참조하기 바람.

에는 이 세상 모든 존재들 간의 통일성에 대한 주장과 더불어 개체의 자유와 독자성에 대한 강조가 두드러진다. 엄군평의 사상을 소개하면서, 원정근은 이렇게 말했다. "도가 철학은 존재하는 모든 것이 전체로서 유기적 통일성의 관계망을 형성하면서도 그 전체에 함몰되지 않고 개체적 독자성을 누리고 있다는 사실을 자명한 원리로 삼는 데서 출발한다."[99]

엄군평이 지향하는 이상 사회는 태평 사회이다. 태평 사회란 모든 사람이 이 세상 모든 존재와 하나로 합치하는 상태에서 각자 자신의 자유를 실현할 수 있는 사회이다.[100] 엄군평은 태평 사회의 기초로 '독(獨)'과 '현동(玄同)'을 제시했다. "'독'은 개인의 독자적 자유 상태를 말하고, '현동'은 사회의 공동체적 통일 상태를 말하며, 양자는 분리될 수 없는 하나의 관계로 통섭되어 있다."[101] 여기에서 그는 '독'을 '현동'의 전제로 삼고 있다.

엄군평은 개별자의 독자성과 이 세상 모든 존재들의 통일성 간의 조화를 설명하기 위해, 인체를 예로 들고 있다. 인체는 사지와 다양한 장기로 구성되어 있다. 각 기관이 갖고 있는 특성과 수행하는 기능은 서로 다르다. 몸의 여러 가지 기관은 자신의 독자성을 실현하는 동시에 전체의 통일성에 기여한다. 이 둘은 다른 것이 아니다.[102]

화엄 사상에서도 개체의 독자성에 대한 강조를 찾아볼 수 있다. 만물이 상즉·상입한다고 했을 때, 상즉이나 상입하는 개체의 특성이 사라진다는 것은 결코 아니다. 각 존재는 자신만의 개성을 잃지 않을 뿐만 아니라, 바로 그 개성이 상즉과 상입을 위한 전제가 된다. 그러므로 일

99) 원정근, 『도가철학의 사유방식』(법인문화사, 1997), p. 42.
100) 원정근, 『도가철학의 사유방식』(법인문화사, 1997), p. 59 참조.
101) 원정근, 『도가철학의 사유방식』(법인문화사, 1997), p. 59.
102) 嚴遵, 『老子持歸』(中華書局, 1994), p. 34, "四支九竅 趨務舛馳 異能殊形 皆元一心"

과 다는 서로를 받아들이고 있으면서도 같은 것은 아니라고 하는 '일다상용부동(一多相容不同)'[103]이 성립되는 것이다. "일 속에 다를 갖추고 있다고 하더라도 또한 일은 바로 그 다가 아닐 따름이다."[104] 바로 이 점에서 화엄 사상은 통일체적 세계관의 특징을 구비하고 있다. 화엄의 다즉일(多卽一)은 개체성을 인정하지 않는 전체주의 철학과는 근본적으로 다른 것이다.

『화엄오교장(華嚴五敎章)』에서는 집을 짓는 것을 예로 들어서, 전체를 구성하고 있는 개체들 간의 차이와 전체가 이루어지는 것이 하나임을 설명한다. 서까래와 기와가 각각 갖고 있는 개체성을 상실하고 모두 같은 것[同]이 되어 버린다면, 집은 이루어질 수 없다. 서까래와 기와의 다름이 집이 이루어질 수 있는 전제가 되는 것이다. 서까래와 기와는 각각이 자신의 개성을 갖고 있는 개체이지만, 둘 다 집을 구성하는 부분이라는 점과 집을 이루려는 뜻에서는 동일한 것이다. 집의 구성 요소와 집 간의 관계에 대한 이와 같은 비유는 통일체적 관점에서 개체와 전체 간의 관계를 바라볼 수 있는 시각을 제공해 준다.

1.3. 도(道)의 편재성과 절대 평등관

통일체적 세계관의 관점에서 보면, 모든 존재에는 도가 편재해 있다. 도가에서 말하는 '도(道)', 불가에서 말하는 '불성(佛性)', 신유가에서 말하는 '리(理)' 등은 모든 사물에 내재해 있는 것으로, 도의 편재성에 대한 관념을 담고 있는 개념들이다. 장자(莊子)와 동곽자(東郭子)가 주고받은 아래 문답은 도의 편재성에 대한 통일체적 세계관의 관점을 잘

103) 일다상용부동문(一多相容不同門)은 화엄 사상의 「십현문(十玄門)」의 하나이다.
104) 法藏, 김무득 옮김, 『華嚴學體系(華嚴五敎章)』(우리출판사, 1998), p. 398.

보여준다.

> 동곽자: 소위 도란 어디에 있습니까?
> 장　자: 없는 곳이 없소.
> 동곽자: 분명히 가르쳐 주십시오.
> 장　자: 땅강아지나 개미에게 있소.
> 동곽자: 어째서 그렇게 낮은 곳에 있습니까?
> 장　자: 강아지풀이나 피에 있소.
> 동곽자: 어째서 그렇게 점점 더 낮아집니까?
> 장　자: 기와나 벽돌에 있소.
> 동곽자: 어째서 그렇게 차츰 더 심하게 내려갑니까?
> 장　자: 똥이나 오줌에 있소.
> 동곽자는 (그만 말문이 막혀) 아무 대꾸도 하지 않았다.[105]

장자가 조금 더 친절하게 대답했다면, '도는 땅강아지에도 개미에도, 강아지풀이나 피에도, 기와나 벽돌에도 그리고 똥이나 오줌에도 흐르고 있다.'라고 말했을 것이다. 이로부터 천년의 세월이 흐른 후, 당나라 선사였던 조주(趙州) 종심(從諗, 778-897)은 같은 의미의 질문을 던지는 승려에게 장자와 똑같이 대답했다. "뜰 앞의 잣나무이다."[106] 질문을 받는 순간, 그의 눈에 뜰 앞의 잣나무가 들어왔었을 것이다.

통일체적 세계관의 관점에서 볼 때, 대우주의 도(道)는 모든 것에 편재해 있다. 사람이나, 동물, 식물, 그리고 원자에서 대우주에 이르기까지, 모든 존재는 우주적인 도가 여러 가지 형태로 나타난 것이다.[107]

---

105) 『莊子』, 「知北遊」, "東郭子問於莊子曰 所謂道惡乎在 莊子曰 無所不在 東郭子曰 期而後可 莊子曰 在螻蟻 曰 何其下邪 曰 在稊稗 曰 何其愈下邪 曰 在瓦甓 曰 何其愈甚邪 曰 在屎溺 東郭子不應" 『장자』의 번역을 위해 안동림이 역주를 단 『莊子』(현암사, 1993)의 도움을 받았다.

106) J. C. H. Wu, 류시화 옮김, 『禪의 황금시대』(경서원, 1986), p. 141.

107) J. S. Bolen, 이은봉 옮김, 『道와 人間心理』(집문당, 1994), pp. 12-13 참조.

도가 사상에는 도의 편재성에 대한 관념이 풍부하게 내장되어 있다. 도는 모든 곳에 편재한다는 생각을 노자는 이렇게 표현했다. "대도가 넘쳐남이여! 그 좌우로 넘치는구나."[108] 도는 흘러 넘쳐서 이르지 않는 곳이 없다는 말이다. 이 세계의 모든 존재들은 우주적 대생명과 하나하나 관련되어 있다.[109] 그러므로 아무리 미물이더라도 모든 존재에는 대우주의 도가 흐르고 있다. '도는 어디에나 없는 곳이 없는'[110] 것이다.

이와 같이, 도는 모든 곳에 편재해 있기 때문에, 삶에서 마주치는 어떤 경험을 통해서나 도를 깨달을 수 있다. 『장자』에서 포정(庖丁)이 소를 잡는 과정에서 도를 깨닫는 일화나 바퀴 만드는 장인이 작업 과정을 통해서 도를 깨닫는 것은 그 하나의 예이다. 그러므로 우리가 인생에서 '무엇과 만나는가?'가 아니라 그것과 '어떻게 만나는가?' 하는 것이 중요한 것이다.

불가 사상에도 도의 편재성에 대한 관념이 풍부하게 존재한다. 틱낫한은 다음과 같이 말한다. "모든 것이 법을 설하고 있다. 조약돌 하나하나, 나뭇잎 하나하나, 그리고 꽃들이 『묘법연화경(妙法蓮華經)』을 설법하고 있다."[111]

동산(洞山, 807-869)이 강을 건너다 읊은 아래 게송도 도의 편재성에 대한 관념을 잘 보여준다.

나는 오늘 홀로 가다가	我今獨自往
곳곳마다 그대를 만나게 되었네.	處處得逢渠[112]

108) 『老子』, 34章, "大道氾兮 其可左右" 왕필(王弼, 226-249)은 이 구절을 주석하기를 "도는 흘러 넘쳐서 가지 않는 곳이 없다."라고 했다.

109) 陳鼓應, 최진석 옮김, 『老莊新論』(소나무, 1997), p. 293 참조.

110) 『莊子』, 「齊物論」, "道惡乎往而不存"

111) N. H. Thich, *Being Peace*, Berkeley, California: Parallax Press, 1987, p. 26.

112) 이것은 동산의 「과수게(過水偈)」의 한 구절이다. 장순용, 『禪이란 무엇인가--十牛

『화엄경』에도 불성의 편재성을 가리키는 구절들이 많이 등장한다. 대표적인 게송을 인용하면 다음과 같다.

> 부처님 몸 온 법계에 두루 계시어
> 간 데마다 중생 앞에 나타나시며[113]

> 여래의 보리 몸은 이르지 않는 곳이 없고 있지 않는 곳이 없기 때문이다.[114]

> 또 불자들, 그 보살 마하살은 자기 몸 안에 모든 부처의 보리가 다 있음을 안다. 왜 그러냐 하면 그 보살의 마음은 모든 부처의 보리를 떠나지 않기 때문이다. 자기 마음 안에서와 같이 일체 중생의 마음 안에도 다 그와 같음을 아나니, 그것은 무량무변하고 어디나 있으며, 깨뜨릴 수 없고 불가사의한 것이다.[115]

송대(宋代) 신유가의 대표자인 주희(朱熹)의 리일분수론(理一分殊論)은 도의 편재성이라고 하는 통일체적 세계상의 한 측면을 담고 있다. 리일분수란 통일체의 이치가 모든 사물에 나누어 부여되어 있는 것을 말한다. 그러므로 이 세상 존재는 모두 '리(理)'를 내재하고 있다. 주희는 제자들과의 문답에서, '리'란 모든 곳에 편재해 있다고 말했다. '리'는 마치 커다란 호수에 담긴 물과 같은 것이다. 그것이 하나의 국자에 떠지건, 커다란 통에 담기건, 작은 그릇에 채워지건, 이 모두가 같은 물이

圖의 사상』(세계사, 1991), p. 51에서 재인용.

113) 『한글대장경 華嚴經(六十卷本) 1』, 「盧舍那佛品 1」, p. 71.

114) 『한글대장경 華嚴經(六十卷本) 2』, 「寶王如來性起品 3」, 서울: 동국역경원, 1989, p. 285.

115) 『한글대장경 華嚴經(六十卷本) 2』, 「寶王如來性起品 3」, 서울: 동국역경원, 1989, p. 285.

라는 사실에는 변함이 없다.116)

도의 편재성에 대한 관념은 동아시아 전통 사상뿐만 아니라, 기독교 신비주의 사상이나 아메리카 원주민들의 글을 통해서도 확인할 수 있다. 기독교 신비주의 사상가들은 이 세상 모든 존재에 신이 깃들어있다고 말한다. 그러므로 모든 존재는 성스러운 것이다. M. 에크하르트(Meister Eckhart, 1260-1327)는 이렇게 말했다. "우리가 성스러운 한, 그리고 내면에 신적 존재를 갖고 있는 한, 우리는 우리가 하는 모든 일들 곧 먹고 자고 철야하는 일과 그 외의 모든 일들을 성스럽게 하는 것이다."117) 이 말은 당나라 선사 마조(馬祖) 도일(道一, 709-788)의 제자 방온거사(龐蘊居士)가 읊었던 "내 마음 공부는 물 긷고 땔나무 줍는 일이로다."118)와 상통하는 말이다.

아메리카 원주민 수콰미쉬 족과 두와미쉬 족의 추장이었던 시애틀의 다음 말은 모든 존재가 신성하다고 생각했던 고대인의 의식 세계를 잘 보여준다. "햇살 속에 반짝이는 소나무들, 모래사장, 검은 숲에 걸려있는 안개, 눈길 닿는 모든 곳, 잉잉대는 꿀벌 한 마리까지도 우리의 기억과 가슴 속에서는 모두가 신성한 것들이다."119)

도의 편재성에 대한 사상은 필연적으로 이 세상 모든 존재들 간의 절대 평등 사상으로 이어진다. 통일체적 세계관의 관점에서 볼 때, 나와 너를 포함해서 이 세상 모든 존재들은 영원한 대우주의 도를 내재하고 있다. 불가에서는 이를 '일체만물개유불성(一切萬物皆有佛性)'이라고 표현했다. 그러므로 인간을 포함해서 모든 사물들은 절대적으로 평등하며 존귀한 것이다. 이것이 바로 장자가 말하는 '제물(齊物)의 세계'이며,

---

116) 『朱子語類』, 「理氣上」, "如一海水 或取得一杓 或取得一擔 或取得一椀 都是這海水"
117) M. Eckhart, 이민재 옮김, 『마이스터 에크하르트 1』(다산글방, 1994), p. 37.
118) J. C. H. Wu, 류시화 옮김, 『禪의 황금시대』(경서원, 1986), p. 91.
119) 류시화, 『나는 왜 너가 아니고 나인가』(김영사, 2003), p. 17.

통일체적 세계의 모습이다.

장자는 “만물은 한결같이 평등하다.”[120]라고 했다. 이 밖에도 장자는 이 세상 모든 존재들 간의 절대적인 평등을 주창하는 많은 언명을 했다.

> 문둥병 환자와 미인 서시를 비교한다는 것은, 매우 괴이하고 야릇한 대조이지만 참된 도의 입장에서는 다 같이 하나가 된다.[121]

> 오직 도에 도달한 자는 모든 것이 하나임을 깨닫게 된다.[122]

현대 사회에서 서로를 경계 짓는 권력 · 지위 · 돈 · 명예 · 외모 · 지식 같은 것들에 있어서의 차이란, 영원한 도의 관점에서 보았을 때 아무것도 아니다. 이것은 어떤 차별의 근거도 될 수 없다. 높은 산이 낮은 땅 아래에 처하는 『주역』 「겸괘(謙卦)」의 괘상은 바로 이런 절대 평등 사상에 기반을 둔 것이다.

2. 통일체적 인간관

통일체적 세계관의 관점에서 보았을 때, 인간이란 어떤 존재일까? 인간은 이 세상 다른 존재와 마찬가지로 전 우주를 자신 안에 품고 있는 아름답고 위대한 존재이다. 그러나 무엇보다 놀라운 점은 인간은 통일

120) 『莊子』, 「秋水」, “萬物一齊”
121) 『莊子』, 「齊物論」, “厲與西施 恢恑憰怪 道通爲一”
122) 『莊子』, 「齊物論」, “唯達者知通爲一”

체로서의 세계를 자각할 수 있는 능력을 갖고 있다는 점이다. 통일체적 세계관의 관점에서 볼 때, 이 세계는 통일체로서의 세계이다. 하지만 통일체로서의 세계를 자각할 수 있는 지구상의 유일한 생명체는 인간이다. 바로 이것이 통일체적 인간관에서 인간다움의 핵심적인 의미이다.

통일체적 인간의 모습은 단계에 따라 세 가지로 분류될 수 있다. 첫째, 전 우주를 자신 안에 품고 있는 존재로서의 인간, 둘째, 이런 우주적인 존재로서의 자신과 세계를 자각할 수 있는 존재로서의 인간, 셋째, 우주적인 존재로서의 자신과 세계를 자각한 인간 등이 그것이다. 이 세 가지 측면에서, 통일체적 세계관에서 바라보는 인간의 모습을 서술하도록 하겠다.

2.1. 우주적인 존재

통일체적 인간관의 관점에서 보면, 인간은 다른 모든 존재와 마찬가지로 자신 안에 무한한 공간과 영원한 시간을 품고 있는 우주적인 존재이다. 인간의 내면에는 작은 자아를 넘어서 우주적인 자기가 살고 있는데, 이것이야말로 진정한 인간의 모습이다. 우주적인 자기는 모든 인간에 내재해 있다. 그래서 노자는 선한 사람뿐만이 아니라 선하지 않은 사람도 '우주적인 자기[도(道)]'를 자신 안에 간직하고 있다고 말했다.[123]

통일체적 인간관의 관점에서 볼 때, '분리된 자아'라는 것은 관념의 소산일 뿐 실체로는 존재하지 않는다. 현대 인간관의 기반 위에서, '나'의 정체성을 구성했던 모든 것들, 예컨대 나의 소유, 성격, 외모, 감정, 기억, 인기, 권력, 지위, 생각, 신념, 성장 환경, 직업, 국적, 인종, 종교

123) 『老子』, 62章, "道者 萬物之奧 善人之寶 不善人之所保"

등을 포함한 모든 것들은 더 이상 '나'의 정체성으로 받아들여지지 않는다. 통일체적 인간관의 관점에서 보았을 때, 이 모든 것들은 '나'가 아니라 '나의 태양을 가로막고 있는 구름'에 불과한 것이다. 이것들은 '나'가 아니라 '나에 대한 망상'에 불과한 것이다.

불가에서는 이런 분리된 자아로서의 내가 텅 비어있다[空]고 한다. 그래서 무아(無我)를 말한다. 그리고 바로 이런 망상이 거두어진 그 빈자리를 통해 진아(眞我)의 태양이 빛남을 말한다. 통일체적 인간관의 관점에서 바라본 인간은 이 세상 다른 모든 존재들과 마찬가지로 더 없이 존귀하며 경이로운 존재이다. 내 안에는 까마득한 과거로부터 먼 미래에 이르기까지 우주적인 시간이 내재해 있다. 내 안에는 아주 작고 미세한 것에서부터 아주 크고 거대한 것에 이르기까지 우주적인 공간이 내재해 있다. 너 속에도 그리고 이 세상 어떤 존재에도 이런 우주적인 시간과 공간이 내재해 있다. 그러므로 인간은 다른 모든 존재와 마찬가지로 지극히 위대한 존재인 것이다.

이런 '우주적인 존재로서의 나'를 가리켜, 융은 자아[ego]와 구분되는 '자기[self]'를 말했으며, 기독교 신비주의자들은 '우리 안에 살고 있는 신'이라고 표현했다. 다른 표현을 쓰고 있지만, 이들 모두가 궁극적으로 말하고자 하는 것은 거죽의 '작은 자아'를 넘어선 '참된 자기'이다.

동서양의 많은 사상가들은 이런 궁극적인 자기를 구름 뒤편에서 언제나 밝게 빛나는 태양에 비유하곤 했다.[124] 통일체적 세계관이 주목하는 것은 바로 이렇게 영원한 시간과 무한한 공간을 자기 안에 품고 있는 '우주적인 존재로서의 인간'이다.

유가 사상가들은 인간에게 '참된 자기'가 내재해 있다고 보았다. 『중

124) 예컨대, 에크하르트(1994: 141-142)는 이렇게 표현했다. "태양은 끊임없이 비치고 있지만, 구름이나 안개가 우리와 태양 사이를 가릴 때 우리는 빛을 받을 수 없다."

용(中庸)』에서 말하는 '성(性)'[125], 『대학(大學)』의 '명덕(明德)'[126], 공자나 맹자의 '인(仁)'은 표현을 달리 하지만, 모두 이를 가리킨다. 인간 본성은 하늘로부터 부여받은 것이며, 모든 인간에 내재해 있다. 그리고 이 본성은 바로 하늘의 이치이기도 하다.

유가의 관점에서 본다면, 인간은 다른 사람들이나 이 세계와 분리된 개체가 아니다. 나와 세계는 시간과 공간을 초월한 통일체인 것이다. 모든 인간에게는 하늘의 이치가 내재해 있다. 그러므로 각자 수신(修身)의 노력을 통해서 자신의 본성을 자각하고 실현해간다면, 그는 동시에 이 세상 모든 존재의 이치를 깨닫고 이 세상 모든 존재와 하나가 될 수 있다.

불가 사상에도 우주적인 존재로서의 인간관이 존재한다. 불성은 모든 존재에 편재해 있다. 그러므로 당연히 인간에게도 불성이 내재해 있다. '부처를 품고 있는 존재' 이것이 불가의 인간관이다. 불성, 진여, 진아(眞我), 여래장 등의 개념들은 모두 인간에 내재해 있는 '참된 자기'를 가리키는 말들이다.

중생의 마음은 탐욕[貪] · 분노[瞋] · 어리석음[痴]과 같은 번뇌에 물들어서 아상(我想) 또는 가아(假我)라고 하는 '거짓된 나'를 벗어나지 못한다. 그러나 아무리 어리석은 인간이라고 하더라도 그의 내면 깊은 곳에는 부처의 성품이 존재한다. 불교에서는 '일체 중생은 모두 불성을 갖고 있다.'고 본다. 여래장 사상은 이런 불가의 인간관을 잘 보여 준다. 『대반열반경(大般涅槃經)』에서는 땅 속에 묻혀 있는 황금에 대한 비유를 들어서 인간에 내재해 있는 불성을 설명한다.

---

125) 『中庸』, 1章, "天命之謂性"

126) 『大學』, 1章, "大學之道 在明明德 在親民 在止於至善"

> 가난한 여인의 집안에 진금장(眞金藏)이 묻혀 있어도 그녀는 그것을 모른다. 그것을 다른 사람이 파내어서 보여주니까 그제야 비로소 그 여인은 마음에 기쁨이 생겼다. 중생에게 불성이 갖추어져 있어도, 그것이 번뇌로 뒤덮여 있기 때문에 중생은 그것을 보지 못하며, 알지 못하고, 이제 여래에 의하여 그것이 개시된다고 하는 의미로 풀이할 수 있다. 여기서 가난한 여인이란 헤아릴 수 없이 많은 일체의 중생을 가리키며, 진금장이란 불성을 지시하는 것이다.[127)]

전혀 다른 문화권에서 활동했던 에크하르트도 위의 인용과 흡사한 비유를 하면서, '겉 사람'과 구분되는 '속 사람'에 대한 주장을 하고 있다. 에크하르트는 말했다.

> 만일 그대가 진정 그대의 가난을 바꾸기를 원할진대 그대는 어찌하여 이루 말할 수 없는 만큼 값진 보물이 들어 있는 창고로 곧바로 가서 부요해지지 않는가?[128)]

이는 시대와 사회가 달라도 초월적인 자기에 대한 공통된 인식이 이루어질 수 있다는 것을 보여주는 하나의 사례이다.

2.2. 자각할 수 있는 존재

전 우주를 자신 안에 내재하고 있는 존재는 인간만이 아니다. 통일체적 세계관의 관점에서 보면, 이 세상 모든 존재가 자신 안에 전 우주를 품고 있다. 인간 이외의 다른 존재와 인간을 구분 짓는 것은 '우주적인

---

127) 이평래, 「如來藏思想 形成의 歷史的 考察」, 『佛敎學報』 29(동국대학교 신라문화연구원, 1992), pp. 459-460에서 재인용.

128) M. Eckhart, 이민재 옮김, 『마이스터 에크하르트 1』(다산글방, 1994), p. 69.

존재로서의 나를 내재하고 있는가?'의 여부가 아니고, '우주적인 존재로서의 나를 자각할 수 있는가?'의 여부이다. 오직 인간만이 우주적인 존재로서의 나를 자각할 수 있다. 한자경은 인간이 갖고 있는 이런 놀라운 능력을 이렇게 표현했다.

> 그러나 '일 즉 일체'의 사실 자체 보다 한층 더 놀라운 것은 우리가 그 '일 즉 일체'의 사실을 의식한다는 사실이다. 그 점에서 우리 인간은 먼지나 이끼나 돌멩이와 구분된다.[129]

통일체적 세계관의 관점에서 볼 때, 이 세상 모든 존재는 무한한 공간과 영원한 시간을 자신 안에 품고 있다. 하지만 인간이 그 가운데서 특별한 존재인 이유는 우주적인 존재로서의 자신과 세계를 자각할 수 있는 능력을 갖고 있기 때문이다. 하지만 이 말이 인간이 태어나면서부터 곧바로 통일체적 세계를 자각하고 있다거나, 저절로 통일체적 세계를 자각하게 된다는 것을 의미하는 것은 아니다. 통일체적 세계는 인간이 이를 자각하건 자각하지 않건 언제나 존재하고 있다. 그리고 인간은 통일체적 세계를 자각할 수 있는 잠재적인 능력을 갖고 있다. 하지만, 실제로 통일체적 세계를 깨닫기 위해서는 많은 노력을 기울여야 한다.

우주적인 존재로서의 자신과 세계를 자각하기 위해 기울이는 노력을 도가에서는 수도(修道)라고 했고, 불가에서는 수행(修行)이라고 했으며, 유가에서는 수신(修身)이라고 했다. 학파에 따라 주로 사용하는 용어의 차이는 있지만, 그 근본은 같다. 이런 노력을 통틀어 이 책에서는 '수행'이라고 명명한다.

인간은 모든 존재 중에서 유일하게 수행할 수 있는 존재이다. 수행은

---

129) 한자경, 『일심의 철학』(서광사, 2002), p. 101.

에고의 구름을 뚫고 셀프의 태양에 도달하기 위해 기울이는 노력이며, 수행을 통해 인간은 시공을 초월해서 자신과 모든 존재가 궁극적으로 하나임을 깨닫고, 사랑의 존재로서의 거듭남을 경험한다. 사랑의 존재로 거듭나서 사랑의 즐거움을 누리는 삶을 낙도(樂道)라고 한다. 통일체적 인간관의 관점에서 보았을 때, 인간다운 삶이란 바로 수행과 낙도로서의 삶을 뜻한다.

수행을 통해 우주적인 존재로서의 자기를 자각하는 사례로, 『노자』의 경우를 소개하도록 하겠다. 노자가 말하는 이상적인 인간이 되는 방법은 무엇인가? 그것은 우주적인 내가 참된 자기임을 자각하고, 우주적인 존재로서의 나의 자각을 위해 지속적인 노력을 기울이는 것이다. 이런 노력을 수행이라고 한다. 노자의 관점에서 보았을 때, 이상적인 인간이 되는 방법은 수행으로서의 삶을 살아가는 것이다.

노자에 따르면, 이상적인 인간이 되는 출발점은 '분리된 자아에 대한 자각'이다. 이것은 자신이 분리된 자아의 감옥에 갇혀 있다는 것을 자각하는 방법이다. 노자는 "오직 병을 병으로 여김으로써 병이 없어질 수 있다."[130]고 말했다.

정신병을 치료하는 데 있어서 가장 어려운 점은 환자가 자신이 정신병에 걸려 있다는 사실을 인정하지 않는 일이라고 한다. 이상적인 인간이 되는데도 똑같은 어려움이 있다. 내 안에서 주인 행세를 하고 있는 단단한 에고의 껍질을 깨뜨리지 않고서는, 그 안에 살고 있는 부드러운 우주적인 존재로서의 내가 나의 주인으로 등극할 수 없다. 그러므로 내 안에 깊이 뿌리박고 주인 행세를 하는 분리된 자아를 자각하는 일이 이상적인 인간이 되는 첫걸음이다.

노자가 말하는 수행의 한 가지 방법은 '덜어냄'이다. 노자는 말했다.

---

130) 『老子』, 71章, "夫唯病病 是以不病"

"도를 따른다는 것은 날로 덜어내는 일이다. 덜어내고 또 덜어내어 무위(無爲)에 이른다."[131] 여기서 덜어냄이란 무엇을 덜어냄인가? 에고를 덜어내는 것이다. 에고의 욕심을 덜어내고, 집착을 덜어내는 것이다. 그래서 더 이상 분리된 자아의 하고자 하는 마음이 없는 무위에 이르는 것이다.

바로 이런 맥락에서 노자는 말했다. "작위하면 실패하고, 잡으려하면 잃어버린다."[132] 작위란 도를 벗어나 무엇인가를 이루기 위해 인위적인 노력을 기울이는 것을 일컫는다. 그러므로 도에 이르고자하는 노자의 관점에서 보면, 작위 자체가 실패이다. 잡으려하는 것은 욕망에 집착하는 것이다. 집착하면 반드시 고통 받으며, 고통을 주게 된다. 그러므로 이상적인 인간이 되기 위해서는 작위와 집착을 덜어내야만 한다.

수행의 한 가지는 '불상현(不尙賢)'하기 위한 노력을 기울이는 것이다. 여기서 '현(賢)'이란 무엇인가? 일반적으로 현명함 또는 현자(賢者)라고 번역한다. 그러나 여기에서의 '현(賢)'은 셀프의 차원에서의 '현(賢)'이 아니라 에고의 차원에서의 '현(賢)'을 가리킨다. 그러므로 '불상현'인 것이다. 왕필(王弼)은 "현(賢)은 능력이다[賢 猶能也]."[133]라고 말했는데, 이때 '능함'의 의미 역시 에고의 차원에서의 '능함'이다. 김기태는 이런 해석을 확대해서 "부족하고 못난 현재의 자신보다는 '미래의 보다 나은 나'"[134]가 바로 '현(賢)'의 의미라고 해석한다.

이런 해석의 맥락에서 보면, '불상현'이란 '지금보다 나은 미래의 나에 대한 추구를 멈춤'이라고 해석할 수 있다. 이것을 현대적인 맥락에 적용하면, '분리된 자아로서의 나를 더 높고 크게 만드는 데 헌신하는 현

131) 『老子』, 48章, "爲道日損 損之又損 以至於無爲"
132) 『老子』, 29章, "爲者敗之 執者失之"
133) 王弼, 임채우 옮김, 『왕필의 노자』(예문서원, 1997), p. 55.
134) 김기태, 『지금 이대로 완전하다』(침묵의 향기, 2007), pp. 57-58.

대적인 삶의 추구를 멈춤'을 의미한다. 분리된 자아로서의 나는 현재에 늘 불평과 불만을 갖고 있고, 지금보다 나은 미래를 추구한다. 수행이란 분리된 자아로서의 나의 껍질을 벗기기 위한 노력을 기울여 셀프에 도달하는 것이다. 그러므로 '불상현'은 효과적인 수행법이 된다. '상현(尙賢)'을 그치고, 편안하고 태평한 심경으로 현재 속에 깊이 들어갈 때, 거기에 바로 우주적인 존재로서의 나의 평화로운 삶이 있다.

노자가 말하는 수행 방법의 하나는 자신에게 닥친 재앙을 소중히 여기는 것이다. 노자는 말했다. "큰 환란을 자기 몸처럼 귀하게 여긴다."[135] 이 말은 얼른 들으면 이상하게 여겨진다. 하지만 이 말에는 이상적인 인간되기를 실천하고자 하는 사람에게 주고자 하는 소중한 가르침이 내포되어 있다. '우리에게 닥친 환란은 도에 들어가는 커다란 문이다.'

우주적인 존재로서의 나에게는 환란이 없다. 환란은 에고에게만 있다. 시험에 낙방, 큰 병에 걸림, 아내의 불륜, 인기의 추락, 사업의 부도, 범죄의 적발, 직장에서의 해고, 승진의 좌절, 외모의 손상, 자존심이 상하는 일 등 에고가 겪는 환란은 끝이 없다. 이 모든 것들이 분리된 자아로서의 나에게는 환란이지만 우주적인 존재로서의 나에게는 기회이다. 분리된 자아로서의 내가 환란을 겪으면, 분리된 자아로서의 나의 껍질에 균열이 생긴다. 그 틈을 타고 우주적인 존재로서의 내가 출현할 수 있는 가능성이 커진다. 그래서 건강한 사람보다는 병든 사람에게, 사업이 잘되는 사업가보다는 부도가 난 사업가에게 우주적인 존재로서의 나를 자각할 기회가 많은 것이다.

그러므로 자신에게 닥친 환란이란 우주적인 존재로서의 나를 깊은 잠에서 깨우는 노크 소리이다. 이상적인 노인이 되고자하는 사람은 이

135) 『老子』, 13章, "貴大患若身"

런 좋은 기회를 놓쳐서는 안 된다. 그래서 노자는 자신에게 닥친 환란을 소중히 여기라고 말하는 것이다. 화를 복으로 바꾸는 인생의 연금술, 바로 여기에 우주적인 존재로서의 자신을 자각할 수 있는 비법이 담겨 있다.

노자가 "욕됨을 지킴"[136]을 말했을 때도 그 의미는 위와 같다. 에고의 삶을 살아가는 현대인은 자존심이 깎이고, 굴욕을 당하는 경험을 두려워하고 가능하면 피하려한다. 하지만 노자는 자신이 욕을 당하는 상황에 머물면서, 자신의 에고가 고통스러워하며 무너지는 과정을 관찰하라고 한다.[137] 왜냐하면 그 순간이야말로 우주적인 존재로서의 내가 활동을 시작할 수 있는 좋은 기회이기 때문이다.

노자가 제시하는 이상적인 인간이 되기 위한 방법의 하나는 '지족(知足)'과 '지지(知止)'이다. 노자는 말했다. "만족할 줄 아는 사람은 부유하다."[138] 분리된 자아로서의 내가 할 수 없는 것이 현재에 만족하는 것이다. 분리된 자아로서의 나의 에너지는 결핍감에서 온다. 그래서 분리된 자아로서의 나의 삶을 살아가는 현대인은 늘 자신이 처해 있는 상황에 불평과 불만을 갖고 있다. 반면에, 우주적인 존재로서의 나의 특징은 '자족(自足)'이다. 우주적인 존재로서의 나는 무엇을 가져다 채워야만 완성될 수 있는 결핍된 존재가 아니다. 그러므로 현재에 만족하고 감사하는 것은 우주적인 존재로서의 나의 활동이다. 역으로, 매사에 감사하는 마음을 일으키는 것이 우주적인 존재로서의 나를 깨어나 활동하게 하는 방법이 된다.

---

136) 『老子』, 28章, "守其辱"

137) E. 톨레는 『NOW』(조화로운 삶, 2008: 253)에서 老子와 똑같은 말을 한다. "에고의 손상이 일어날 때 그것을 복구하려는 시도 없이 의식적으로 그것을 허용하는 것은 강력한 영적 수행 중 하나다."

138) 『老子』, 33章, "知足者富"

'지지(知止)'는 '지족(知足)'의 필연적인 결과이다. 노자는 말했다. "멈출 줄 알면 위태롭지 않다."[139] 현재에 만족한다면, 우리는 더 이상 승리를 위해, 욕망 충족의 극대화를 위해, 분주한 발걸음을 내딛을 필요가 없다. 우리는 지금 이 순간에 멈추어, 현재 속에 깊이 거주한다. 이때, 우리는 평화롭고 행복한 사람이 될 수 있으며, 주위에 평화와 기쁨을 줄 수 있다.

2.3. 자각한 존재

통일체적 인간관의 관점에서 볼 때, 우주적인 존재로서의 자신과 세계를 자각한 사람이야말로 가장 인간적인 존재이다. 석가모니, 노자, 예수 등은 대표적인 예이다. 현대인 중에서도, 틱낫한, 간디, 시바이쩌, 김수환 등은 우주적인 존재로서의 자신과 세계에 대한 자각이 높은 경지에 도달한 사람들이다. 우주적인 존재로서의 자신과 세계에 대한 자각이 이루어지면, 사람들은 자신과 이 세상 모든 존재가 '하나 됨'을 즐기는 삶을 살아갈 수 있다.

우주적인 존재로서의 자신과 세계를 자각하게 되면, 그는 정신분석학적인 측면에서 볼 때 완전한 정신 건강 상태에 도달한다. 그는 마음속 욕망의 응어리를 다 제거해서, 어떤 욕망이나 희망·공포·불안 등의 영향도 받지 않고, 현실의 가장 깊은 층을 또렷하게 볼 수 있다. 장자는 우주적인 존재로서의 나를 자각한 사람의 이와 같은 마음 상태를 '조철(朝徹)'이라고 표현했다. 조철이란 아침 해가 처음 떠오를 때처럼 마음이 맑아지는 것을 말한다.

---

139) 『老子』, 32章, "知止 可以不殆"

우주적인 존재로서의 자신과 세계를 자각하면, 모든 대립이나 이원성이 사라진다. 그의 마음은 자신과 모든 사물들이 하나임을 안다.[140] 그 이전까지 평범하고 진부하게만 느껴졌던 모든 일들이 신성하며 기적 중의 기적으로 다가온다. 이것은 우리가 사랑을 느낄 때, 그때까지 잠들어 있던 모든 것들이 깨어나서 말을 걸어오고 눈부시게 아름다운 자신의 모습을 보여주는 체험과 유사한 것이다. 운문(雲門, ?-949)이 말했던 '하루하루가 다 좋은 날[日日是好日]'의 세계가 열리는 것이다.

우주적인 존재로서의 자신과 세계를 자각한 사람은 사랑의 삶을 살아간다. 태양이 자신과 마주치는 모든 대상에게 빛을 발하는 것과 같이, 셀프를 자각한 사람은 자신과 마주치는 모든 대상을 사랑으로 대한다. 그에게 사랑하는 것은 호흡하는 것과 같이 자연스러운 일이다. 그래서 그는 다른 사람들에게 위로와 기쁨을 안겨주는 사람이 되고, 자신도 행복해진다.

우주적인 존재로서의 나를 자각한 사람은 대자유의 삶을 살아간다. 죽음마저도 이제 더는 그에게 장애물이 되지 않는다. 하물며, 인기, 돈, 권력 등과 같이 현대인을 얽매고 있는 모든 것으로부터 그는 자유롭다. 허공을 나는 새와 같이, 그는 유유자적하게 소요로서의 삶을 살아간다.

'우주적인 존재로서의 자신과 세계를 자각한 인간'의 사례로 『노자』의 경우를 살펴보도록 하겠다. '우주적인 존재로서의 자신과 세계를 자각한 인간'을 노자의 방식으로 표현하면 도인(道人)이 된다. 도인은 도(道)와 하나가 되어 무위자연(無爲自然)의 삶을 살아가는 사람을 일컫는다. 무위(無爲)란 무엇인가? 무위란 '지금 여기'가 아닌 지금과 다른 미래에 대한 추구를 멈추고, '지금 여기' 속에 깊이 머물면서, 도와 하나가 되어 유행(遊行)하는 삶을 살아가는 것을 말한다.

---

140) W. Johnston, 이원석 옮김, 『禪과 기독교 신비주의』(대원정사, 1993), p. 53 참조.

노자의 관점에서 보면, 현대인의 삶이란 인위(人爲)로서의 삶이며, 에고의 삶이다. 현대인이 갖고 있는 자아 정체성은 대부분 외모, 건강, 소유, 소비, 학력, 지위, 권력, 인기, 명예, 성격 등과 같은 분리된 개체로서의 나의 특징이나 성취에 근원을 둔다. 따라서 현대인의 삶이란 이런 에고를 더 높고 완전하게 만드는 것을 추구하는 삶이며, 인위의 삶이다.

이에 반해서, 노자가 이상적으로 생각하는 삶은 무위로서의 삶이다. 무위로서의 삶이란 도와 하나가 되어 '지금 이 순간'에 깊이 머무는 수직적인 삶을 말한다. 그는 '지금 이 순간' 속에서 영원하고 무한한 우주와 접촉하며, 깊은 평화와 행복을 느낀다. 그는 지금 이대로 완전하며, 더 이상 도달해야 할 곳이 없다. 그래서 노자는 "도는 늘 무위이다."[141] 라고 말했다. 누가 무위의 삶을 영위할 수 있는가? 수행을 통해 에고가 떨어져나간 사람이다. 수행이 깊어갈수록, 무위의 삶에 가까이 다가갈 수 있다.

노자의 관점에서 보았을 때, 도인의 모습은 어떠할까? 노자는 '안평태(安平太)'(『老子』 35장)라고 답한다. 즉 이상적인 삶의 경지에 이른 도인의 마음은 편안하고, 평화로우며, 태평하다는 것이다. 공자(孔子)도 "군자에게는 근심이 없다."[142]라고 말했다. 어떻게 이상적인 인간은 편안하고 평화로우며, 늘 태평할 수 있는 것일까? 그는 셀프의 삶을 살기 때문이다.

현대인은 에고의 삶을 살아간다. 현대인에게는 매사가 심각하며 근심거리이다. 연봉을 동결한다는 소식을 들어도, 수업에 조금 늦을 것 같아도, 강의평가가 조금 나쁘게 나와도, 누가 자기를 조금 비난해도, 현

141) 『老子』, 37章, "道常無爲"
142) 『論語』, 「顔淵篇」, "君子不憂"

대인은 쉽게 불안과 근심에 빠진다. 왜냐하면 에고는 어떤 사소한 문제로도 손상을 입기 때문이다. 현대인은 에고의 삶을 살아가기 때문에 늘 근심에 싸여 있다.

하지만 노자의 도인은 셀프의 삶을 살아간다. 셀프에게는 심각한 일이란 없다. 이 세상 어떤 일도 큰 바다에 일어나는 파도와 같은 것이다. 태풍이 불어올 때도 깊은 바다 속은 고요하다. 어떤 것도 그를 동요하게 할 수 없다. 그러므로 셀프의 삶을 살아가는 사람은 근심하지 않으며, 마음은 늘 평화롭고 태평하다.[143]

노자는 도인을 묘사하면서 '텅 비어 있다.'[144]고 말한다. 그에게는 무엇이 비어있는 것일까? 그에게는 에고가 텅 비어 있다. 그에게는 탐욕이 비어 있다.[145] 그에게는 기필하고자 하는 마음이 비어 있다. 그에게는 미워하고 집착하는 마음이 비어 있다. 텅 비어 있기 때문에, 아름다운 계절의 변화나 친구의 근심 등과 같은 모든 것이 그의 안으로 들어올 수 있다. 접하는 모든 것을 그는 잘 느낄 수 있고, 이에 대해 창조적으로 반응할 수 있다.

노자는 도인이란 '사랑이 충만한 사람'이라고 말한다. 노자는 말했다. "대도(大道)가 넘쳐남이여, 그 좌우로 넘치는구나!"[146] 이는 태양이 온갖 방향으로 빛을 내뿜듯이, 사랑에 충만한 사람이 자신이 닿는 모든 대상을 향해 사랑을 발산함을 묘사하는 구절이다. 도인은 불교적으로 표현한다면 '대자대비(大慈大悲)'라고 할 수 있다.

노자의 도인은 모든 대상을 사랑하듯이, 자기 자신을 깊이 사랑한다.

---

143) 그래서 지두 크리슈나무르티는 이렇게 말했다. "나는 무슨 일이 일어나도 근심하지 않습니다."(Tolle의 『Now』(조화로운 삶, 2008), p. 234에서 인용)

144) 『老子』, 4章, "道沖"

145) 老子는 이를 '無欲'이라고 말한다.

146) 『老子』, 34章, "大道氾兮 其可左右"

노자는 "스스로를 사랑하지만 스스로를 귀하게 여기지 않는다."[147]고 말했다. '자애(自愛)'란 무엇인가? 자애의 주체는 셀프이다. 셀프는 사랑스런 것을 사랑하듯이 사랑스럽지 않은 것도 사랑한다. 셀프로서의 내가 사랑스럽지 않은 자신의 에고마저 사랑하는 것을 자애라고 한다. 사랑이 깊은 사람은 사랑하지 않는 것이 없는 것이다.

'부자귀(不自貴)'란 무엇인가? '자귀(自貴)'란 자신을 귀하게 여기는 것이며, '자귀'의 주체는 에고이다. 에고는 자신을 사랑할 수 없다. 에고는 자신을 다른 사람보다 귀하게 여기고 오만한 마음을 품거나, 반대로 자신을 다른 사람보다 천하게 여기고 비굴한 마음을 품을 수 있을 뿐이다. 이런 '자귀'하거나 '자천(自賤)'하는 에고를 셀프는 존중하지 않는다. 그래서 '부자귀'한다. '자귀'하는 에고를 '부자귀'하는 것이, 셀프의 에고에 대한 사랑이다.

노자의 도인은 대자유인이다. 노자는 말했다. "비록 영화로운 곳에 있어도 편안히 처하고 초연하다."[148] 어떻게 편안하고 초연할 수 있을까? 그는 어떤 것에도 얽매이지 않기 때문이다. 이와 반대로, 현대인은 어떤 것에나 얽매인다. 영화로움이 오면 영화로움에 얽매이고, 환란이 오면 환란에 얽매인다.

노자가 말하는 도인에게는 탐욕이 없다. 도인에게도 욕망은 있지만, 욕망에 대한 집착은 없다. 그래서 그는 욕망을 즐기며 사랑할 수 있다. 도인은 불교적으로 말하자면 '공(空)'의 진리를 체득하고 있다. 그가 누리고 있는 모든 것이, 그리고 그가 근심하는 모든 것이, 마침내 '지나가리라는 것'을 그는 알고 있다. 그래서 그는 어떤 것에도 집착하지 않으며, 더 깊이 그것의 소중함을 느끼고 사랑한다. 아름다운 가을 잎이

147) 『老子』, 72章, "自愛不自貴"
148) 『老子』, 26章, "雖有榮觀 燕處超然"

곧 떨어질 것을 알지만 그리고 곧 떨어질 것을 알기에, 우리가 더 깊이 가을 잎을 사랑할 수 있는 것처럼, 그는 곧 사라져갈 모든 것들을 사랑한다.

노자의 도인은 믿음이 깊은 사람이다. 노자는 말했다. "미더운 것을 나는 믿는다. 미덥지 않은 것을 또한 나는 믿는다."[149] 이것이 바로 도인이 갖고 있는 믿음이다. 미덥지 않은 것을 어떻게 믿을 수 있을까? 에고의 구름 뒤에서 늘 빛나고 있는 셀프의 태양을 그는 볼 수 있기 때문이다.

노자의 관점에서 보았을 때, 미덥지 않은 것은 에고이다. 에고는 자신의 이익이나 쾌락을 추구하기 때문에 언제나 믿음에 반하는 행동을 할 수 있다. 그런데 노자는 왜 '미덥지 않는 것을 또한 나는 믿는다.'고 말했을까? 사실 노자가 믿는 것은 믿을 수 없는 에고가 아니라 에고 뒤에서 늘 빛나고 있는 셀프이다. 그리고 깊은 믿음은 믿을 수 없던 그를 진정 믿을 수 있는 사람으로 변화시킨다.

노자가 말하는 도인의 삶은 어떤 것인가? 그것은 도와 하나가 되어 도를 즐기는 낙도로서의 삶이며, 사랑의 삶이다. 노자는 도인의 삶의 모습을 다음과 같이 묘사했다. "잘 다니는 이는 흔적이 없다."[150] 왜 흔적이 없을까? 그에게서 에고가 떨어져나갔기 때문이다. 그러므로 그는 아름답게 걷지만, 그의 걸음은 '나다.', '내가 했다.'와 같은 발자국을 남기지 않는다.

태양은 만물을 비춰준다. 하지만, 태양에게는 '내가 만물을 비춰주었다.'라는 생각이 없다. 비는 만물을 적셔주지만, '내가 적셔주었다.'는 생각이 없다. 바람은 만물에 불어오지만, '내가 불어주었다.'는 생각이 없

149) 『老子』, 49章, "信者吾信之 不信者吾亦信之"
150) 『老子』, 27章, "善行 無轍迹"

다. 도인의 삶도 이와 같다.

노자의 도인은 셀프가 삶의 주체가 되어 살아간다. 그의 삶은 사랑의 삶이다. 노자는 도인이 사랑의 삶을 살아가는 모습을 다양한 형태로 묘사하고 있다. 『노자』 2장, 10장, 51장에서는 되풀이해서 '생이불유(生而不有)'를 말했다. 이상적인 인간에게는 소유하고자 하는 마음이 없다. 천하에 자기 아닌 것이 없기에 더 이상 소유할 수도 없다. 그는 상대편의 셀프가 활동할 수 있도록 도와주지만[生], 그를 속박하지 않는다[不有].

또 노자는 2장, 10장, 51장에서 '위이불시(爲而不恃)'를 말했다. 셀프의 삶을 살아가는 도인에게는 뽐내고자 하는 마음이 없다. 모든 뽐내고자 하는 마음은 에고의 마음이다. 에고가 이런 마음을 갖는 이유는 자기 자신이 무가치하다고 생각하기 때문이다. 도인에게는 자신에 대한 절대적인 긍정과 사랑이 있다. 그러므로 도인은 자신을 둘러싸고 있는 모든 생명과 사람들에게 많은 도움을 주지만[爲], 그에게는 '내가 도움을 주었다.'고 뽐내는 마음이 없다.

『노자』 2장에서는 '공성이불거(功成而弗居)'를 말했고, 34장에서는 '공성불명유(功成不名有)'를 말했으며, 9장에서는 '공수신퇴(功遂身退)'라고 말했다. 표현을 조금씩 달리하지만, 말하고자 하는 내용은 모두 같다. '거(居)'는 거기에 머물려고 하는 마음, 즉 집착이다. 오직 에고만이 집착하는 마음을 갖고 있다. 에고가 떨어져 나간 도인에게는 집착하는 마음이 없다. 그는 대자유인이다. 그러므로 어디에도 머물지 않는다[弗居].

그는 많은 공적을 이룬다[功成]. 그가 이루는 공적은 에고의 파도를 높게 만드는 것이 아니라, 셀프의 바다에 도달하는 것이며, 다른 사람들이 도달할 수 있도록 도와주는 것이다. 이런 공을 이룬 후 거기에 머물고자하는 마음이 생기면, 깨달음의 에고에 사로잡히게 된다. 하지만 도인은 어디에도 머물고자 하는 마음을 내지 않는다.

『노자』 30장에서는 도인의 삶의 모습을 이렇게 표현했다. "구제해 주었다고 뽐내지 않고, 구제해 주었다고 자랑하지 않고, 구제해 주었다고 교만하지 않는다."[151] 그는 주변에 도움이 필요한 사람에게, 비가 대지를 적셔주듯이 도움을 준다. 하지만 그에게는 '내가 도움을 주었다.'라고 하는 자랑하는 마음이 없다. 그의 에고가 떨어져 나갔기 때문이다.

『노자』 64장에서는 도인이 뭇 삶에게 도움을 주는 방식을 서술하고 있다. "만물이 스스로 그러하도록 돕되 감히 작위하지 않는다."[152] 그는 각각의 존재가 자신의 본성을 이룰 수 있도록 도움을 준다. 태양은 만물에 햇빛을 비추어서, 배나무는 성숙한 배나무가 될 수 있도록, 감나무는 성숙한 감나무가 될 수 있도록 도움을 준다. 각자가 자신의 본성을 이룰 수 있도록 도울 뿐이며, 태양에게는 '너를 무엇으로 키우리라.'라고 작위 하는 마음이 없다. 도인의 마음도 이와 같다.

도인의 이런 삶의 모습을 노자는 다양한 형태로 표현했다. 34장에서는 "만물을 감싸 기르지만 주인 노릇을 하지 않는다."[153]라고 했다. 그리고 10장과 51장에서는 "길러 주지만 부리고자 하지 않는다[長而不宰]."라고 했다.

노자가 도인의 삶의 모습을 종합적으로 표현한 것은 '상선약수(上善若水)'장이다. 노자는 이렇게 말했다. "물은 만물을 이롭게 하지만 다투지 않으며, 뭇 사람들이 싫어하는 곳에 머문다."[154] 도인은 모든 존재에게 이로움을 베푼다. 그는 높은 곳에 이르기 위해 다투지 않는다. 그는

151) 『老子』, 30章, "果而勿矜 果而勿伐 果而勿驕"
152) 『老子』, 64章, "以輔萬物之自然 而不敢爲"
153) 『老子』, 34章, "衣養萬物而不爲主"
154) 『老子』, 8章, "水善利萬物而不爭處衆人之所惡"

다툼을 통해서는 도저히 도달할 수 없는 높은 곳에 이미 도달해 있기 때문이다. 그는 뭇 사람들이 싫어하는 곳에 즐겨 머문다. 뭇 사람들이 싫어하는 곳이란 어떤 곳일까? 낮은 곳, 즉 패배의 자리, 실패의 자리, 열등함의 자리 등과 같이 고통스런 자리이다. 왜 그는 이런 자리에 즐겨 머무는 것일까? 이곳이 바로 셀프에 이르는 좁은 문이기 때문이다. 그래서 십자가의 성 요한은 이렇게 말했다. '아래로 아래로 내려갈수록 나는 높이높이 올라가 목표에 도달할 수 있었다.'[155]

3. 통일체적 관계관

통일체적 세계관과 현대 세계관을 구분 짓는 중요한 기준의 하나는 '모든 존재들 간의 관계'에 대한 가정의 차이점이다. 현대 세계관은 '시간과 공간 속에 존재하는 모든 것들 간의 근원적인 분리'를 전제한다. 모든 존재들 간의 분리를 전제하면, 적대적(敵對的) 관계관(關係觀)이 생겨난다. 이에 반해서, 통일체적 세계관은 '시간과 공간을 넘어 모든 존재들 간의 근원적인 통일성'을 전제한다. 모든 존재들 간의 근원적인 통일성을 전제하면, 대대적(對待的) 관계관(關係觀)이 생겨난다. 대대적 관계관의 측면에서 보면, 가장 창조적인 관계는 사랑의 관계이다. 여기에서는 통일체적 관계관을 대대적 관계관과 사랑의 관계로 나누어 설명하도록 하겠다.

155) J. C. H. Wu, 류시화 옮김, 『禪의 황금시대』(경서원, 1990), p. 271에서 인용.

3.1. 대대적 관계

대대적 관계관을 설명하기 위해, '지금 우리 앞에 마주하고 서 있는 두 그루의 나무가 있다.'고 생각해 보자. 두 나무의 관계는 어떤 것일까? 우리는 이 두 나무의 관계를 '이해관계가 상반되는 적대적인 대립'으로 해석할 수도 있고, '상대편의 존재를 전제로 하여, 나의 존재가 성립하는 대대적인 대립'으로 인식할 수도 있다.

적대적 관계관의 관점에서 보면, 모든 대립물들은 자신이 살아남기 위해서는 상대편을 극복해야만 하는 상황에 놓여 있다. 그러므로 모든 대립물들은 살아남기 위해 치열한 싸움을 벌여야 한다. 마주하고 서 있는 두 나무는, 더 많은 햇빛을 받기 위해, 더 많은 수분이나 땅 속의 영양분을 차지하기 위해, 마주하고 서 있는 나무와 싸워야 한다.

반면에 대대적 관계관의 관점에서 보면, 이 세상 어떤 존재도 홀로 살아갈 수는 없다. 모든 대립물들은 서로 의존하고 있으며, 근원적으로 하나이다. 사막 위에 홀로 서있는 나무를 상상해 보자. 그 나무가 잘 자랄 수 있을까? 그 나무는 너무 강렬한 햇빛에 견딜 수 없어 말라 죽어갈 것이고, 뿌리를 의지할 데가 없어서 조금만 바람이 불면 쓰러져 버릴 것이며, 땅 속의 수분이나 영양분도 다 증발해 버려 생명을 유지할 수 없을 것이다. 나의 삶은 너의 삶을 전제로 하여 이루어져 있으며, 궁극적으로 우리의 삶은 하나인 것이다.

바로 이와 같은 방식으로 이 세상 모든 존재들 간의 대립을 바라보는 관점을 대대적 관계관이라고 하며, 이것이 바로 통일체적 관계관이다. 대대적 관계관의 특징을 정리하면, 다음과 같다.

첫째, 대대적 관계관의 관점에서 볼 때, 나의 존재는 상대편의 존재를 전제로 해서만 성립할 수 있다. 틱낫한의 책 『평화로움』에 나오는

'풀과 땅'에 대한 시는 대대로서의 대립 관계를 잘 보여준다.

나는 내 자신을 땅에 맡기고,	I entrust myself to earth,
땅은 그 자신을 나에게 맡깁니다.	Earth entrusts herself to me.[156]

풀과 땅은 서로 마주하고 있는 대립물이며, 상대편이 없이는 자신의 존재 자체가 성립할 수 없다. 풀은 땅의 도움을 받아서 자신의 생명을 키우고, 땅은 풀로 인해 더욱 비옥해 진다. 이런 관점에서 보면, 땅이 없이는 풀이 있을 수 없듯이, 자연이 없이는 인간이 있을 수 없고, 여자가 없이는 남자가 있을 수 없으며, 너희가 없이는 우리가 있을 수 없다.

둘째, 대대적 관계관의 관점에서 볼 때, 마주하고 있는 대립물들은 서로를 이루어 준다. 『주역』「중택태괘(重澤兌卦)」에 나오는 '이택(麗澤)'은 서로를 이루어주는 대대적 관계를 잘 보여주는 사례이다.[157] '이택'이란 두 개의 연못이 연이어 있어서 서로 물을 윤택하게 해 주는 모양을 가리킨다. 이는 '벗끼리 서로 도와서 학문과 덕을 닦음'을 비유해 이르는 것이다. 연이어 있는 두 개의 연못이 서로를 풍부하게 하듯이, 함께 학문을 익히는 벗들이 서로를 이루어 준다. 이 두 개의 연이은 연못과 같이, 마주하고 있는 대립물들이 '서로를 불어나고 더하게 하는 것'은 대대적 관계의 중요한 측면이다.

셋째, 대대적 관계관에서 볼 때, 대립물들 간의 다름이 조화와 통일을 위한 전제 조건이 된다. 또한 서로 간의 교감과 통일성의 회복은 각자의 개성을 더욱 온전한 형태로 발현시키는 데 기여한다. '하늘과 땅'이나 '남성과 여성' 등과 같이, 서로 다른 성질을 가진 것들이 만났을

---

156) N. H. Thich, *Being Peace*, Berkeley, California: Parallax Press, 1987, p. 22.
157) 『周易』, 「兌卦」, "象曰 麗澤 兌 君子以朋友講習"

때만 교감이 이루어질 수 있는 것이다. 그러므로 통일체적 세계에는 대립물들 간의 이해관계의 반목이나 갈등이 존재하지 않는다. 『중용』에서는 다음과 같이 말했다.

> 만물이 함께 길러져 서로 해치지 않으며, 도가 함께 행하여 서로 위배되지 않는다.[158]

넷째, 대대적 관점에서 볼 때, 대립물들 간의 창조적인 관계 방식은 교감이다. '감(感)'은 '함(咸)'과 '심(心)'이 합해진 글자이다. '감'이란 마주보고 있는 두 존재가 서로 느껴서 하나의 마음이 되는 것을 의미한다.[159] 그러므로 '감'이란 곧 사랑이다. 이와 같이, 대대적 대립관은 사랑과 조화의 관계를 정상적이며 이상적인 관계로 간주한다. 이것은 적대적 대립관이 경쟁과 갈등, 지배와 복종의 관계를 자연스럽게 받아들이는 것과 큰 차이점이다. 대대적 대립관의 관점에서 볼 때, 각자가 자신의 개성과 주체성의 바탕 위에서 마주 하고 있는 상대편과 사랑과 조화의 관계를 이룰 때, 창조적인 변화가 일어나는 것이다.

3.2. 사랑의 관계

대대적 관계관의 관점에서 볼 때, 가장 창조적인 관계의 방식은 사랑의 관계이다. 여기서 말하는 사랑이란 어떤 것인가? 사랑이란, 각자가 갖고 있는 개성과 주체성의 바탕 위에서 이루어지는 하나 됨의 현상이다. 사랑을 통해서, 우리는 자신과 상대편의 본성을 실현시켜 나간다.

---

158) 『中庸』, 30장, "萬物竝育而不相害 道並行而不相悖"

159) 이완재, 「易學的 認識과 表現方法에 關하여」, 韓國周易學會 편, 『周易의 現代的 照明』(범양사 출판부, 1992), p. 205 참조.

E. 프롬(Erich Fromm)은 다음과 같이 말하였다. "사랑은 분리를 극복하고자 하는 욕구에서 생겨나 일체를 이루도록 하지만, 결코 개체성이 배제되는 것은 아니다."[160] 통일체적 세계관의 관점에서 보면, 개인은 자신의 독자성과 자율성을 갖고 있다. 그리고 독자성의 바탕 위에서 상대편과의 조화를 이루는 것이 사랑이다.

사랑의 관계란 각자 자신의 개성을 갖고 있는 개인들이 조화와 교감(交感)을 이루고 있음을 의미한다. 통일체적 세계관에서는 각자가 갖고 있는 자유와 개성을 긍정한다. 그리고 각자가 갖고 있는 개성의 실현을 통해서 통일성에 이르게 된다. 개인들 간의 다름이 조화와 통일을 위한 전제 조건이 되는 것이다. 또한 서로 간의 교감과 통일성의 회복은 각자의 개성을 더욱 온전한 형태로 발현시키는 데 기여한다. 그러므로 통일체적 세계에서는, 대립물들 간의 이해관계의 반목이나 갈등은 존재하지 않는다.

서로가 분리되어 사랑을 나누지 않는 것은 비정상적이고 불모적인 상태이다. 또한 각자가 개성을 상실하고 상대편 속에 해소되어 버린다면 이것은 또한 사랑이 아니다. 사랑이란 자신을 다른 사람 속에 해소시켜 버리는 것도 아니며 반대로 타자를 소유해 버리는 것도 아니다.[161] 사랑이 이루어질 수 있는 전제 조건은 자신과 상대편의 주체성과 개성에 대한 존중이다. 가학증(sadism)이나 피학증(masochism)에서 볼 수 있는 바와 같이, 상대편을 지배하거나 상대편의 지배를 받음으로써 일체성을 회복하려고 하는 시도는 진정한 사랑이 아니다.

사랑의 본질을 가장 간명하면서도 정확하게 표현한 말은 『노자』에

---

160) E. Fromm, 김철수 옮김, 『자유로부터의 도피』(계명대학교출판부, 1998), p. 264.
161) E. Fromm, 김철수 옮김, 『자유로부터의 도피』(계명대학교출판부, 1998), pp. 263-264 참조.

나오는 '천지불인(天地不仁)'이라는 말일 것 같다. 하늘과 땅은 이 세상의 온갖 생명체들이 각자 자신의 본성을 실현할 수 있는 방향으로 자라는 것을 도와주지만, 간섭하지 않는다.

'천지불인'에서 '인(仁)'이란 바로 간섭하는 사랑이다. 이것은 상대편을 그의 본성대로 발전시켜 주는 것이 아니라 자신의 마음대로 쥐고 흔들려고 하는 폭력적이며 독재적인 사랑이다. 사랑이란 '불인'하는 것이다. '불인'은 무관심이 아니다. 그것은 상대편의 개성과 주체성을 존중하는 가운데서의 깊은 관심이다. '불인'은 상대편의 본성 실현을 도와준 후에 거기에 머물지 않는 것이다.[162] '불인'은 상대편을 자유롭게 하는 사랑이며, 진정한 사랑이다.

사랑이란 조화를 이루는 것이다. 태극도에서 볼 수 있듯이, 음과 양이 서로 조화를 이루었을 때만 하나의 온전한 태극이 이루어지게 된다. '화(和)'란 지배와 복종의 관계가 아니며, 이용이나 갈등의 관계도 아니다. 각자가 자신의 개성을 상실해 버린 획일성(同)의 바탕 위에서는 '화'가 이루어질 수 없다. 다양성의 바탕 위에서만 '화'는 꽃필 수 있는 것이다.

사랑이나 조화의 관계가 성립할 수 있는 근본적인 바탕은 무엇일까? 그것은 자신과 상대편을 존중하는 마음가짐이다. 교만하거나 비굴한 마음의 바탕 위에 진정한 사랑의 관계를 건설할 수는 없다. 그렇다면 자신과 상대편에 대한 근본적인 존중은 어디에 근거하는 것일까? 그것은 통일체적 세계관에서 유래한다.

---

162) 『老子』 2章에서는 "공을 이루고 나서 머물지 낳는다[功成而弗居]."라고 말했고, 9章에서는 "공을 이루고 몸은 물러난다[功遂身退]"라고 말했으며, 40章에서는 "공을 이루고 나서 소유하지 않는다[功成而不有]."라고 말했다. 또한 『老子』 10章에서는 "낳지만 소유하지 않고, 이루어 주지만 뽐내지 않으며, 길러 주지만 부리지 않는다[生而不有 爲而不恃 長而不宰]."고 했는데 이것이 바로 진정한 사랑이다.

통일체적 세계관에서는 전체를 구성하는 부분과 전체의 근원적인 통일성을 가정한다. 그러므로 그것이 아무리 미물이라고 하더라도 모든 존재들은 우주적인 위대함을 갖고 있다. 모든 사람들의 경우도 마찬가지다. 이것이 나와 너를 근본적으로 존중하는 그리고 존중해야만 하는 근거이다.

Chapter

Ⅲ

동양 사상과 탈현대 학문관

현재 우리는
학문 정체성의 대전환을
이루어내어야만 한다.

통일체적 세계관의 바탕 위에서 탈현대를 구상하는 첫 번째 작업은 탈현대 학문관의 탐구이다. 학문이란 무엇인가? 학문이란 앎을 통해서 인간다운 삶과 좋은 세상을 만들어 가는데 기여해야 하는 도구이다. 학문에 주어진 본연의 임무는 인간다운 삶과 좋은 세상을 만들어 가는데 기여할 수 있는 앎을 생산하는 것이다. 그러므로 인간다운 삶과 좋은 세상에 대한 관점이 바뀌면, 학문의 정체성도 변화해야 한다.

현대의 지배적인 학문 형태는 과학이다. 현대 사회에서는 빈번히 '얼마나 과학적인가?'라는 질문에 대한 대답이 특정 학문의 학문다움 정도를 판별하는 잣대로 사용되곤 한다. 이런 현상을 통해서, '현대 사회에서 과학이 얼마나 지배적인 학문 형태인가'를 가늠할 수는 있지만, '학문이 바로 과학'이란 등식은 논리적으로 성립하지 않는다.

과학이란 현대 세계관의 기초 위에 형성된 학문의 특수한 형태이다. 과학은 현대 문명 발전의 원동력으로 작용했지만 탈현대 문명 건설에는 무력하다. 그리고 현 시대는 현대로부터 탈현대로의 문명 대전환을 이루어야하는 시기이다. 시대의 요구에 부응하지 못하는 현대 학문, 이것이 바로 과학으로 대변되는 현대 학문 위기의 본질이다. 본 연구는 현대 학문 위기의 진상과 그 근원을 밝힌 후, 동양 사상에 바탕을 두고서 탈현대 학문에 대한 비전을 제시하고자 한다.

1. 현대 학문의 등장과 특징

과학으로 대표되는 현대 학문은 현대 초에 출현했다. 현대 학문은 발전을 거듭했고, 인류의 삶의 질 개선과 행복 증진에 크게 기여했다. 하지만 오늘날에 이르러, 현대 학문은 현 시대의 문제를 해명하고 새로운 시대를 열어가야 하는 학문에 주어진 본연의 과제를 이행하는 데 있어서 무력함을 드러내고 있으며, 소외된 학문으로 전락했다.

1.1. 현대 학문의 등장과 성취

과학은 현대 학문을 대표하는 학문 형태이다. 과학은 중세 학문을 대표하는 신학을 대신하는 학문으로 출현했다. 중세 학문이 '신에 대한 앎'을 추구했던 반면에, 현대 학문은 '자연과 인간, 그리고 사회에 대한 앎'을 추구한다. 현대 학문의 세계관적 기초는 무엇인가? 현대 세계관이다. 현대 세계관은 '시공간적으로 모든 존재들 간의 근원적인 분리'를 전제한다.

현대 세계관에 토대를 두고 있는 현대 학문은 연구자와 연구 대상 간의 근원적인 분리를 전제로 해서 앎을 추구한다. 방법적으로 보면, 현대 학문은 실험 · 관찰 · 비교 등의 방법을 사용해서 연구 대상에 대한 체계적인 앎을 구축하고자 한다.

과학은 중세 말 · 현대 초 사회가 직면하고 있었던 중대한 문제를 해결하는 데 크게 기여했다. 당시 사회에서, 인간은 기아, 빈곤, 전염병, 영양 실조, 자연 재해 등 자연의 힘 앞에 무력한 존재였다. 뿐만 아니라, 부자유와 불평등을 포함한 비합리적인 사회 제도와 사회 관행에 대한 문제 의식도 생겨났다.

신학은 신에 대한 앎을 추구했다. 신학으로는 그 당시 사회가 직면하고 있었던 사회 문제를 해결할 수 없었으며, 새로운 시대를 열어가는 선도적인 역할을 감당할 수는 더군다나 없었다. 바로 이런 시대의 요구를 충족시키기 위해 과학이라는 새로운 학문이 출현했다. 과학은 자연을 극복하고, 자연의 힘으로부터 인간을 해방시키는 데 큰 역할을 했다.

과학은 그 당시 사회 문제를 해결하는 데 유능했을 뿐만 아니라, '욕망 충족적인 사회 건설'을 목표로 하는 새로운 시대를 열어가는 데 있어서 선도적인 역할을 수행했다. 과학이라는 새로운 학문 발전에 힘입어, 수많은 기술 혁신이 이루어졌고, 새로운 기술은 삶과 사회를 크게 변화시켰다.

현대 자연 과학의 발전이 본격적으로 시작된 것은 물리학 분야에서였다. I. 뉴턴(Issac Newton, 1642-1727)의 역학 이론은 그 대표적인 경우이다. R. 보일(Robert Boyle, 1627-1691)은 현대 화학의 문을 열었다. 19세기에 이르면, 기계학, 토목 공학, 동력 공학, 응용 역학을 비롯한 공학이 발전하고, 현대 농학도 발전했다. 공기 화학과 전기학, M. 패러데이(Michael Faraday, 1791-1867)의 전자기학, 열역학, 유기 화학, 생물학 등도 이 시기에 큰 발전을 이룩했다.[163]

20세기가 되면서, 과학은 제도화되었다. 대학은 과학적인 연구의 중심 기관이 되며, 과학 연구를 위해 수많은 연구소가 설립된다. 이런 제도적인 기반 위에서, 물리학, 분자 생물학, 생화학, 전자 공학, 유전 공학, 우주 과학, 환경 과학을 비롯해서 과학은 비약적인 발전을 이룬다. 물리학에서는 A. 아인슈타인(Albert Einstein, 1879-1955)이 상대성 이론

163) 석동호 편, 『과학기술사』(중원문화, 1984), pp. 144-157 참조.

을 발표하고, W. 하이젠베르크(Werner Heisenberg, 1901-1976)와 E. 슈뢰딩거(Erwin Schrödinger, 1887-1961) 등은 양자 역학을 발전시켰다. 이는 그때까지 과학계를 지배하던 기계적 자연관의 붕괴를 뜻하는 것이기도 했다.[164)]

기술 영역에서도, 현대 사회는 엄청난 성취를 이루었다. 18세기에 직조 기계를 비롯한 다양한 기계가 발명되었다. 19세기에는 증기 기관의 발명, 철도의 발달, 전기의 발견, 19세기말 수력 발전, 제강 기술의 발달 등을 이루었다. 20세기에 접어들면서 전화와 자동차가 발명되고, 자동제어 장치, 비행기, 라디오, TV, 우주선, 컴퓨터, 휴대 전화, 내비게이션, 산업용 로봇 등 과학적인 연구에 힘입어 엄청난 기술 혁신이 일어났다. 21세기에 접어들어서도 이런 변화는 계속되고 있다. 스마트 폰, 스마트 TV, 스마트 카, 태블릿 PC, 로봇 청소기 등을 포함해서 인공 지능을 장착한 수많은 기기들이 새롭게 출현하고 있다.

사회 과학의 발전 역시 눈부신 것이었다. 경제학이나 경영학 등은 자본주의 체제의 유지와 발전에 기여했고, 정치학은 현대 민주주의의 발전에 기여했다. 교육학은 현대 대중 교육의 발전에 기여했으며, 사회학은 현대 사회의 사회 구조와 변동에 대한 포괄적인 지식을 제공했다. 행정학, 법학, 신문방송학, 사회복지학, 광고홍보학 등 다양한 형태의 사회 과학이 발전했고, 이들은 현대 사회의 형성과 발전에 나름의 기여를 했다.

과학의 혁명적인 발전의 결과로 현대인의 삶은 놀라울 정도로 안락하고 편리해졌다. 자연 재해로부터도 크게 안전해졌으며, 오랜 세월 인류를 괴롭히던 전염병은 거의 퇴치되었다. 생산은 비약적으로 증대되고, 소비 수준도 많이 높아졌다. 또한 사회의 합리화 과정에도 과학의

164) 석동호 편, 『과학기술사』(중원문화, 1984), pp. 227-253 참조.

기여는 컸다. 현 인류는 과학이 주는 혜택이 없이는 이제 생존조차 힘든 상태에 이르렀다.

1.2. 현대 학문의 특징

현대 세계관에 기초를 두고 있는 현대 학문은 연구자와 연구 대상 간의 근원적인 분리를 전제로 해서, 연구 대상에 대한 실험 · 관찰 · 비교 등의 방법을 사용하여, 대상에 대한 체계적인 앎을 구축하고자 했다. 과학은 자연을 극복하고, 자연의 힘으로부터 인간을 해방시키는 데 큰 역할을 했다. 과학이라는 새로운 학문의 발전에 힘입어, 수많은 기술 혁신이 이루어졌고, 새로운 기술은 삶과 사회를 엄청나게 변모시켰다.

술학(術學)으로서의 현대 학문

현대 학문의 정체성의 한 가지는 술학(術學)이다. 즉 현대 사회에서 학문이란 인간의 욕망 충족을 위한 수단과 도구로서의 특징을 갖고 있다. 현대 학문관 형성에 크게 기여한 F. 베이컨(Francis Bacon, 1561-1626)의 사상에는 학문에 대한 이런 인식이 잘 나타나 있다. '아는 것이 힘이다.'라는 베이컨의 말은 앎에 대한 그의 관점을 압축하고 있다. 그에게 있어서, 학문적인 인식 대상은 자연이며, 인식하고자 하는 것은 자연의 법칙이고, 이러한 법칙 발견의 목적은 자연에 대한 지배와 통제 능력의 증대에 있다. 베이컨의 학문관에 입각해서 보면, 학문과 도덕은 분리된 영역이 되며, 학문은 도구적인 성격을 갖는다.

현대 학문은 주체로서의 인간과 객체로서의 대상 세계 간의 근원적인 분리를 전제하는 현대 세계관의 바탕 위에 성립, 발달해 왔다. 과학자란 사회에 대한 연구 방법을 익힌 기술자이며, 학문 활동은 자신의 전체적인 인격으로부터 분리된 지성 활동으로 인지되어 진다. 자연 과학이 자연에 대한 법칙 정립적인 인식에 기초해서 자연에 대한 통제력을 높이는 것을 목적으로 삼듯이, 사회 과학은 사회에 대한 법칙 정립적인 인식에 기초해서 사회에 대한 통제력을 높이는 것을 목적으로 한다.

사회 과학은 자연 과학을 모델로 삼으면서, 대상 세계를 계량적인 절차를 통해서 측정하고, 인간 행동을 지배하는 일반 법칙들을 발견함으로써, 예측과 통제라는 목적을 달성하고자 노력해 왔다.[165] 이런 이유에서 현대 자연 과학과 사회 과학은 모두 술학으로서의 정체성을 갖고 있으며, 이런 현대 학문의 정체성은 현대 세계관에 그 뿌리를 두고 있다. 현대 학문이 토대하고 있는 현대 세계관이란 '모든 존재들 간의 근원적인 분리'를 대전제로 삼고, 이 바탕 위에서 세계를 인식하고자 하는 관점을 지칭한다.

학문 활동의 동기와 대상

유가의 관점에서 본다면, 현대 학문은 '소인(小人)에 의한 소인의 학'이라 규정할 수 있다. 공자는 학문을 '위기지학(爲己之學)'과 '위인지학(爲人之學)'으로 구분[166]했는데, 현대 학문은 전형적인 '위인지학'에 속한다.

'군자(君子)의 학' 또는 '위기지학'에 있어서, 학문 활동의 동기는 '천하에 대한 근심'이라고 할 수 있다. 학문의 궁극적인 목적은 일신상의 안위를 얻기 위한 것이 아니다. 학자는 자신의 본성에 대한 깨달음을

165) I. Wallerstein et al., 이수훈 옮김, 『사회과학의 개방』(당대, 1996), p. 48 참조.
166) 『論語』, 「憲問」, "古之學者 爲己 今之學者 爲人"

이웃과 세계로 확대시켜서, 궁극적으로는 이 세상을 태평하게 하고자 한다.[167] '위기지학'으로서의 학문의 출발점은 그 시대와 사회를 근심하는 우환의식(憂患意識)이며, 귀결점은 좋은 세상 만들기이다.

그러나 오늘날 현대 학문은 의(義)가 아니라 이(利)만을 추구하는 소인(小人)에 의한 학으로서의 특성을 갖고 있다. 이러한 현대 학문 활동의 동기에 있어서의 특징은 과학으로서의 현대 학문 자체가 소외된 학문으로 전락하게 되는 중요한 원인이다. 그 시대의 학자가 더 이상 그 시대를 근심하지 않게 될 때, 학문은 필연적으로 위기에 빠져들게 된다.

현대 학문의 긴요한 과제는 학문 활동의 동기로써 천하에 대한 근심을 회복하는 일이다. 학자란 단순히 사회를 연구하는 방법을 익힌 사회 연구의 기술자 · 전문가에 머무는 것이 아니라 세상을 근심하는 사람이어야 하며, 학문적인 연구 활동이란 단순히 학자들의 욕망 추구의 수단이 아니라 이 세상에 도(道)가 사라져감에 대한 걱정과 많은 사람들의 삶의 고통과 비인간화의 문제에 대한 진정한 관심에서 비롯되어야 한다.

다음으로 학문 활동의 대상이란 측면에서 현대 학문의 특징을 살펴보고자 한다. 여기에서는 사회 과학의 경우에 한정해서 논의하도록 하겠다. 현대 사회 과학은 소인에 대한 학으로서의 성격을 갖고 있다. 자신의 욕망 충족을 추구하는 존재로서의 인간을 전제하고, 이를 대상으로 사회를 연구한다.

현대 자본주의 사회 속의 전형적인 인간의 모습은 '독립적인 개체로서 합리적으로 자신의 욕망 충족을 극대화하려는 인간'이다. 현대 사회과학은 그 역사적 특수성에 대한 고려를 배제한 채, 자본주의적 인간을

---

167) 이런 맥락에서, 『논어』, 「헌문」에서는 학문 활동의 궁극적인 목적을 '마음을 닦아서 사람을 편안하게 하는 것[修己以安人]'이라고 했다.

보편적이며 본래적인 인간으로 간주하고서 사회를 연구한다. 그 결과로 현대 사회 과학은 통계적인 다수를 점하고 있는 인간형의 비정상성과 비인간화의 문제를 제기할 수 있는 논리적인 기초를 상실했다. 그리하여 현대 사회 과학은 현실에 대한 부정의 정신을 상실한 채 체제 적응적인 일차원적인 학문으로 전락하게 된 것이다.

2. 현대 학문 비판

과학으로 대표되는 현대 학문에 대한 비판은 현대 학문에 대한 절대적인 비판이 아니라 현 시점에서의 비판이다. 과학은 현대 문명의 형성과 발전에 지대한 공헌을 했다. 그러므로 현대 초기나 중기까지만 하더라도 과학은 비판의 대상이 아니라 찬양의 대상이었다. 그러나 현대와 탈현대의 문명 대전환기에 처한 지금 과학은 학문의 왕좌에서 물러나야 할 시점이 되었다.

과학이 할 수 있는 일은 에고의 문명[168] 건설에 기여하는 것이었다. 즉 경제적으로 풍요하고 욕망 충족적인 사회를 건설하는 데, 과학은 기여할 수 있었다. 또한 사회의 비합리적인 관행을 철폐하고 합리적인 사회를 건설하는 데, 과학은 기여할 수 있었다. 그러나 셀프의 문명의 과제인 사랑의 사회를 건설하는 데, 과학은 주도적인 역할을 수행할 수 없다.

168) '에고의 문명'이란 '분리된 자아로서의 나'라고 하는 나의 정체성의 바탕 위에 형성된 문명으로, 현대 문명은 전형적인 에고의 문명에 해당한다. 에고의 문명에 대한 보다 구체적인 설명은 홍승표의 『동양 사상과 탈현대적 삶』(계명대학교출판부, 2011) 서론 1장 「문명사를 바라보는 이 책의 관점」을 참고할 것.

오늘날에 이르러서, 과학은 생태계 붕괴나 환경 오염과 같은 문명 위기를 심화시키는 원인으로 작용할 뿐만 아니라, 새로운 문명을 열어가는 데 적극적으로 기여할 수 없다는 점에서, 이제 과학은 역사 속에서 소임을 다했다고 할 것이다. 물론 과학은 앞으로도 지속할 것이며, 발전할 것이다. 그러나 과학은 더 이상 그 자체가 목적으로 간주될 수 없으며, 궁극적인 문명의 목표를 달성하는 데 순응하는 방향으로 변화할 것이다. 바로 이런 맥락에서, 이 책에서는 현 시대의 맥락 속에서 현대 학문에 대한 비판을 하고자 한다.

2.1. 현대 학문의 위기

현대 과학은 엄청난 성공을 거두었다. 하지만 20세기에 경험한 2차례의 세계 대전을 전후해서, 인류가 과학과 과학자에 부여했던 커다란 신뢰는 상당히 철회되었다. 과학이 대량 살상 무기를 생산하는 데 이용되면서, 사람들의 과학에 대한 회의가 싹트게 되었다. 과학과 기술 발전의 필연적인 부산물로 환경 오염과 생태계 붕괴가 심화되면서, 과학에 대한 의심은 심화되었고, 최근 유전 공학의 비약적인 발전은 과학 발전이 가져올 예기치 않은 결과에 대한 우려를 증폭시켰다.

과학이란 현대 세계관의 기초 위에 형성된 현대 학문의 지배적인 패러다임이기는 하다. 하지만, 현대 세계관이 지배적이지 않았던 전현대 사회에서는 과학이 지배적인 학문 패러다임이 아니었으며, 또한 현대 세계관이 지배하지 않을 탈현대 사회에서도 지배적인 학문 패러다임이 될 수 없다. 그러므로 과학이란, 현대라고 하는 특정 시대에 특정 세계관에 기초한 특수 형태의 학문인 것이다.

조동일은 다음과 같이 말했다.

> 학문은 과학이어야 한다는 주장이 오늘날 학문을 그릇되게 하는 가장 큰 장애 노릇을 한다.[169)]

서구 중세 학문과 현대 학문 간에는 큰 차이가 존재한다. 중세는 신 중심적인 사회였고, 신에 대한 앎을 추구하는 신학이 학문의 왕좌를 차지했었다. 현대는 인간 중심적인 사회이며, 인간을 욕망 주체로 간주한다. 이에 따라서, 인간의 욕망 충족에 기여할 수 있는 앎을 추구하는 과학이 학문의 왕좌를 차지했다.

그렇다면, 탈현대에도 과학은 학문의 중심이 될 수 있을까? 그 답은 '아니다.'이다. 탈현대 사회는 어떤 존재도 배타적인 중심의 자리를 차지하지 못하며, 동시에 모든 존재가 중심에 위치하는 탈중심적인 통일체적 사회이다. 탈현대 사회에서는 '참된 자기'를 내재한 우주적인 존재로서의 인간관이 지배하게 될 것이다. 그리고 바로 이런 의미에서 인간다운 삶과 좋은 세상을 만들어 가는데 기여하는 앎을 추구하는 탈현대 학문이 학문의 왕좌를 차지할 것이다.

중세 신학을 기반으로 욕망 충족적인 현대 세계를 건설할 수 없었을 것이라는 점은 분명하다. 이와 마찬가지로, 현대 과학을 기반으로 미래 탈현대 세계를 건설할 수는 없다. 현대는 문명 대전환기이다. 이에 따라서, 학문의 정체성 역시 대전환을 이루어야만 한다. 하지만, 현대인의 의식 전반이 현대에 사로잡혀 있는 것과 마찬가지로, 학문 세계에서도 정체성의 대전환이 원활하게 이루어지지 않고 있다. 이것이 바로 과학으로 대표되는 현대 학문 위기의 본질이다.

현대 문명이 왜 대전환기에 처해 있다고 단언하는가? 그 답은 이런 것이다. 모든 문명은 특정 세계관에 기초해서 건설된다. 현대 문명의

---

169) 조동일, 『인문학문의 사명』(서울대출판부, 1997), p. 287.

세계관적인 토대는 현대 세계관이다. 현대 세계관의 기초 위에서, 현대는 합리적이고 풍요한 문명 건설을 위해 박차를 가해 왔다. 그 결과, 비합리적인 관행과 제도, 빈곤, 무지, 전염병, 미신, 부자유, 불평등을 위시한 전현대 사회의 질곡으로부터 벗어나, 합리적이며 욕망 충족적인 사회를 건설하는 데 있어 괄목할만한 성과를 거두었다.

하지만, 고대 사회의 질곡으로부터 벗어난 중세 사회가 그 극점에 도달했을 때 극복 대상이 되었듯이, 오늘날 중세 사회의 질곡으로부터 벗어난 현대 사회는 또 다른 극복 대상이 되어버렸다. 지금도 지구상의 모든 국가와 국민들은 '보다 더 풍요로운 사회 건설'이라고 하는 현대화 프로젝트에 열을 올리고 있다. 그러나 현대인이 기울이는 엄청난 노력은 현대인의 삶과 인류 문명, 그리고 지구 환경 자체를 급속히 파국으로 몰아넣고 있다.

다시 말하자면, 현대 세계관에 기반을 두고 있는 인간다운 삶과 좋은 세상 건설을 위한 설계도와 실제 상황이 어긋나는 상황을 맞고 있는 것이다. 현대 세계관의 토대 위에서, 현대가 인간다운 삶과 좋은 세상 건설을 위한 노력에 박차를 가할수록, 삶은 더욱 피폐화되고 세상은 더욱 혼란스러우며 지구 환경은 더욱 빠른 속도로 붕괴되는 역설적인 상황을 맞고 있는 것이다.

지금 인류는 '어떻게 하면 더 빨리 노를 저을 것인가'가 아니라 '어디를 향해서 노를 저을 것인가'를 곰곰이 생각해야만 한다. '인간다운 삶과 좋은 세상'에 대한 새로운 정의를 내려야 하며, 삶과 문명이 나아갈 목표 자체를 바꾸어야만 한다. 이것이 바로 지금이 문명 대전환기이어야만 하는 이유이다. 그리고 이를 위해서는 세계관의 대전환을 이루어야 한다.

과학은 미래 사회에서도 여전히 유용한 학문이겠지만 시대를 선도하는 학문이 될 수는 없다. 현대라는 새로운 시대를 열어가기 위해서 과학이라는 현대 학문이 필요했던 것과 마찬가지로, 지금 탈현대라는 새로운 시대를 열어가기 위해서는 새로운 삶과 문명 발전에 기여할 수 있는 탈현대 학문이 필요하다.

오늘날 아무도 과학이 계속해서 발전하리라는 것을 의심하는 사람은 없다. 하지만 과학의 급속한 발전이 미래를 유토피아 사회로 만들어 주리라고 생각하는 사람도 거의 없다. 과학이 계속 발전한 미래 사회에 대한 일반인들의 음울한 예상은 미래 공상 영화의 어두운 색조에도 그대로 반영되어 있다.

오늘날 과학의 처지는 중세 말 신학의 처지와 흡사하다. 중세 말 신학은 무력하고 소외된 학문이었다. 하지만, 중세 말 사회에서 신학이 어느 정도의 지배력을 갖고 있었는가 하는 점에서 보면, 신학은 단연히 지배적인 학문 형태였다. 현대 말이라고 할 지금 과학은 무력하고 소외된 학문이 되었다. 하지만, 현재 사회에서 과학이 어느 정도의 지배력을 갖고 있는가 하는 점에서 보면, 과학의 지배력은 절대적이다. 현대 학문의 세계에서 '비과학적이다.'라는 말은 '비학문적이다.'라는 말과 거의 동의어로 사용되며, 특정 학문에 대한 최대의 모욕으로 인식된다.

그래서 너도 나도 자신이 하는 학문이 '과학'임을 표방하고자 한다. 이런 경향은 자연학의 영역에만 국한되는 것이 아니다. 사회를 연구하는 학문도 모두 자신의 학문을 과학이라 명명하고, '사회 과학'이라는 말은 '사회를 연구하는 학문'이라는 말과 거의 동일한 의미로 사용된다. 심지어는 인문학조차도 스스로 '인문 과학'이라는 용어를 쓰면서, 과학의 범주에 자신이 편입되기를 바라고 있다. 특정 학문에 대해 '비과학적'이라는 규정은 현대 학문 세계에서 거의 파문을 뜻하게 된 것이다.

학문 세계에서 과학의 위세가 이렇게 높아졌음에도 불구하고, 오늘날 과학의 처지는 옹색하기 짝이 없다. 중세 말 신학이 자신의 시대 속에서 학문의 소임을 다하지 못하는 무력하고 소외된 학문으로 전락했던 것과 마찬가지로, 현대 말 과학은 현 시대 속에서 학문의 소임을 다하지 못하는 무력하고 소외된 학문으로 전락해 버렸다. 현대 사회에서 '과학은 바로 학문'을 뜻하게 되었기에, 과학이 겪는 이런 위기 상황은 곧바로 현대 학문의 위기를 뜻한다.

중세 말 신학이 빈곤, 자연 재해, 전염병, 기아, 부자유, 불평등 등의 문제에 무력했던 것과 마찬가지로, 현대 말 과학은 환경 파괴, 집단 간의 적대와 갈등, 인간 소외 등의 문제에 무력하다. 중세 말의 신학이 '욕망 충족적인 사회 건설'이라는 새로운 시대를 선도하는 학문이 될 수 없었듯이, 현대 말 과학은 '평화롭고 사랑이 넘치는 사회 건설'이라는 새로운 시대를 선도하는 학문이 될 수 없다.

이렇듯, 중세 말 신학이 위기에 직면했듯이, 현대 말 과학도 위기에 직면하고 있다. 중세 말 신학이 과학이라는 탈현대 학문에 학문의 왕좌를 물려주었듯이, 현대 말 과학도 새로운 탈현대 학문에 학문의 왕좌를 물려주어야 한다. 현대의 건설자들이 과학이라는 현대 학문의 탄생을 위해서 엄청난 노력을 기울였듯이, 탈현대의 건설자들이어야 할 현 인류는 탈현대 학문의 탄생을 위해 엄청난 노력을 기울여야 한다.

2.2. 현대 학문 위기의 근원

과학으로 대변되는 현대 학문은 심각한 위기에 직면해 있다. 위기의 진상은 현대 학문이 이 시대가 겪고 있는 문제를 해명하고 해결하는 데 무력하며, 새로운 시대를 선도하는 역할을 수행하지 못한다는 것이다. 현대 학문 위기의 근원은 무엇인가? 세계관의 위기이다.

아래 〈표 1〉에서 볼 수 있듯이, 세계관에 따라서 학문의 정체성은 달라진다. 학문의 궁극적인 목적은 '앎의 형성을 통해 인간다운 삶과 살기 좋은 사회 건설에 기여하는 것'이다. 그런데 '인간다운 삶과 살기 좋은 사회'의 의미는 세계관에 따라서 달라진다. '인간다운 삶과 살기 좋은 세상'의 의미가 변화하면, 이에 기여할 수 있는 앎의 목적, 앎의 내용, 앎의 방법 등도 달라진다. 예를 들어 설명하자면, 중세 세계관이 지배하던 중세 사회에서 가장 중요한 앎은 '신에 대한 앎'이었으며, 학문이란 바로 '신에 대한 앎'을 추구하는 것이었다. 그러므로 세계관이 바뀌면 학문의 정체성도 바뀌게 된다. 현대 학문이란 현대 세계관에 바탕을 두고 있는 특수한 학문의 형태이다.

〈표 1〉 세계관과 학문의 형태

	이상적인 삶과 사회		학문의 형태	학문의 특정화된 목적
	인간다운 삶	살기 좋은 세상		
중세 세계관	신앙심이 깊은 삶	신앙심이 깊은 사회	신학	신에 대한 지식의 축적을 통해서 신앙심이 깊은 삶과 사회 건설에 기여
현대 세계관	욕망 충족적인 삶	욕망 충족적인 사회	과학	과학적인 지식의 축적을 통해서 욕망 충족적인 삶과 사회 건설에 기여

세계관에 따라서 학문의 정체성이 바뀐다면, 세계관의 위기가 오면 학문은 어떻게 될까? 세계관의 위기가 오면, 위기를 겪고 있는 세계관에 바탕을 두고 있는 특정 학문도 위기를 겪게 된다. 세계관이란 세계를 바라보는 관점이며, 세계관의 위기란 세계를 바라보는 관점의 위기이다. 세계관의 위기는 특정 세계관이 그 시대 상황에 적합한 인식 틀을 제공하지 못할 때 발생한다. 현대 말 · 탈현대 초에 해당하는 현재의 문명과 중세 말 · 현대 초의 문명은 모두 세계관의 위기를 겪는 사회의

대표적인 사례이다.

먼저 중세 말 · 현대 초에 겪은 세계관의 위기를 설명해 보자. 중세 세계관에 따르면, '신의 뜻에 충실한 삶'을 이상적인 삶으로, '신앙심이 깊은 인간'을 이상적인 인간의 모습으로 생각했고, '신앙심이 깊은 사회'를 이상적인 사회로 간주했다. 이런 중세 세계관으로는 빈곤, 자연 재해, 부자유, 불평등, 전염병, 미신, 무지 등 중세 말 사회가 직면하고 있었던 사회 문제를 적절하게 진단하고 해결해나갈 수 없었다. 오히려 중세 세계관에 묶여 중세적인 의미에서 이상을 추구하고 달성할수록, 중세 말 사회의 모순은 심화될 수밖에 없는 구조적인 문제점을 갖고 있었다.

더군다나 현대가 시작되던 16, 17세기는 사회 구조적으로 커다란 변화가 일어난 시기였다. 지리상의 발견, 과학 혁명, 도시의 발달, 시민 계급의 출현, 자본주의의 발달 등 새로운 사회를 향한 구조적인 격변이 이 시기에 일어나고 있었고, 이런 모든 변화는 새로운 문명 출현을 예고하는 것이었다.[170] 하지만 중세 세계관으로는 이런 새로운 사회 구조의 출현을 창조적으로 해석하고, 새로운 문명의 형성으로 연결지을 수 없었다. 이에 따라서, 중세 세계관과 새로운 사회 구조 간의 충돌이 심화되고 세계관의 위기는 깊어 갔다.

현대 말 · 탈현대 초에 해당하는 현재의 문명 역시 심각한 세계관의 위기를 겪고 있다. 현대를 지배하고 있는 현대 세계관에 따르면, '욕망 충족적인 삶'과 '욕망 충족적인 사회'야말로, 이상적인 삶과 사회의 전형이다. 그러나 이런 현대 세계관으로는 환경 문제, 인간관계의 악화, 집단 간 갈등의 증대, 인간 소외의 심화 등과 같은 현재 사회가 직면하고 있는 사회 문제를 진단하고 해결해나갈 수 없다. 오히려 현대 세계관의 관점에서 발전을 추구하고 달성할수록, 현대 사회의 모순은 심화될 수

170) 김영한, 『르네상스의 유토피아 思想』(탐구당, 1983), p. 23 참조.

밖에 없는 구조적인 문제점을 현대 사회는 갖고 있다.

또한 21세기에 접어들면서, 사회 구조적으로 커다란 변화가 일어나고 있다. 자동화 신기술의 확산, 노동 시간의 급격한 축소와 여가 시간의 증대, 다문화 사회의 보편화, 노인 인구의 급속한 증가 등이 새로운 사회를 향한 구조적인 변화의 주요 양상들이다. 그러나 현대 세계관으로는 이런 새로운 사회 구조의 출현을 창조적으로 해석하고, 새로운 문명 발전으로 연결지을 수가 없다. 이에 따라서, 현대 세계관과 새로운 사회 구조 간의 충돌이 심화되고 세계관의 위기는 깊어가고 있다.

현대 초기와 탈현대 초기에 발생한 세계관의 위기에 대한 위의 논의를 표로 정리하면 다음과 같다.

〈표 2〉 현대 초 · 탈현대 초 세계관 위기의 양상

<table>
<tr><th colspan="2"></th><th>현대 초</th><th>탈현대 초</th></tr>
<tr><td rowspan="2">기존 세계관의 관점</td><td>이상적인 삶</td><td>신의 뜻에 충실한 삶</td><td>욕망 충족적인 삶</td></tr>
<tr><td>이상적인 사회</td><td>신의 뜻에 충실한 사회</td><td>욕망 충족적인 사회</td></tr>
<tr><td colspan="2">세계관의 위기 1: 기존 사회 문제에 성공적으로 대처하지 못함</td><td>중세 세계관으로는 빈곤, 자연재해, 부자유, 불평등, 불합리, 인간 소외, 전염병, 미신, 무지 등 중세 말 사회가 직면하고 있었던 사회 문제에 성공적으로 대처하지 못함</td><td>현대 세계관으로는 환경 문제, 인간관계의 악화, 집단 간 갈등의 증대, 인간 소외의 심화 등과 같은 현재 사회가 직면하고 있는 사회 문제에 성공적으로 대처하지 못함</td></tr>
<tr><td colspan="2">세계관의 위기 2: 새로운 사회 구조와 조응하여 새로운 문명 건설을 선도하지 못함</td><td>중세 세계관으로는 지리상의 발견, 과학혁명, 도시의 발달, 시민계급의 출현, 자본주의의 발달 등 새로운 사회를 향한 구조적인 격변에 창조적으로 조응하여 새로운 문명 건설을 선도하지 못함</td><td>현대 세계관으로는 신기술의 확산, 노동 시간의 축소, 여가 시간의 증대, 다문화사회의 보편화, 노인 인구의 급속한 증가 등 새로운 사회를 향한 구조적인 변화에 창조적으로 조응하여 새로운 문명 건설을 선도하지 못함</td></tr>
</table>

이와 같이, 세계관의 위기란 특정 세계관이 특정 시대의 맥락 속에서 더 이상 순조롭게 기능하지 않는 상황을 가리킨다. 과거 역사를 돌이켜 보면, 세계관의 위기는 언제나 새로운 세계관의 출현을 촉발시키는 원인이었다. 세계관이 위기에 처하면, 그 세계관에 기초하고 있는 학문도 위기에 처한다. 왜냐하면, 학문의 특정화된 목적과 궁극적인 목적 간의 괴리와 충돌 현상이 빚어지기 때문이다.

학문의 궁극적인 목적은 '인간다운 삶과 살기 좋은 사회 건설'에 기여하는 것이다. 이것은 변화하지 않는 학문의 목적이다. 그런데 '인간다운 삶과 살기 좋은 사회'의 의미는 세계관에 따라서 변화한다. 특정의 세계관에 입각하고 있는 특정 형태의 학문의 목적을 '학문의 특정화된 목적'이라고 명명했다.

세계관의 위기	'이상적인 삶과 문명'의 모습에 대한 세계관과 현실의 충돌
현대 초 세계관의 위기	중세 세계관이 제시하는 '신에 충실한 삶과 문명'과 현실이 요구하는 '욕망 충족적인 삶과 문명' 간의 충돌
탈현대 초 세계관의 위기	현대 세계관이 제시하는 '욕망 충족적인 삶과 문명'과 현실이 요구하는 '평화롭고 사랑이 넘치는 삶과 문명' 간의 충돌

⇨

학문의 위기	학문의 궁극적인 목적과 특정화된 목적 간의 충돌
현대 초 신학의 위기	'신에 충실한 삶과 문명' 건설에 기여하고자 하는 신학의 특정화된 목적과 '인간다운 삶과 문명' 건설에 기여하고자 하는 학문의 궁극적인 목적 간의 충돌
탈현대 초 과학의 위기	'욕망 충족적인 삶과 문명' 건설에 기여하고자 하는 과학의 특정화된 목적과 '인간다운 삶과 문명' 건설에 기여하고자 하는 학문의 궁극적인 목적 간의 충돌

〈그림 2〉 세계관의 위기와 학문의 위기

세계관이 안정된 시기에는 학문의 특정화된 목적과 궁극적인 목적이 일치한다. 그러나 세계관의 위기가 심화되면 학문의 특정화된 목적과 궁극적인 목적 간에는 괴리가 빚어진다. 그러므로 세계관의 위기는 필연적으로 학문의 위기를 초래하며, 학문의 자기 소외를 야기시킨다.

현 인류가 살고 있는 지금 이 시점은 세계관의 위기가 심각한 수준에 이르러 있다. 현대 세계관에 입각해서, 현 인류는 열심히 발전을 추구하고 달성하고 있다. 그러나 더욱 열심히 발전을 추구하고 달성할수록, 문명 위기는 더욱 심화되는 악순환의 고리를 벗어날 수 없다. 현대가 직면하고 있는 이런 세계관의 위기가 현대 학문 위기의 근원으로 작용하고 있는 것이다.

3. 탈현대 학문의 정체성

학문이란 앎에 대한 추구이며, 탈현대 학문은 통일체적 세계관의 바탕 위에서 앎을 추구한다. 현대 학문이 '모든 존재들 간의 근원적인 분리'를 전제하는 현대 세계관의 바탕 위에서 앎을 형성하고자 한다면, 탈현대 학문은 '모든 존재들 간의 근원적인 통일성'을 전제하는 통일체적 세계관의 바탕 위에서 앎을 형성하고자 한다. 통일체적 세계관에 기초해서 세계를 인식하고자 하는 탈현대 학문의 정체성은 어떤 것인가? 탈현대 학문의 특징을 앎의 목적, 앎의 의미, 앎의 방법이란 측면에서 논의하도록 하겠다.

3.1. 탈현대 학문에 있어서 앎의 목적

현대 학문관을 형성하는 데 크게 기여한 F. 베이컨(Francis Bacon, 1561-1626)은 지식과 도덕의 분리를 제창했고, 이것은 현대 학문의 특징이 되었다. '아는 것이 힘이다.'라는 널리 회자되는 말에는, '학문의 목적이 경험적인 관찰과 그에 따른 법칙 발견을 통해서 대상 세계에 대한 지배와 통제 능력을 증대시키는 데 있다.'는 생각이 내포되어 있다. 여기에서 '아는 것'이란 대상지(對象知)이며, '힘'이란 대상을 자신에게 유용한 형태로 변형하고 이용할 수 있는 힘이다. 주저인 『신기관(Novum Organum)』의 부제가 '자연의 해석과 인간의 자연 지배에 관한 잠언(Aphorisms on the Interpretation of Nature and the Empire of Man)'인 것을 보면 베이컨이 생각했던 학문의 목적이 무엇이었던가를 분명히 알 수 있다.

베이컨의 말과 같이, 과학으로 대변되는 현대 학문의 궁극적인 목적은 '욕망 충족의 확충'이다.[171] 욕망 충족의 확충을 위해서는 자연을 욕망 충족에 적합한 형태로 변형시켜야 하며, 이를 위해서는 자연이 작동하는 방식에 대한 체계적인 지식이 필요하다. 과학은 바로 이런 유형의 지식 생산을 목적으로 삼는다.

이에 반해서, 탈현대 학문의 궁극적인 목적은 '우주적인 존재로서의 모든 존재에 대한 자각과 이의 확충'이다. 부연하자면, 탈현대 학문은 모든 존재가 품고 있는 영원한 시간과 무한한 존재를 자각함으로써, 사랑과 평화의 세상인 탈현대 문명 건설에 기여하고자 한다.

현대 학문과 탈현대 학문은 모두 도구이지만, 그들이 봉사하고자 하

171) 오세근, 「유교 학문론·공부론의 탈근대학문 언어체계로의 적용 가능성에 관한 연구」, 『東洋社會思想』 13(東洋社會思想學會, 2006), p. 55 참조.

는 목적이 다르다. 현대 학문을 지배하고 있는 것은 인지적인 관심이다. 즉, 알고자 하는 욕망을 채우는 것이 학문 활동의 주된 동기이다. 이에 반해서, 탈현대 학문을 지배하고 있는 것은 해방적인 관심이다. 즉, 모든 존재에 내재해 있는 '참된 자기'를 해방시키고자 하는 것이 학문 활동의 주된 동기이다.

분야별로 본다면, 탈현대 학문은 인간학, 사회 관계학, 자연학으로 나눌 수 있다.

탈현대 학문의 인간학은 사랑의 눈으로 인간을 바라본다. 그래서 인간이 간직하고 있는 '존재의 아름다움'을 인식하고자 한다. 그리고 인간 소외와 소외의 원인, 소외 극복 방안 등을 연구한다. 또한 인간의 아름다움과 행복을 실현할 수 있는 방법, 즉, 우주적인 존재로서의 나에 대한 자각에 이를 수 있는 방법을 연구한다.

사회 관계학은 인간이 이루고 있는 사회를 사랑의 눈으로 바라본다. 여러 가지 사회 집단, 사회 관계, 사회 조직 등을 깊이 바라보고, 그 사회가 간직하고 있는 아름답고 경이로운 모습을 자각하고자 한다. 또한 사회 속에서, 인간의 '참된 자기'가 억압당하고 고통 받는 현실의 문제를 서술하고, 그 사회 구조적인 원인을 탐구하며, 인간 해방의 비전을 제시하고, 그 구체적인 실천 방안을 모색한다.

자연학은 사랑의 눈으로 자연을 바라본다. 자연과 하나가 되어, 자연이 간직하고 있는 아름답고 경이로운 모습을 자각하고자 한다. 또한 자연이 겪고 있는 고통을 느끼고, 그 원인과 해결 방안을 찾아내고자 한다.

3.2. 탈현대 학문에 있어서 앎의 의미

앎이란 무엇인가? 이 질문에 대한 대답은 세계관에 따라서 판이하게 달라진다. 현대 세계관에 바탕을 두고 있는 현대 학문에 있어서, 앎이란 대상적인 지식을 의미한다. 즉, 현대적인 앎이란 '인식하는 주체와 인식되는 객체가 분리되어 있다.'는 전제 위에서 이루어지는, 인식 주체에 의한 인식 객체에 대한 인식이다. 여기서, 연구자와 연구 대상은 근원적으로 분리된 존재이다. 이런 전제 위에서 연구자에 의한 연구 대상에 대한 연구 결과가 현대 학문에서 앎의 의미이다. 장자(莊子)의 표현을 빌린다면, 현대 학문이 추구하는 앎이란 '소지(小知)'이다.

현대 과학은 바로 이런 전제 위에 형성된 앎의 전형이다. 여기에서 앎이란 사랑이나 도덕 또는 종교와는 근본적으로 분리된 것이다. 연구자가 어떤 사람이건 무엇을 믿고 있건 그것은 앎의 내용에 영향을 미치지 않는다. 현대 지식론은 '모든 존재들 간의 근원적인 분리'를 전제하는 현대 세계관이 지배하는 가운데 형성된 특수한 형태의 앎에 대한 관점이다.

현대 학문 세계에서는 '관찰하는 주체와 관찰되는 객체의 이분법'을 하나의 관점이 아니라 사실로 간주하는 경향이 있다. 그렇지만 현대적인 관점은 바로 이런 관점을 출현시켰던 물리학의 영역에서 조차도 이미 그 부적합성이 입증되었다.[172] 원자나 아원자적 소립자와 같은 물질들은 관찰자와 떨어져서 독립된 실체로 존재하지 않는다. 물질은 관찰을 위한 준비와 측정의 과정에서 끊임없이 관찰자와 상호 작용을 하며, 양자 간의 상호 연결로서만 의미를 갖는다. 입자의 속성은 이런 과정들을 떠나서 정의될 수 없다. 만약 준비나 측정이 변경되면 그 입자의 성질들도 바뀌게 된다.[173]

---

172) F. Capra, 이성범 · 김용정 옮김, 『현대물리학과 동양사상』(범양사출판부, 1989), p. 150 참조.

173) F. Capra, 이성범 · 김용정 옮김, 『현대물리학과 동양사상』(범양사출판부, 1989), pp. 152-153 참조.

이에 반해서, 탈현대 학문에서 앎이란 깨달음과 지혜를 의미한다. 즉, 탈현대 학문에서 앎이란 '인식하는 주체와 인식되는 객체가 근원적으로 하나'라는 전제 위에 이루어지는 인식이다. 탈현대 학문에서 연구자와 연구 대상은 하나이다. 장자의 표현을 빌린다면, 탈현대 학문이 추구하는 앎은 '대지(大知)'이다.

예를 들면, 통일체적 세계관을 풍부하게 함유하고 있는 『주역(周易)』에서 앎을 의미하는 '지(知)'란 단어는 빈번하게 '지(智, 지혜)'의 의미로 사용된다. 『주역』, 「지택임괘(地澤臨卦)」의 육오(六五) 효사(爻辭)는 "지혜로 임함이니, 대군의 마땅함이니 길하다[知臨 大君之宜 吉]."인데, 여기에서 앎[知]이란 바로 지혜[智]를 가리킨다.

통일체적 세계관의 관점에서 보면, 연구자와 연구 대상 간의 분리를 전제로 형성된 대상적인 지식은 참된 앎을 가로막는 장애물에 불과한 것이다. 이것이 도가와 불가의 많은 사상가들이 주체와 객체의 분리를 전제하고 형성된 대상적인 지식을 깨달음에 이르는 데 있어서 장애물로 간주했던 근본적인 이유이다.

틱낫한은 이렇게 말했다.

> 불교에서는 지식을 버리라고 말한다. 우리는 무엇인가를 좀 알면 종종 그 지식에 매달리게 된다. 이를 버릴 준비가 되지 않아 그것이 결국 수행 길을 가로막는 장애가 된다. 불교에서는 지식을 장애로 보고 있다. … '장애로서의 지식'을 범어로 즈네야바라나(jneyavarana)라고 한다.[174]

O. 라즈니쉬(Osho Rajneech)는 『도마복음강의』에서 인간 존재의 세 가지 층을 제시했는데, 이는 학문의 세 가지 유형과 상응 관계를 갖고

174) N. H. Thich, 오강남 옮김, 『귀향』(모색, 2001), p. 72.

있다. 세 가지 층은 대상적 세계의 층, 마음의 층, 종교의 세계인데, 각각의 층이 가리키는 바는 다음과 같다. 대상적 세계의 층은 시각, 청각, 촉각, 후각, 미각 등 감각에 의해서 인지되는 세계이다. 마음의 층은 생각, 감정, 사랑, 분노, 느낌들의 세계를 가리킨다. 종교의 세계는 주시[witness]의 세계이다.[175)]

각각의 존재의 층은 특정의 앎의 유형과 상응한다. 대상적 세계의 층에 대해 대상적인 지식을 형성하고자 하는 것이 과학이다. 마음의 층에 대한 앎을 형성하고자 하는 것은 철학과 문학, 예술을 포함한 인문학이다. 주시의 세계에서 말하는 주시에 의해 얻어지는 앎이 탈현대 학문이다.

3.3. 탈현대 학문에 있어서 앎의 방법

과학으로 대변되는 현대 학문이 앎을 얻는 것은 객체로서의 대상 세계에 대한 인식을 통해서이다. 연구 대상과 분리되어 있는 자아가 연구 대상을 밖으로부터 관찰함을 통해서 과학적인 앎이 얻어진다.

탈현대 학문은 연구하는 대상과 하나 됨을 통해서 앎을 얻는다. 관찰의 주체는 세계와 하나인 '참된 나'이다. 연구 대상과 하나인 '참된 나'가 연구 대상을 안으로부터 관찰함을 통해서 탈현대 학문에서의 앎이 얻어진다.

탈현대 학문의 경우, 참된 이해는 오직 이해하고자 하는 대상과의 하나 됨을 통해서만 얻어질 수 있다. 틱낫한은 다음과 같이 말했다.

> 다른 사람을 올바르게 이해하기 위해서는 그 사람과 하나가 되어야

---

175) O. Rajneesh, 박노근 옮김, 『도마복음강의』(도서출판 예문, 1997), pp. 154-155 참조.

> 한다. 우리 스스로를 대상으로부터 분리된 존재로 보는 한 진정한 이해는 불가능하다.[176]

예를 들어서, 학자들이 봄에 핀 꽃 한 송이를 연구한다고 가정하자. 자연 과학자의 일차적인 관심은 꽃이 갖고 있는 특성, 예를 들자면 색깔, 모양, 화학적 성분, 냄새, 개화 시기 등에 대한 것이다. 또한 자연 과학자는 꽃이 피는 원인과 과정을 연구할 것이고, 꽃의 효용에 대해서도 연구할 것이다.

이에 반해서, 탈현대 학문을 연구하는 자연학자는 통일체적 세계관의 관점에서 꽃을 바라본다. 꽃을 통해서 나를 보며 우주를 바라본다. 꽃이 느끼는 기쁨과 슬픔, 쾌락과 고통과 같은 꽃의 마음을 이해하고자 한다. 그는 꽃을 깊이 사랑하며, 꽃과 하나가 되어 안으로부터 꽃을 느끼고 바라본다.

탈현대 학문에서 말하는 참된 앎은 사랑의 눈을 통해서만 얻어질 수 있는 것이다. 다시 말하자면, 탈현대 학문에서 훌륭한 학자의 주요 조건은 사랑할 수 있는 능력이다. 사랑할 수 있는 능력은 수행(修行)을 통해서만 증진된다. 그러므로 탈현대 학문에서는 더 이상 현대 학문의 대전제가 되고 있는 '앎과 수행의 분리'라는 도식을 받아들이지 않는다.

탈현대 학문이 제시하는 연구 방법론의 특징은 연구 주체가 연구 대상과 하나가 되어서 앎을 형성하는 방법이다. 연구자는 더 이상 연구 대상과 분리된 존재가 아니다. 그는 연구 대상을 안으로부터 바라보면서 새로운 형태의 앎을 축적해 간다. 통일체적 관점에서 볼 때, 연구자가 자신이 연구하고자 하는 대상과 하나가 되었을 때만 비로소 연구 대

---

176) N. H. Thich, 허문명 옮김, 『죽음도 없이 두려움도 없이』(나무심는 사람, 2003), p. 66.

상에 대한 진정한 이해가 이루어질 수 있다. 여기에서 이해와 사랑은 하나가 된다.

연구 대상과 하나가 되어 바라본다는 것은 연구 대상을 바깥에서 하나의 객체로 관찰하는 것이 아니라, 그들과 하나가 되어 안으로부터 바라보는 것을 뜻한다. 이와 같이, 대상과 하나가 되어 그들을 안으로부터 바라본다면, 대상의 가장 깊은 곳에 자리 잡고 있는 대상의 참된 모습에 대한 이해에 도달할 수 있다. 이렇게 되었을 때, 주체와 객체의 분리를 전제하고 이루어진 대상에 대한 피상적인 인식은 사라진다. 그러므로 탈현대 학문에서 대상에 대한 참된 이해는 그들에 대해 우리가 갖고 있는 왜곡되고 일면적인 지식을 버리는 것에서부터 시작해야 한다.

탈현대 학문에서 현실의 가장 깊은 층에 대한 이해는 연구자가 자신의 사사로운 욕망에 이끌리지 않을 때만 가능하다. 불교나 정신분석학은 우리들이 욕망에 사로잡히면, 현실의 상이 왜곡되어 망상이 형성된다고 말한다. 참된 이해에 이르기 위해서는 욕망에 의해 왜곡된 망상의 세계를 벗어나야 한다.

탈현대 학문은 주체와 객체의 분리라는 이원적 세계관의 전제 위에서 형성된 망상의 세계를 걷어내고, 모든 것이 하나라는 통일체적 세계관의 바탕 위에서 여태까지 숨겨져 왔던 세계의 깊고 진정한 모습을 드러낼 것이다.

Chapter

Ⅳ

동양 사상과 탈현대 여가관

지난 수천 년 간의 노동을 통해,
오늘날 인류는 '노동 없는 사회'에
급속히 다가서고 있다.

F. 엥겔스(Friedrich Engels, 1820-1895)는 『반뒤링론』에서 헤겔의 변증법적 운동 법칙의 한 가지로 "양적인 변화가 일정한 점에 도달하면 돌연히 질적 전화가 일어난다."[177]는 것을 설명했다. 여가 중심적인 사회의 출현 과정이 바로 이와 같다. 인류는 지난 수천 년간의 노동을 통해 '노동 없는 사회'에 급속히 다가서고 있다. 여가 시간은 빠른 속도로 늘어나고 있으며, 대중적인 차원에서 인류는 처음으로 여가 중심적인 삶을 향유할 수 있게 되었다.

노동 시간은 급격히 감소하고 있고, 이에 비례해서 여가 시간은 급속히 증가하고 있다. 생산 노동은 점점 삶의 주변으로 밀려나고, 여가가 삶의 중심의 자리를 차지해 가고 있다. 과거의 삶에서 여가가 삽화적인 것에 불과했다면, 미래의 삶에서는 노동이 삽화적인 것으로 변모하게 될 것이다.

이에 따라서, 여가가 삶의 중심을 차지하는 '새로운 삶의 양식에 인류가 어떻게 대응할 것인가?' 하는 것이 참으로 중대한 문제가 되었다. 하지만, 현대는 낡은 세계관에 얽매여서, 새로운 시대의 변화에 창조적으로 응전하지 못하고 있다. 이 장에서는 통일체적 세계관의 기반 위에서 미래의 사회 구조와 조응할 수 있는 새로운 여가관을 모색해 보고자 한다.

177) F. Engels, 한철 옮김, 『반뒤링론』(이성과현실, 1989), p. 172.

1. 여가의 증대와 현대 여가의 특징

여가의 측면에서 보면, 인류 역사는 여가 시간 증대의 역사이다. 기술 발달과 더불어 여가 시간은 꾸준히 증가해왔다. 그런데 현대에 들어 여가 시간의 폭발적인 증대가 두 차례 일어났다. 하나는 기계력이 인간의 근력을 대체하면서 일어났고, 다른 하나는 현재 일어나고 있는 변화로 인공 지능의 도입이 인간의 지력을 대체하면서 일어났다. 이에 따라서, 여가 시간은 폭발적으로 증가해서, 여가 중심적인 삶의 양식이 성큼 우리 곁으로 다가왔다. 여기에서는 현대 사회에서 여가의 증대와 현대인의 여가 사용의 특징을 살펴보고자 한다.

1.1. 여가 시간의 증대

현대 사회에 접어들어, 삶에서 여가 시간이 차지하는 비중이 급속히 늘어나고 있다. 여가 시간 증대의 중요한 요인은 두 가지이다. 한 가지는 자동화이고, 다른 한 가지는 평균 수명 증가이다. T. 모어(Thomas More, 1478~1535)는 '하루에 6시간만 노동하면 되는 사회'를 유토피아 사회의 한 가지 특징으로 제시했다.[178] 노동자들이 하루 6시간만 일하면 되는 사회란 그 당시로서는 꿈과 같은 이야기였다. 하지만 지금 우리는 평균적으로 하루 6시간을 일하지 않으면서도 과거에는 상상하기조차 힘들었을 물질적인 풍요를 누리고 있다. 더군다나 계속되는 기술 혁신의 결과로 노동 시간은 지금도 줄어들고 있다.

---

178) T. More, 황문수 옮김, 『유토피아』(범우사, 2005), p. 95 참조.

최근 생산과 사무 자동화가 급진적으로 진행되면서, 생산력과 여가 시간의 증대가 동시에 일어나고 있다. 전현대 사회에서 여가란 오직 소수 귀족들의 전유물이었다. 대다수 평민들은 어려서부터 나이 들어 수족을 움직일 수 없을 때까지 노동으로 삶의 대부분을 보내야만 했다.

그러나 19세기에 발발한 산업 혁명의 영향으로 기계화가 본격적으로 이루어지면서, 대중의 여가 시간이 크게 증가했다. 기계화는 인간의 근력을 기계력으로 대체했고, 이로 인해 육체 노동력에 대한 수요는 크게 감소했다. 이것은 생산력과 여가 시간의 동시적인 증가를 초래했다.

20세기 후반 이후 컴퓨터의 보급을 중심으로 인공 지능 이용이 급속히 확대되면서, 인간의 두뇌 노동에 대한 사회적인 수요가 급진적으로 감소하고 있다. 자동화는 공장과 같은 이차 산업 영역뿐만 아니라 은행과 같은 서비스업이나 농업과 같은 일차 산업 등 모든 산업 영역으로 확대되고 있고, 가사 노동에도 파급되고 있다. 자동화가 사회 전 영역으로 빠르게 확산됨에 따라, 여가 시간은 빠르게 증가하고 있다. 머지않은 장래에 노동은 인간의 삶에 있어서 삽화적인 것으로 변모하고, 여가가 삶의 중심을 차지하게 될 것이다.

1994년 J. 리프킨(Jeremy Rifkin)은 『노동의 종말』이라는 의미심장한 제목의 책을 발간하였다. 리프킨은 이 책에서 최근의 기술 변동이 생산 현장에서 인간 노동력에 대한 필요를 급진적으로 감소시키고 있음을 설득력 있게 주장하고 있다.[179] 과거 산업 혁명이 인간의 근력(筋力)을 기계력으로 대치시켰다면, 지금의 신기술 혁명은 인간의 지력(知力)을 인공 지능으로 대체시킴으로써, '노동 없는 세계'라는 새로운 사회의 출현을 예고하고 있다.[180]

179) J. Rifkin, 이영호 옮김, 『노동의 종말』(민음사, 1996), pp. 21~33 참조.
180) 홍승표, 『깨달음의 사회학』(예문서원, 2002), p. 204 참조.

이에 따라, 한 사람이 일생 중 생산 노동에 참여하는 시간은 현저하게 줄어들었다. 세계적인 차원에서 총생산은 빠른 속도로 증가하고 있지만 실업률도 높아지고 있다. 더군다나 생산력이 높은 국가일수록 실업률도 높다. 특히 청년 실업률이 크게 높아져 이들 국가의 심각한 사회 문제가 되고 있다. 최근 한국 사회에서도 청년 실업이 심각한 사회 문제로 부상하고 있다.

청년 실업의 증대, 실업률 증가, 명예 퇴직의 증가, 비정규직 노동의 증가 등의 문제가 자동화가 많이 이루어진 국가들에서 더 심각한 현상임을 주목할 필요가 있다. 이들 국가는 소득 수준이 낮은 국가보다 더 많은 것을 생산하지만 더 적은 노동력을 필요로 한다. 더군다나 이들 고소득 국가들이 일자리 창출을 위해 필사적이라는 점을 감안하면, 노동력에 대한 수요 감소가 얼마나 강력한 추세인가를 알 수 있다.

한국 사회는 지난 수십 년간 고도 성장을 구가했다. 과거 같으면 경제 성장은 일자리 증가를 수반했다. 하지만 최근 들어 경제 성장은 지속되고 있지만 일자리는 증가하지 않는다. 더군다나 노동자의 주당 근로 시간이 가파르게 감소하고, 전체 직업에서 비정규직이 차지하는 비중이 급속히 증가하는 점을 감안하면, 경제 성장과 전체 노동 시간의 감소가 함께 진행되고 있음을 알 수 있다.

바로 이런 이유로, 많은 사람들이 대학 졸업 이후에야 노동 시장에 진입하며, 퇴직 이후 긴 시간을 생산 노동에 참여하지 않고 지낸다. 노동자의 일일 노동 시간이나 일 년 중의 노동 일수 등이 모두 감소하고 있다. 또한 전반적으로 정년 퇴직의 시기가 앞당겨지고 있을 뿐만 아니라 명예 퇴직이나 정리 해고 등으로 노동 시장에의 참여 기간이 줄어들고 있다. 청년 실업도 급속히 증가하고, 시간제 근로와 임시직과 같은 비정규직이 많아지고 있다.[181)]

다시 말하자면, 노동 시장에의 진입 시점은 늦어지고, 노동 시장에서의 퇴출 시점은 앞당겨지며, 노동 시장에서 활동하고 있는 동안에도 근무 시간의 단축이나 비정규직의 증가 등으로 노동하는 시간은 많이 줄어들고 있다. 더군다나 평균 수명이 빠른 속도로 증가하고 있는 점을 감안하면, 노동은 이미 현대인의 삶의 중심에서 벗어나고 있다고 해도 과언이 아니다.

요약하면, 노동 시간은 감소하고 있고, 이에 비례해서 여가 시간은 증가하고 있다. 빠른 속도로 여가가 새로운 삶의 중심을 차지해가고 있다. 과거의 삶에서 여가가 삽화적인 것에 불과했다면, 미래의 삶에서는 노동이 삽화적인 것으로 변모하게 될 것이다.

'여가 중심적인 삶의 양식'을 보편화시키는 또 다른 중요한 요인은 평균 수명 증대이다. 현대 사회에 접어들어, 인류의 평균 수명은 가파르게 증가하고 있다. 〈표 3〉에 나타나듯이, 원시인들의 유골 분석을 통해 추정한 평균 수명은 13세~14.7세 정도이다. 그 후 인류의 평균 수명은 지속적으로 증가해왔다. 현대에 이르러, 1955년 전 세계 평균 기대 수명은 52.4세, 한국인의 평균 기대 수명은 55.2세였다.[182] 특히 2010년 전 세계 평균 기대 수명은 67.6세이며, 한국인의 평균 기대 수명은 79.4세로 증가했다.

---

181) 홍승표, 『깨달음의 사회학』(예문서원, 2002), pp. 204~205 참조.

182) UN「http://esa.un.org/unpp」 2010. 7

〈표 3〉 원시 시대 이후의 평균 수명 추이

시 대	대상 인구 집단	평균 수명	
		남	녀
전기 구석기 시대(약 50만년전)	북경원인	13.0	
후기 구석기 시대(약 10만년전)	네안데르탈인	14.6	
신석기 시대(약 1만년전)	크로마뇽인	14.7	
3500~1150 B. C.	고대 희랍인	17.1	14.3
1200~150 B. C.	고대 희랍인	18.3	15.3
'로마' 제국 시대	로마인	16.4	14.3
17세기	런던 시민	18.2	
1722~1724	Breslaw 시민	23.7	
1751~1790	스웨덴	33.72	36.64
1841~1845	스웨덴	41.94	46.60
1900~1902	미국(백인)	47.88	50.70
1900	일본	36.72	37.49
1905, 1910	한국	22.62	24.44
1980	스웨덴	72.8	79.0
1980	한국	62.71	69.11
1982	일본	74.2	79.7

자료: 김정근, 「우리나라 평균 수명의 과거와 현재와 미래」, 『한국인구학』 7(1)(한국인구학회, 1984), p 129 인용.

한국인의 평균 수명 증가 추이는 앞으로도 계속될 것으로 예측되고 있다. 그 구체적인 수치를 살펴보면, 다음과 같다. 2008년 통계청에서 발표한 「생명표」에 의하면, 2020년 81.5세, 2030년 83.1세, 2050년 86.0세로 기대 수명을 예측하고 있다.

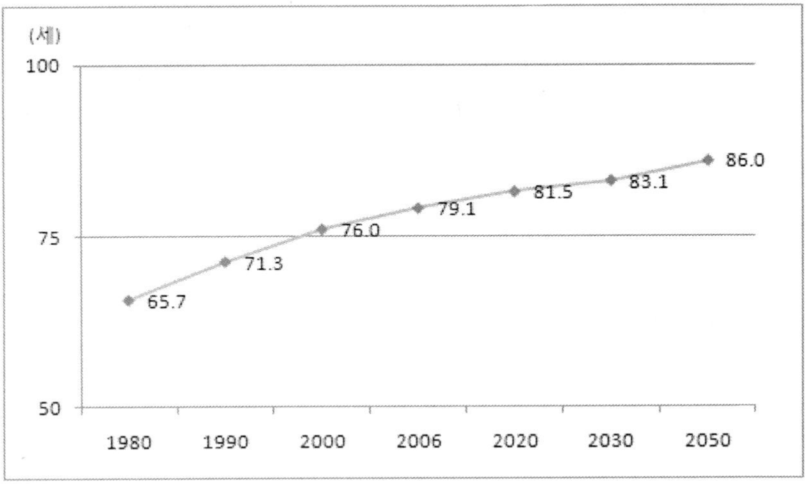

자료: 통계청, 2008년 생명표.

〈그림 3〉 1980년 이후 한국인의 평균 수명 추이

평균 수명 증가의 가장 중요한 요인은 두 가지이다. 한 가지는 의료 기술의 발달이고, 다른 한 가지는 영양 상태의 개선이다. 의료 기술의 발달에 따라, 과거 많은 사람을 죽음으로 몰아갔던 전염병들이 퇴치되었고, 많은 질병이 치료 가능해졌으며, 위생 상태가 개선되는 등, 평균 수명 증가에 중요한 요인이 되었다. 또 다른 한편으로는 영양 상태의 현저한 개선이 이루어졌다. 전현대 사회에서 기근이 발생하면 많은 사람들이 굶어 죽었고, 영양실조로 인해 일찍 사망하는 사람이 많았다. 농업 혁명과 영양학의 발전 등의 영향으로, 인류의 전반적인 영양 상태가 크게 개선되었으며, 이는 평균 수명 증가의 주요 원인으로 작용했다. 더군다나 최근 바이오테크놀로지의 발전 등에 힘입어 불치병이 현저히 줄어들고 있어서, 평균 수명 증가 추이는 앞으로도 계속될 것으로 보인다.

평균 수명의 증가로 인해, 각 국가별 노령화 지수[183]는 급속히 올라가고 있다. 2010년 한국의 노령화 지수는 67.7에 이르렀고, 일본의 경우 171.1에 달했다. 서구 국가들의 경우, 전반적으로 높은 노령화 지수를 보이고 있다. 예를 들면, 2010년 독일의 노령화 지수는 153.3이고, 프랑스는 92.3이며, 영국은 95.5이다.

이와 같이, 범세계적으로 평균 수명이 가파르게 증가하고 있고, 많은 사회가 노령화 사회에 진입했으며, 노령 사회에 도달한 곳도 많다. 그리고 이런 추세는 앞으로 계속될 것이다. 평균 수명의 증가는 노인으로 보내는 기간이 증가함을 의미하고, 이는 전체 삶에서 여가 시간이 늘어나는 것을 뜻한다.

생산 자동화와 평균 수명 증가로 인해, '여가 시간이 삶의 중심'을 차지하는 새로운 삶의 양식이 빠른 속도로 확산되고 있다. 여가가 삶의 중심을 차지하는 삶의 양식은 전통 사회에서 소수의 지배 계급만이 누릴 수 있는 삶의 양식이었다. 이제 보통 사람들이 여가 중심의 삶을 살아갈 수 있는 새로운 시대가 열리고 있다. 이에 따라서, '여가 시간을 어떻게 보내는가?' 하는 것이 삶과 문명에 있어서 참으로 중대한 문제가 되었다.

---

183) 노령화 지수란 유소년층 인구[0-14세]에 대한 노년층 인구[65세 이상]의 비율로서 인구의 노령화 정도를 나타내는 지표이다. 노령화 지수가 높아진다는 것은 장래에 생산 연령에 유입되는 인구에 비하여 부양해야 할 노년 인구가 상대적으로 많아진다는 것을 의미한다. 우리나라의 노령화 지수는 1970년의 7.2%에서 1995년의 24.5%, 2000년 32.9%로 급격한 증가를 보였으며, 2020년까지는 77.9%에 이를 것으로 보인다.

1.2. 현대인의 여가 생활의 특징

현대 여가의 특징은 무엇인가? 한 마디로 말하자면, 현대 여가란 '에고의 여가'이다. 즉, 현대 여가란 분리된 자아로서의 에고가 자신을 더 크고 더 높게 하기 위한 시간 사용이다. 현대 여가의 세계관적인 기초는 무엇인가? 그것은 인간을 시공간적으로 자신을 둘러싼 세계로부터 단절된 개체로 인식하는 현대 인간관이다. 현대 인간관의 관점에서 본다면, 인간이란 우연하게 생겨난 유한하고 무의미한 존재이다. 바로 이런 현대 인간관의 필연적인 결과가 현대적인 삶이다. 현대적인 삶이란 자기 존재의 우연성, 유한성, 무의미성을 벗어나기 위한 몸부림으로서의 삶이다.

현대 여가의 정체성은 바로 위에서 설명한 현대적인 삶의 본질로부터 결정된다. 현대 노동과 마찬가지로 현대 여가 역시 결국은 자아 확장 투쟁으로서의 현대인의 삶의 일부이다. 결국 현대적인 의미에서 여가 시간을 잘 보낸다는 것은, 첫째, 에고를 더 크게 느낄 수 있는 방향으로 여가 시간을 사용하는 것이고, 둘째, 에고가 쾌락을 느낄 수 있는 방식으로 여가 시간을 사용하는 것이다.

에고를 더 크게 느낄 수 있는 방향으로 또는 에고가 쾌락을 느낄 수 있는 방식으로의 여가 사용은 다양한 형태로 나타난다. 그 한 가지는 더 큰 집, 더 비싼 차, 명품 옷이나 가방, 비싼 음악회, 고비용의 운동, 호화로운 외국 여행 등과 같은 과시적인 소비로 여가 시간을 사용하는 것이다. 이런 과시적인 소비로서의 여가 시간 사용은 의미 부재로 고통받고 있는 에고에게 자신의 존재 의미를 확인시켜주는 역할을 한다.

고상한 취미 활동도 에고를 더 크게 만들기 위한 여가 활동의 한 가지 형태이다. 서예, 꽃꽂이, 합창, 화초 가꾸기, 다도, 그림 그리기 등이 여기에 해당한다. 이런 여가 활동을 통해 현대인은 범속한 사람들과는 구분되는 '고상한 나'라고 하는 에고를 구축함으로써 에고를 높이고자 한다.

다양한 형태의 교양 쌓기도 에고를 높이기 위한 여가 활동의 일환이다. 독서, 역사나 철학 공부, 고전음악이나 회화 감상, 문화재에 대한 식견 기르기, 야생초에 대한 관심 등이 여기에 해당한다. 이런 여가 활동을 통해 현대인은 '교양 있는 나'라고 하는 에고를 만들어가고자 한다.

성적인 쾌락을 얻기 위한 다양한 시간 보내기도 에고가 주인이 된 여가 활동의 한 형태이다. 음란 사이트에 탐닉하는 것, 음란 채팅, 혼외정사, 음란 영화나 비디오를 즐기는 것 등과 같은 활동이 여기에 해당한다. 이런 여가 활동을 통해 현대인은 육감적인 쾌락을 얻고자 한다.

승리에 대한 추구는 에고 확장을 위한 여가 활동의 한 형태이다. 이것은 프로 스포츠에 대한 열광, 경제 전쟁, 지역 갈등 등 다양한 형태로 표출된다. 축구, 야구, 농구, 골프, 배구 등과 같은 프로 스포츠에 대한 현대인의 열광은 경쟁에서의 승리를 통해 만족을 얻고자 하는 현대인의 사회 심리를 잘 드러낸다. 많은 현대인은 특정 프로 구단이나 특정 선수와의 동일시를 통해 자신의 에고를 확장하고자 한다.

많은 젊은이들이 탐닉하는 컴퓨터 게임이나 인터넷 쇼핑 등도 원리적으로 보면 여타의 현대 여가 활동과 동일한 기초를 갖고 있다. 이들은 승리나 구매의 쾌감을 추구한다. 승리나 구매의 쾌감은 현대인이 자신의 에고를 더 큰 것으로 느끼기 위한 유력한 방편의 하나이다.

많은 현대인이 열중하고 있는 건강을 위한 운동도 같은 맥락에서 설명할 수 있다. 헬스, 요가, 산책, 수영, 골프, 족구, 등산, 달리기 등 다양한 형태의 운동이 이에 해당한다. 현대인은 이런 운동을 통해서 건강한 장수를 추구한다. 이때, 건강한 장수란 에고의 지속을 의미한다.

아마도 현대인의 여가 시간 보내기 중에서 가장 많은 시간을 차지하고 있는 것은 TV 시청일 것이다. 특히 여가 시간은 많지만 경제력이 없는 가난한 노인들은 많은 시간을 TV 시청으로 보낸다. 이것은 소위 말하는 '시간 때우기' 또는 '시간 죽이기'로서의 여가 활동이다. 이런 유형의 여가 활동에는 자신에게 주어진 자유로운 시간을 부담스럽게 느끼는 현대인의 마음 상태가 잘 드러난다.

2. 현대 여가관 비판

오늘날 대중이 여가를 향유할 수 있게 된 것은 수천 년에 걸친 인류의 고역의 결과이다. 그러나 현대인은 이렇게 어렵게 획득한 여가를 남용·오용하고 있으며, 많은 이들은 여가를 부담스럽게 여기고 이를 회피하고자 한다. 한 마디로 현대인의 여가 생활은 소외되어 있다. 여기에서는 현대 여가 소외의 세계관적인 근원을 밝히고, 여가 소외의 양상을 살펴보고자 한다.

2.1. 현대 세계관과 여가의 소외

여가 중심적인 삶의 양식이 급속히 확산되면서, '이런 새로운 삶의 양식에 인류가 어떻게 대응할 것인가?' 하는 것은 참으로 중대한 문제가 되었다. 앞으로 우리들이, '개인적으로 행복한 삶을 살 것인가?' 또 '문명의 차원에서 아름다운 미래 사회를 건설할 수 있을 것인가?' 하는 문제는 '증가하는 여가를 어떤 식으로 사용하는가?'에 달려있다고 해도 과언이 아니다.

하지만, '지금 인류가 증가하는 여가를 창조적으로 사용하고 있는가?' 라는 질문에 대한 대답은 지극히 부정적이다. 여가 시간이 늘어나는 속도에 비해, 이를 창조적으로 사용할 수 있는 능력 발달은 미미한 실정이다. 주어진 시간을 창조적으로 사용하기 위해서는 특별한 능력이 필요하다. 이런 능력이 계발되지 않았을 때, 시간은 단지 삶의 짐이며 고통일 따름이다. 오늘날 퇴직 후 노인들이 갖고 있는 많은 여가 시간이 그들에게 무엇을 의미하는가를 살펴보면, 현대인에게 주어진 여가 시간의 의미를 알 수 있다.

왜 현대인에게는 여가 시간을 창조적으로 사용할 수 있는 능력 계발이 지체되었을까? 가장 근본적인 요인으로 현대 세계관의 영향을 들 수 있다. 현대 세계관은 수백 년 전부터 현재에 이르기까지 인류 의식을 지배해 왔다. 현대 세계관의 관점에서 보았을 때, 인간이란 어떤 존재인가? 인간은 세계와 근원적으로 분리된 고립적인 개체이며, 욕망의 주체이다. 이런 현대인에게 있어서 삶의 의미는 무엇인가? 그것은 욕망 충족의 대상물을 생산하고, 소비하는 활동이다. 이것이 왜 생산 활동과 소비 활동이 현대인의 삶의 중심을 차지하고 있는가에 대한 이유이다.

이런 관점에서 보면, 인간다운 인간이란 더 높은 생산력을 갖고 있고, 더 많은 것을 소비하는 사람이다. 노동이란 자연을 인간의 욕망 충족에 적합한 형태로 변형시켜나가는 활동이기에, 현대 사회에서 노동의 의미는 더없이 고양되었다. 현대 사회에서 사람들이 일터를 구하지 못했을 때 또는 일터를 상실했을 때, 커다란 고통을 느끼는 이유가 바로 이것이다. 그들이 겪는 고통에는 경제적인 수입의 문제만이 아니라 '쓸모없는 존재가 되어버렸다'고 하는 인간다움의 상실이 중요한 요소로 자리 잡고 있다.

바로 이런 까닭으로, 현대인은 여가를 창조적으로 보내지 못할 뿐만 아니라 여가의 증가 자체를 음울한 시선으로 바라본다. 청년 실업을 겪고 있는 사람들은 물론이려니와 정년 퇴직을 하고 난 사람들마저도 직장 상실에 우울해하는 모습을 많이 볼 수 있다. 이것은 자신의 직업을 자신과 동일시하기 때문에 생겨나는 현상이다. 많은 현대인들에게 직장 상실은 자신의 존재 의미의 상실을 뜻한다.

이와 같이, 현대 노동관은 우리들의 의식 세계에 깊은 뿌리를 내리고 있다. '열심히 일해서 소득을 많이 올리는 것이야말로 인간다운 삶을 살아가는 것'이라고 하는 비합리적이고 비현실적인 현대 행복관이 우리를 지배하고 있다. 이런 사고방식을 받아들였을 때, 여가 시간의 증대란 인간다운 삶의 기회의 축소를 의미할 뿐이다. 현대 노동관은 급속히 증가하고 있는 여가 시간을 창조적으로 사용하는 것을 불가능하게 하는 근본적인 요인이다.

노동이 이렇듯 궁극적인 것으로 떠받들려지는 현대 사회에서 여가란 무엇인가? 현대 사회에서 여가란 격이 떨어지는 것이다. 현대 사회에서는 노동하지 않고 여가만을 즐기고자하는 사람을 사회의 기생충과 같은 존재로 여긴다. 현대 사회에서 여가가 목적적인 의미를 가질 수 있는 것은 오직 노동에 의해 생산된 욕망 충족 대상물을 소비하는 활동으로서 이다.

바로 이와 같은 이유에서, 현대 사회에서 여가가 가질 수 있는 의미는 지극히 한정된다. 여가는 노동을 위한 재충전의 시간으로서의 수단적인 의미와 욕망 충족적인 활동으로서의 목적적인 의미를 가질 수 있을 따름이다. 인간을 욕망 주체로 한정시켰을 때, 여가는 위의 두 가지 의미를 벗어날 수 없다. 이에 따라서, 여가 중심의 새로운 사회로 나아가는 지금, 현대인의 여가 생활은 전면적으로 소외된 활동이 되어버렸다.

현대인의 여가 생활을 돌아보면, 단순한 오락이나 소비 활동으로 여가 시간을 보내는 경우가 대부분이다. 이런 여가의 오용은 개인적으로는 삶의 불행을, 문명의 차원에서는 문명의 파탄을 초래할 심각한 문제이다.

인류가 오락과 소비 활동으로서의 여가 생활을 계속하게 된다면, 우리는 더 많은 것들을 생산해야만 한다. 이것은 지구 생태계가 감당할 수 없는 일이다. 또한 우리들이 생산과 소비에 몰두하는 삶을 살아가는 동안, 인간은 추악하고 불행한 존재로 전락해 버릴 것이다. 희소 자원을 차지하기 위한 쟁탈은 심화되고, 그 결과 모든 사회관계는 더욱 악화될 것이다. 더 많은 생산과 소비가 치러야 하는 대가가 이토록 혹독한 대신에, 이를 통해서 우리가 얻을 수 있는 것은 무엇인가? 그것은 '지금보다 조금 더 편리함'일 따름이다.

그렇다면 현 인류는 왜 이런 어리석은 삶의 방식을 청산하지 못하는가? 그 이유는 현대인이 현대 세계관에 고착되어 있기 때문이다. 현대 세계관의 관점에서 보았을 때, 인간이란 욕망의 만족을 추구하는 욕망의 주체이다. 욕망의 주체로서 인간을 전제하였을 때, 더 나은 삶과 문명이란 욕망 충족적인 삶과 문명을 의미하게 된다. 그리하여 현 인류는 더욱 더 욕망 충족적인 삶과 문명의 건설을 향한 맹목적인 돌진을 계속하고 있고, 여가 생활 역시 욕망 충족적인 활동으로서의 여가 생활이 지배하고 있는 것이다.

마르크스는 그의 시대 속에서 소외된 노동을 말했다. 하지만, 이 책에서는 현 시대 속에서 소외된 여가를 말하고자 한다. 현대인의 여가 생활은 지극히 소외되어 있으며, 이는 우리의 삶을 황폐화시키고, 문명을 위험으로 몰아넣는 근원이 되고 있다.

2.2. 현대 사회에서 여가의 소외

동양 사상의 관점에서 보면, 현대인의 여가 생활은 전반적으로 소외되어 있다. 필자는 현대 여가 생활을 다음과 같이 세 가지 유형으로 분류했다.[184] 첫째, 소비 활동으로서의 여가 생활이다. 여기에는 쇼핑, 외식, 텔레비전 시청, 영화 관람, 전자오락, 신문 구독, 스포츠 관람, 음주와 가무, 도박, 여행 등이 포함된다. 둘째, 노동 재충전의 시간으로서의 여가 생활이다. 여기에는 낮잠, 운동, 여행, 텔레비전 시청 등이 포함된다. 셋째, 자기 계발 활동으로서의 여가 생활이다. 여기에는 직업과 무관한 여러 가지 교습 활동, 음악 감상, 독서, 글쓰기, 스포츠 활동, 댄스, 공예, 그림 그리기, 원예 등이 포함된다.

현대인의 여가 활동의 형태는 표면적으로는 다양한 형태를 취하고 있지만 근본적인 측면에서 보면 동일한 것이다. 현대인의 여가 활동은 '분리된 자아로서의 에고가 나'라고 하는 자기 인식에 기초하고 있다. 바로 이런 까닭으로 현대인의 모든 여가 활동에는 에고를 더 높이고 크게 만들고자 하는, 또는 에고의 쾌락을 확장하고자 하는 동기가 그 밑바탕에 깔려 있다.

통일체적 인간관의 관점에서 볼 때, 모든 현대 여가 활동은 소외된 것이다. 이것은 마르크스가 갖고 있었던 진정한 노동관에 비추어보았을 때, 19세기 자본주의 체제 아래서의 모든 산업 노동이 소외된 것임과 같은 이치이다. 인류는 수천 년의 노고를 기울여서 마침내 '대중적인

184) 홍승표, 「수행과 낙도로서의 여가」, 홍승표 외, 『동양사상과 탈현대의 여가』(계명대학교출판부, 2006), p. 229 참조.

차원에서 여가의 향유'라고 하는 값진 결실을 만들어냈다. 하지만 기묘하게도 현대인은 여가 시간의 증대를 부담스러워하고 두려워하며 회피하고자 하는 반응을 보이고 있다. 현대인의 여가 생활을 전체적으로 평가한다면, 그것은 '소중한 시간의 낭비로서의 여가 생활'이라고 할 수 있다.

통일체적 인간관의 관점에서 볼 때, 인간은 우주적인 존재이다. 그리고 이상적인 여가 시간 보내기란 사랑으로 여가 시간을 보내는 것을 의미한다. 위에서 언급한 세 가지 유형의 현대인의 여가 시간 보내기는 사랑으로 여가 시간 보내기가 아닐 뿐만 아니라 현대적인 방식으로 여가 시간을 보낼수록 사랑으로 여가 시간 보내기는 점점 더 어려워진다. 그러므로 통일체적 인간관의 관점에서 볼 때, 현대 여가 생활은 소외된 것이다.

이런 통일체적 관점에서의 현대 여가 생활에 대한 비판은 커다란 현실적인 함의를 갖고 있다. 왜냐하면 현대인이 현대 세계관에 고착되어 있음으로 인해서 현대 문명 위기가 심화되고 있고, 현대 문명 위기의 일부로 현대 여가 생활의 위기도 진행되고 있기 때문이다.

현재는 현대 말·탈현대 초에 해당하는 문명 대전환기이다. 현대 세계관은 현대를 건설하는 데는 유용한 세계관적인 토대가 되었으나, 탈현대를 건설하는 데는 무용할 뿐만 아니라 장애가 된다. 다시 말하자면 몸이 부쩍 커버린 현재의 문명에게 있어서 현대 세계관은 이제 작아서 더 이상 입을 수 없는 낡은 옷이 되어버렸다.

그러나 현 인류는 낡고 작은 옷에 자신의 큰 몸을 맞추려는 우매한 노력을 계속하고 있다. 현 인류는 현대 세계관을 꼭 끌어안고서 탈현대로 나아가려는 불가능한 노력을 하고 있는 것이다. 그러나 이것은 불가능하다. 그래서 현대 세계관의 토대 위에서 발전을 추구하고 달성할수록, 현대 문명의 위기가 심화되는 역설적인 상황에 현 인류는 직면해 있다. 이것이 현대 문명 위기의 본질이다.

현대 여가 생활의 소외는 이런 현대 문명 위기의 한 부분으로 진행되고 있다. 현대인은 인간을 '분리된 자아'로 간주하는 현대 인간관의 전제 위에서 여가 시간을 잘 보내려고 한다. 이런 현대적인 노력이 커질수록 그리고 이런 노력이 더 많이 달성될수록, 여가의 소외는 더욱 깊어질 수밖에 없다.

예를 들어서, 소비로서의 여가 생활을 생각해보자. 소비로서의 여가 생활의 본질은 소비를 통해 '분리된 자아로서의 나'의 가치를 확인하는 것이다. 현대 인간관은 '분리된 자아로서의 나'를 나에 대한 인식의 핵심으로 삼는다. '분리된 자아로서의 나'는 유한하고, 무력하며, 무가치한 존재이다. 이런 존재론적인 유한함, 무력함, 무가치함을 벗어나려는 필사적인 노력이 현대인의 삶이다.

현대 사회에서 소비의 본질은 무엇인가? 바로 이런 현대인의 필사적인 노력의 한 가지 표출이다. 그들은 명품 시계나 가방, 신형 자동차, 멋진 주택, 고급 브랜드의 의복, 돈이 많이 드는 취미 생활과 같은 것을 소비함으로써, 거기에 상응하는 자신의 가치를 확인하고자 한다.

이런 과시적인 소비로서의 여가 생활이란 거기에 도달하고자 하지만 도달할 수 없는 사람들에게 고통을 준다. 또한 이런 소비를 행하는 사람들도 비인간화된다. 그들은 아프리카에서 굶어 죽어가는 아이들에게서 눈과 귀를 막아야만 한다. 그들은 자신이 가진 것[자기 존재의 가치]을 잃어버릴까봐 늘 전전긍긍한다. 그리고 그것을 잃어버렸을 때는 커다란 상처와 고통을 받는다. 그것을 누릴 때조차도, 그들은 소비의 감옥 속에서 노예로 살아간다.

현대인의 여가 시간 보내기의 다른 모든 형태에 대해서도 똑같은 논리로 비판을 가할 수 있다. 현대인의 여가 시간 보내기는 소중한 삶의 낭비로서의 여가 시간 보내기이며, 많은 고통과 비인간화를 초래한다. 더군다나 현대인이 현대적인 방식의 여가 시간 보내기에 탐닉하는 동안 이 세계는 환경 문제 심화를 포함해서 점점 더 살기 나쁜 곳으로 변모해간다.

3. 탈현대 여가관

여가 시간의 사용이 이렇듯 중대해진 이 시기에, 현 인류는 상기한 바와 같이 깊은 여가 소외를 겪고 있다. 현대 여가 소외의 근본적인 원인은 현대 세계관, 그 중에서도 현대 인간관이며, 현대 인간관의 기초 위에서 창조적인 여가 시간 보내기는 근원적으로 불가능하다. 그렇다면 인류는 어떻게 이런 어리석은 상태에서 벗어나, 창조적인 여가 생활을 누릴 수 있겠는가? 그 답은 '세계관의 근본적인 전환을 통해서'이다. 현대 세계관으로부터 통일체적 세계관으로의 세계관의 전환이 일어났을 때, 우리들은 새로운 여가 생활을 위한 세계관적 기초를 가질 수 있다.

'바람직한 삶과 여가 생활'에 대한 개념은 세계관에 따라서 크게 달라진다. 통일체적 세계관의 관점에서 보면, 인간이란 어떤 존재일까? 인간이란 눈부시게 아름답고 위대한 존재이다. 인간이란 자신 안에 영원한 시간과 무한한 공간을 품고 있는 우주적인 존재이다.

통일체적 세계관의 관점에서 보았을 때, 이상적인 삶은 어떤 것일까? 낙도(樂道)하는 삶이다. 낙도하는 삶이란 어떤 것일까? 아름다운 자신과 세계를 즐기는 삶이다. 낙도하기 위해서는 어떻게 해야 하는가? '참된 자기'를 깨닫기 위해서 수행(修行)해야 한다.

수행과 낙도는 분석적으로 보면 둘이지만, 실제로는 하나이다. 수행을 통해 '우주적인 나'가 깨어나는 만큼, 낙도로서의 삶을 살아갈 수 있기 때문이다. 수행과 낙도는 인과적으로 이루어진다기보다는 동시적으로 이루어진다. 이런 맥락에서 본다면, 가장 창조적인 여가 생활의 의미는 분명하다. 그것은 수행과 낙도로서의 여가 생활이다.

3.1. 수행으로서의 여가 시간 보내기

통일체적 세계관의 관점에서 볼 때, 창조적인 여가 시간 보내기의 한 가지는 수행으로서의 여가 시간 보내기이다. 수행이란 '참된 자기'를 자각하기 위해서 노력을 기울이는 것을 의미한다. 수행이란 내 안에 잠들어 있는 '우주적인 나'를 깨우고 활동하게 하기 위한 노력이다. '수행한다'는 것은 우리들이 자신의 참모습을 아는 것을 방해하는 활동들에 투입되었던 정신 에너지를 빼돌려서 '참된 자기'의 아름다운 자연을 발견하는 작업에로 돌리는 것을 의미한다. 또한 외부 세계를 변형시키는 활동[노동]에 투입되었던 정신 에너지를 빼돌려서 자신의 내면 세계를 발견하는 활동으로 돌리는 것을 의미한다.

수행을 통해서 우리는 모든 것이 무상(無常)함을 자각하게 되며, 무상함을 자각했을 때, 우리는 모든 집착에서 벗어나서 진정한 자유를 누릴 수 있게 된다. 장자의 「소요유(逍遙遊)」에서와 같이 소요하는 삶을 살 수 있게 된다.

그렇다면, 어떻게 수행할 것인가? 동아시아 사상을 대표하는 유가, 도가, 불가 사상들은 수많은 수행법을 제시했다. 유가에서는 경(敬)공부, 진심(盡心), 존심양성(存心養性), 신독(愼獨), 택선고집(擇善固執),

계신공구(戒愼恐懼), 격물치지성의정심(格物致知誠意正心) 등의 수행법을 제시했고, 불가에서는 간화선(看話禪), 염불선(念佛禪), 위빠사나, 사마타 수행, 팔정도(八正道), 사섭법(四攝法), 육바라밀 등의 수행법을 제시했다. 도가에서는 멈춤[止]과 비움[虛靜]을 강조하여, 욕망에 얽매이는 삶으로부터 벗어날 것을 제시했는데, 노자는 지지(知止), 지족(知足) 등을 말했고, 장자는 모든 외물의 속박에서 벗어난 대자유의 상태를 추구하면서 수행법으로 심제(心齊)를 말했다.

틱낫한은 불교의 전통적인 수행 방법을 현대인의 삶 속으로 끌어오기 위해서 많은 노력을 기울였다. 그는 현대인들이 일상적인 생활 속에서 수행을 할 수 있는 방법들을 많이 개발했다. 그는 걷기 수행, 숨쉬기 수행, 깊이 들여다보기 수행, 미소 짓기 수행 등을 제시했는데, 일상생활의 어떤 상황에서도 이런 수행을 할 수 있음을 강조했다. 여기에서는 수행으로서의 여가 시간 보내기의 몇 가지 실제를 서술해보도록 하겠다.

무위(無爲)의 수행

'무위의 수행'이란 바깥으로 치닫는 에고의 활동[人爲]을 멈추는 수행이다. '무위의 수행'은 에고의 활동을 중단시켜 자신을 답답함 속에 가두어놓음으로써, 셀프가 활동할 수 있는 기회를 제공하는 수행 방법이다. '무위의 수행'은 '수행으로서의 여가 시간 보내기'를 연습할 때, 맨 처음으로 해보면 좋다. 공자가 그림을 그리려면 우선 바탕을 깨끗하게 해야 한다고 말했듯이, '무위의 수행'은 마음의 바탕을 깨끗하게 마련하는 작업이라 할 수 있다.

현대인의 삶의 대부분을 차지하는 것은 에고의 활동이다. 에고의 활동은 목적 지향적이다. 에고의 활동은 불완전하고 불만족스러운 현재를 벗어나 완전하고 만족스러운 미래를 향하고 있다. '무위의 수행'은 모든 에고의 활동을 멈추는 수행이다.

현대인은 에고가 주인 되는 삶에 너무나 익숙해 있기 때문에, '무위의 수행'을 하는 데는 어려움이 있다. 가능하다면 경험이 많은 스승의 도움을 받는 것이 좋다. 에고의 눈으로 보면, '무위의 수행'을 하고 있는 사람이 게으름뱅이로 보일 것이다. 평생을 통 속에서 뒹굴었다는 디오게네스의 삶이나 성공이나 성취를 위한 활동을 중단한 히피의 삶이 '무위의 수행'을 행한 사람의 예가 될 수 있다.

'무위의 수행'에서 빈번히 시도되는 것은 중독되어 있는 욕망 대상을 멀리하는 것이다. 현대인은 많은 것에 습관적으로 중독되어 있다. 몇 가지 예를 들면, TV 프로그램, 컴퓨터 게임, 인터넷 쇼핑, 쇼핑, 신문, 채팅, 인터넷 돌아다니기 등이다.

습관적인 중독을 중지하는 것은 수행의 출발점이기도 하다. 욕망에 일단 중독되고 나면, 이것을 끊는 것은 어려운 일이다. 욕망의 유혹은 부딪혀서 이겨내는 것보다는 멀리하는 것이 더 쉽고 바람직하다. 그래서 선각자들은 욕망 대상을 멀리할 것을 말했다. 노자는 욕망 대상을 멀리하라고 했다.[185] 오늘날 자본주의 체제와 감각형 문화가 결합하여, 욕망을 부추기는 수많은 장치를 만들어 놓고 있다. 이런 것들을 멀리하는 것이 '무위의 수행'의 첫걸음이 될 수 있다.

사실 에고의 활동을 멈추어보면 무척 편안하고 자유로움을 느끼기 때문에 '무위의 수행'은 쉬운 것이라고 말할 수도 있을 것이다. 하지만 현대인은 에고의 삶에 깊이 중독되어 있기 때문에 '무위의 수행'을 지속하면 심한 금단 현상을 느끼는 경우가 많다. 담배나 술을 중단할 때도 우리는 유사한 금단 현상을 느낀다. 이 고비를 잘 넘기면, 우리는 영원

---

185) 『老子』, 3章, "不見可欲使民心不亂"

히 담배나 술로부터 자유로워질 수 있다.

그러나 이렇게 될 때까지는 시간이 걸린다. '무위의 수행'도 마찬가지이다. 셀프와 에고는 동시에 활동할 수가 없다. 짙은 구름이 끼여 있는 동안에는 태양이 빛을 전할 수 없는 것과 마찬가지이다. 수행이란 셀프가 깨어나 활동하도록 하기 위해서 기울이는 주체적인 노력이다. 그러므로 에고의 활동을 중지시키는 것이 수행의 중요한 측면이며, 이것을 행하는 것이 '무위의 수행'이다.

깨어 있기 수행

'깨어 있기 수행'은 자신의 마음속에서 일어나는 생각, 감정, 욕망 등에 대해 그것을 자각하려고 하는 수행이다. 마음속에서 일어나는 생각, 감정, 욕망 등과 하나가 되어 존재하는 것과 그 생각, 감정, 욕망 등을 자각하는 것 간에는 커다란 차이가 있다. '깨어 있기 수행'을 계속하면, 지켜보는 나의 힘이 커져서, 우리는 조금씩 생각, 감정, 욕망 등에 함몰되는 것이 아니라 그것들로부터의 자유를 얻게 된다. 여전히 생각, 감정, 욕망 등은 우리 안에 존재하지만, 그것들은 더 이상 우리를 지배할 수 없게 된다. 생각, 감정, 욕망 등으로부터의 자유를 누리는 주체가 바로 셀프이다. 다시 말하자면, '깨어 있기 수행'을 계속하면, 셀프가 깨어나 활동하게 되며, 점점 셀프가 우리의 주체가 된다.

'깨어 있기 수행'의 한 가지 대상은 나의 생각이다. 하늘에 갖가지 모양의 구름이 피어나듯이, 마음속에서는 온갖 형태의 생각이 일어난다. 야비한 생각, 더러운 생각, 치사한 생각, 이해를 계산하는 생각 등…… 깨어 있기 수행은 내 마음에서 일어나는 생각을 그냥 지켜보는 것이다. 어떤 생각이건 그것을 억압하려 하거나 없애려고 시도하지 않으며, 또한 거기에 빠지지도 않는다. 생각이라는 것이 끊임없이 생겼다가 없어지는 구름과 같이 부질없는 것임을 알기에 그냥 일어나는 생각을 지켜보는 것이다. 수행이 거듭되면 '생각을 지켜보는 나'의 존재가 점점 커지게 되면서 생각의 속박으로부터 자유로워지는 것을 느낄 수 있다.

'깨어 있기 수행'의 대상 중 하나는 나의 감정이다. 마음속에서는 온갖 형태의 감정이 끊임없이 일어난다. 기쁨, 분노, 슬픔, 즐거움, 애착, 미움, 욕심, 시기, 질투, 두려움, 불안 등…… 특히 불타는 애정이나 분노같이 강렬한 감정은 우리 존재를 지배하는 큰 힘을 갖고 있다. 이때, 감정에 함몰되는 것이 아니라 일어나는 감정을 지켜보는 것이 '깨어 있기 수행'이다. 감정 역시 생각과 마찬가지로 거대한 바다 위에 잠시 생겼다 사라지는 파도와 같은 것이다. '깨어 있기 수행'이 계속되면, 나는 점점 감정의 노예 상태에서 풀려나 감정으로부터의 자유를 얻는다.

'깨어 있기 수행'의 대상 중 하나는 나의 욕망이다. 소유에 대한 욕망, 권력에 대한 욕망, 인기에 대한 욕망, 쾌락에 대한 욕망, 소비에 대한 욕망, 과시에 대한 욕망, 명예에 대한 욕망, 승리에 대한 욕망, 지위에 대한 욕망 등, 우리 안에는 수많은 욕망이 들끓고 있다. 특히 자본주의 사회를 살아가는 현대인의 경우, 이런 욕망 폭발은 더욱 현저하다. '깨어 있기 수행'은 마음속에서 일어나는 욕망을 지켜보는 것이다. 욕망 또한 생각이나 감정과 마찬가지로 우리를 지나쳐가는 것이다. 욕망을 지켜보는 수행이 거듭되면서, 욕망으로부터의 자유도 증가한다.

마음 다하기 수행

'마음 다하기 수행'이란 지금 이 순간 행하고 있는 일에 온 마음을 기울이는 수행 방법이다. 우리 마음은 흔히 과거나 미래 또는 마음을 빼앗고 있는 어떤 대상에 가 있는 경우가 많다. 운전을 하거나 걸으면서도 어제 있었던 기분 상했던 일에 마음이 가 있거나 오늘 치러야 할 일에 대한 불안에 마음을 빼앗기고 있는 일 등이 그것이다.

'마음 다하기 수행'의 대상은 지금 이 순간에 일어나고 있는 모든 것이다. 그것은 지금 마시고 있는 한 잔의 차일 수도 있고, 지금 걷고 있는 걸음일 수도 있으며, 지금 마주 대하고 있는 친구일 수도 있고, 지금 걷고 있는 길가에 피어난 작은 들꽃일 수도 있으며, 지금 하고 있는 양치질일 수도 있다.

마음이 무언가에 사로잡혀 있는 동안 우리는 나 자신과 이 세상에 잠들어 있다. 마치 꿈속에서의 삶과 같이, 살아있지 않는 방식으로 살아있는 것이고, 존재하지 않는 방식으로 존재하는 것이다. 우리가 살고 있는 현재의 순간에 깨어있지 않을 때, 우리가 살고 있는 도시는 비존재의 도시가 되고, 우리의 존재는 비존재의 존재가 되어버린다. '마음 다하기 수행'이란 지금 이 순간의 삶에 깨어나 깊이 들어가는 것이다.

틱낫한은 '마음 다하기 수행'을 특히 강조했고, 『마음 다함의 기적』이란 책을 썼다. 마음 다하기의 기적이란 우리가 '지금 이 순간'에 마음을 다하자마자 그때까지 실제로 존재하지 않던 모든 것들이 존재하게 되고, 나에게 말을 걸어오는 놀라운 체험을 말한다. 마음 다하기 수행을 통해 나와 세계는 존재의 깊은 잠에서 깨어나고, 나는 '지금 여기'에 존재하게 된다.

받아들이기 수행

'받아들이기 수행'이란 에고가 받아들이고 싶어 하지 않는 상황을 저항하지 않고 받아들이기 위한 노력을 기울이는 수행이다. 현대인은 흔히 '하필 나에게 이런 일이 일어날게 뭐람.'하고 말한다. 이런 불평과 불만은 받아들임이 되고 있지 않다는 증거이다. 전쟁, 지진이나 홍수와 같은 자연 재해, 사고, 시험이나 승진에 실패, 자신의 추한 외모, 모난 성격을 갖고 있는 동료 등 우리들에게 일어나는 모든 좋지 않은 상황은 '받아들이기 수행'의 대상이 된다.

대지는 자신에게 주어지는 어떤 것에도 저항하지 않으며, 이를 모두 받아들인다. 받아들임이란 무슨 일이 일어나더라도 그 사건과 내면적으로 일치함을 의미한다.[186] 일어나는 일과 내면이 일치한다는 것은 일어나는 일에 대해 마음이 저항하지 않음을 뜻한다.[187] 노자는 이를 일컬어 대순(大順)[188]이라고 말했으며, 『주역』에서는 순천(順天)이라고 표현했다.

일어나는 일에 저항하는 것은 누구일까? 그것은 우리의 에고이다. 저항은 일어나는 일을 중대한 것으로 만들고, 그래서 결국은 에고를 강화시키게 된다. 일어나는 일에 대해 좋아하건 싫어하건 간에 그것은 저항이다. 일어나는 일을 좋아하는 것은 일어난 좋은 일을 계속 유지하고자 하는 집착을 만들어 낸다. 일어나는 일을 싫어하는 것은 일어난 나쁜 일을 회피하고자 하는 저항을 만들어 낸다. 그래서 어떤 반응을 보이건 간에, 그것은 에고를 강화시키게 된다.

'받아들임의 수행'의 한 가지는 삶에서 부딪히는 곤경을 받아들이는 것이다. 살다보면, 어려움이 극한에 이르는 경험을 할 때가 있다. 사업 부도, 시험 불합격, 암을 진단 받음 등이 그런 예이다. 만일 이때, 상황으로부터 도피하거나 상황을 불평만 한다면 상황은 우리를 불행하게 만들 것이다. 이런 때에는 자신에게 다가온 불운 자체를 인정하고 받아들여야 한다. 불운을 반갑고 귀한 손님으로 맞아들일 때, 불운한 그대로 우리는 불운으로부터의 자유를 얻고 삶의 비약을 이루게 된다.

---

186) E. Tolle, 류시화 옮김, 『Now』(조화로운 삶, 2008), p. 234 참조.
187) E. Tolle, 류시화 옮김, 『Now』(조화로운 삶, 2008), p. 235 참조.
188) 『老子』 65章 참조.

받아들임은 일어난 일이 좋은 일이건 나쁜 일이건 간에 그 순간의 모습이 있는 그대로 존재할 수 있도록 허용하는 것이다.[189] 일어나는 일을 받아들일 경우, 일어난 일이 어떤 일이건 간에, 우리는 일어난 일을 통해서 영원한 시간과 무한한 공간과의 접촉이 이루어지게 된다. 이때, 에고는 활동을 멈추고, 반대로 우주적인 내가 깨어나 활동하게 된다.

미소 짓기 수행

'미소 짓기 수행'이란 자신과 세상을 향해 따뜻하게 미소 짓는 수행이다. 이것은 '우주적인 나'를 깨어나게 하는 쉽고 효과적인 방법이다. 미소 짓기 수행은 불가의 오랜 수행 방법의 하나인 관법(觀法)에 기초하고 있다. '따뜻한 미소 짓기 수행'은 자신과 상대편의 어떤 잘못도 용서하고 모든 것을 품어주며 모든 것에 대해 따뜻한 미소를 지어주는 수행이다. 자신과 세계에 대해 미소 짓는 순간, 우리 안의 부처님이 깨어나서 활동을 시작한다. '미소 짓기 수행'의 대상은 무엇일까? 그 대상은 나와 너의 에고이며, 에고가 일으키는 모든 감정과 생각, 행위 등이다. '미소 짓기 수행'의 주체는 누구일까? 셀프이다.

'미소 짓기 수행'은 마음에 떠오르는 모든 형태의 감정을 그 대상으로 삼을 수 있다. 에고가 경험하는 슬픔, 기쁨, 분노, 환희, 짜증, 우울, 불안, 공포, 움츠러듦, 자신감, 우월감, 열등감, 무력감 등 모든 형태의 감정에 대해 따뜻한 미소를 보내는 것이 '미소 짓기 수행'이다. 에고는 어떤 감정이 올라오면, 그 감정이 모든 것인 듯이 느끼고, 그 감정의 지배를 받는다. 하지만 생겨난 감정에 미소 짓는 순간 우리는 감정의 노예

---

189) E. Tolle, 류시화 옮김, 『Now』(조화로운 삶, 2008), p. 236 참조.

상태로부터 해방된다. 마음속 감정은 그대로 있지만, 그 감정은 더 이상 나를 지배하지 못하며, 나는 감정으로부터의 자유를 경험한다. 나는 감정이 하늘에 끊임없이 생겼다 사라지는 구름과 같은 것임을 자각하게 된다.

'미소 짓기 수행'은 마음에 떠오르는 모든 형태의 생각을 그 대상으로 삼을 수 있다. 마음속에서는 끊임없이 온갖 형태의 생각이 일어난다. 그 중에는 입에 담을 수조차 없는 패륜적인 생각도 있고, 악랄한 생각, 잔인한 생각, 치사한 생각 등도 있다. 이런 생각에 사로잡히면, 생각은 고통을 낳는다. 그러나 어떤 생각이든 그 생각에 따뜻하게 미소 짓는 순간, 우리는 그 생각에서 놓여나게 된다. 생각이 주인인 상태로부터 '미소 짓는 나'가 주인인 상태로의 변화가 일어난다. 생각은 감정과 마찬가지로 우리 안에서 생겨났다 사라지는 대수롭지 않은 것임을 우리는 자각한다.

'미소 짓기 수행'은 인생에서 경험하는 온갖 형태의 승리와 패배, 성공과 실패를 그 대상으로 삼을 수 있다. 승리와 성공을 거두었을 때, 우리는 온 세상을 모두 얻은 듯이 우쭐하는 마음이 들고, 패배와 실패에 직면했을 때, 우리는 세상이 무너지는 것 같은 고통을 맛본다. '미소 짓기 수행'은 우리에게 닥친 승리와 패배, 성공과 실패 모두에 따뜻한 미소를 보내는 것이다. 승리와 성공으로 인해 우쭐하는 마음과 패배와 실패로 인해 움츠러드는 마음 모두에 따뜻한 미소를 보내는 것이다. 이런 수행을 통해, 우리는 승리와 패배, 성공과 실패, 이 모든 것에 대해 더 이상 속박되지 않으며, 자유인이 되어간다.

'미소 짓기 수행'은 자신이나 상대편이 범한 과실을 그 대상으로 삼을 수 있다. 이것은 자신이나 상대편이 범한 작은 실수나 커다란 잘못에 대해 따뜻한 미소를 보내는 것이다. 대부분의 경우 잘못은 고의적으로 이루어진 것이 아니다. 또한 악의에 의해 일어난 일이라고 하더라도, 악의를 품고 있는 나 자신이나 상대편은 가엾은 존재이기에 용서해주고 따뜻하게 품어주어야 한다. '따뜻한 미소 짓기 수행'을 통해, 차가운 에고가 녹고 그 안에 숨어있던 '참된 자기의 태양'이 모습을 드러내게 된다.

감사 수행

감사 수행은 자신에게 주어진 모든 것에 감사를 느낄 수 있는 능력을 키우는 수행이다. 감사하는 마음은 셀프가 갖고 있는 특징이다. 에고는 현재에 만족하지 않으며 감사할 줄 모른다. 끊임없이 현재보다 나은 미래를 추구하는 에고는 현재에 대해 감사하는 마음보다는 불평과 불만을 품는다. 그러므로 에고에 바탕을 두고 있는 현대 문명을 살아가는 현대인은 현재에 만족하지 않으며 감사하지 않는다. 그 결과, 현대인은 많은 고통을 겪는다.

만족과 감사는 셀프가 느끼는 감정이며, 행복에 이르는 쉽고 빠른 길이다. 그래서 노자는 '지족(知足)'을 말했다. 셀프의 존재가 된 성인은 언제나 자족하며, 결핍감이 없다. 통 속에서 뒹굴던 디오게네스와 알렉산더 대왕의 만남은 자족의 의미를 잘 드러낸다. 어쩌면 알렉산더 대왕은 발길을 돌리면서 평생 처음으로 누군가에 대해 부러운 마음을 품었을지도 모른다. 셀프의 존재가 된 사람은 자신 안에 무진장의 보물을 품고 있음을 자각하고 있다. 이 때문에, 그는 인기, 권력, 돈, 지위, 명예 등과 같이 자기 바깥에 있는 하찮은 것들을 차지하기 위해 삶을 소모하지 않는다.

감사하는 능력을 배양하는 수행은 일상생활의 모든 국면에서 이루어질 수 있다. 아침에 눈을 뜨면, '새롭게 주어진 하루라고 하는 멋진 선물'에 감사한다. 아침 식사를 하면서, 정성스럽게 아침밥을 차려준 아내나 어머니에게 감사한다. 샤워를 하면서 쏟아지는 따뜻한 물줄기에 감사한다. 출근길에 길가에 피어있는 들꽃에 감사하고, 호흡하는 신선한 공기에 감사한다.

나에게 주어진 직장과 일에 감사한다. 언제나 나를 배려해주는 직장 상사와 동료에게도 감사한다. 따뜻하게 비춰오는 햇볕에 감사하고, 시원하게 불어오는 바람에 감사한다. 나에게 주어진 건강에 감사한다. 아름다운 음악을 편안하게 들을 수 있음에 감사한다. 오늘 하루도 우리 가족 모두 무사히 지낼 수 있었음에 감사한다. 그리고 마침내 내 인생을 마감해야 하는 순간이 오면, 가을 잎이 떨어지듯이 아름답게 감사하며 떨어진다.

상실과 패배를 통한 수행

인생에서 겪는 상실과 패배의 경험은 누구라도 피할 수 없다. 우리에게 주어진 선택은 '상실과 패배의 경험을 어떻게 해석하고 맞아들일 것인가?'하는 것이다. 에고의 차원에서 보면, 상실과 패배는 파괴적인 현상일 따름이다. 그러므로 에고는 상실과 패배에 저항한다. 하지만 셀프의 차원에서 보면, 상실과 패배는 셀프를 자각할 수 있는 좋은 기회이다.

상실과 패배의 체험은 모두 에고 차원에서의 상실과 패배이다. 왜냐하면 셀프는 잃어버릴 수도 패배할 수도 없기 때문이다. 상실과 패배의 체험은 이것으로 인해 에고의 보호막이 약해짐을 의미한다. 셀프의 태양을 가리고 있는 에고의 구름이 옅어질수록, 셀프에 대한 자각이 이루어지기 쉽다. 그러므로 상실과 패배는 셀프를 자각하기 위한 좋은 수행의 계기를 제공한다. 이런 방식으로 상실과 패배의 경험을 해석하고 맞아들이는 것을 '상실과 패배를 통한 수행'이라고 한다.

나이 들어감을 통한 수행은 상실과 패배의 수행을 할 수 있는 보편적인 경우이다. 나이 들어감은 누구도 피할 수 없기 때문이다. 우리들에게 주어진 선택은 '나이 들어갈 것인가' 아니면 '나이 들어가지 않을 것인가'가 아니라, '아름답고 행복하게 나이 들어갈 것인가' 아니면 '추하고 불행하게 나이 들어갈 것인가'하는 것이다. 나이 들어감을 통한 수행이란 아름답고 행복하게 나이 들어가기를 통해, 나이 들어가면서 아름답고 행복한 존재로 거듭나는 것을 의미한다.

나이 들어가면서 우리는 많은 상실을 경험한다. 육체적으로 노쇠하고 정신적으로도 활력을 상실하며, 직장의 상실, 자녀의 출가, 배우자나 친구의 죽음 등을 겪는다. 나이 들어감으로 인한 이런 에고의 상실과 고통은 셀프에게는 기회이다. 이렇게 나이 들어감으로 인한 에고의 상실과 고통을 셀프의 자각을 위한 기회로 활용하는 것이 '나이 들어감의 수행'이다.

'나이 들어감의 수행'은 나이 들어감에 따라 에고가 상실의 경험을 하고 고통 받는 것을 따뜻하게 미소 지으며 지켜보는 것이다. '나이 들어감의 수행'의 원칙은 나이 들어감으로 인해 에고가 겪는 상실과 고통을 치유하려는 어떤 노력도 기울이지 않는다는 것이다. 왜냐하면 '나이 들어감의 수행'의 목표는 에고의 회복이 아니기 때문이다. 상실로 인해 고통 받고 있는 에고를 따뜻한 눈으로 바라볼 때, 바라보는 그 나가 바로 셀프이다. 이런 연습이 거듭될수록, 셀프는 깨어나 활동하게 되며, 에고가 차지하고 있던 주체로서의 나의 자리를 점점 더 셀프가 차지하게 된다.

이런 주체의 변화는 다음과 같은 것을 포함한다. 나는 그때까지 나를 얽매고 있었던 온갖 형태의 욕망과 욕망에 대한 집착으로부터 자유로워진다. 나는 나 자신과 세계에 대한 깊은 이해에 도달하게 된다. 나는 진정 겸손해진다. 죽음이나 질병, 경제적인 상실, 경쟁에서의 패배 등 모든 종류의 상실이나 패배의 경험을 통해 동일한 수행을 할 수 있다. 이렇게 되었을 때, 인생에 어떤 것이 다가오더라도 우리는 'Welcome!'이라고 말하며 그것을 환영할 수 있다. 이렇게 우리는 어떤 것도 두려워하지 않는 대자유인이 되어 삶을 소요하고, 고통의 경험을 통해 존재의 비약을 이루는 삶의 연금술사가 될 수 있다.

사랑의 수행

'사랑의 수행'은 사랑할 수 있는 능력을 키우는 것이다. '사랑의 수행'은 수행으로서의 여가 시간 보내기의 핵심이다. 우리가 깨우려고 하는 셀프[우주적인 나]의 다른 이름이 사랑이기 때문이다. 사랑의 능력이 커진다는 것은 곧바로 셀프가 깨어나 활동하는 것을 의미한다.

물론 여기서 말하는 사랑은 현대 사회에서 흔히 말하는 사랑의 의미와 전혀 다른 것이다. 현대 사회에서 말하는 사랑의 주체는 대부분 에고[분리된 자아]이거나 생물학적인 나이며, 사랑은 생물학적인 본능에서 유래한다. 사랑은 저절로 생겨나며, 특정 대상에 한정되고, 영원하지 않다. 이에 반해서, 이 책에서 말하는 사랑의 주체는 셀프[우주적인 나]이고, 사랑의 능력은 수행을 통해 커져가며, 사랑의 능력이 생긴 사람만이 사랑할 수 있다. 사랑은 마주치는 모든 대상에 대한 사랑이며, 사랑은 영원하다.

현대인은 대부분 에고의 삶을 살아간다. 그러므로 현대인은 사랑의 무능력자이다. 현대인은 심지어 자기 자신조차 사랑할 수 없다. 사람들은 흔히 '다른 사람은 몰라도 나 자신은 사랑해.'하고 생각한다. 하지만 이것은 사실이 아니다. 현대인은 빈번히 자신에게 애착심을 갖고 집착한다. 하지만 이것은 사랑이 아니다. 현대인은 자신을 사랑하지 않는다기보다 사랑할 수가 없다. 에고 덩어리인 자신은 사랑스럽지 않다. 현대인은 사랑스럽지 않은 것을 사랑할 능력이 없기 때문에, 결국 자신을 사랑할 수 없다. 상대편의 에고를 사랑하는 것은 더욱 불가능하다.

사랑의 능력이란 사랑스럽지 않은 것을 사랑할 수 있는 능력이다. 사랑스러운 것을 사랑하는 데는 별다른 능력이 필요 없다. 사람들은 사랑의 능력을 키우지 않더라도 꽃을 사랑하며, 아기의 웃음을 사랑한다. 사람들은 또한 사랑스런 사람을 사랑한다. 사랑스런 사람이란 에고가 떨어져나간 사람이다. 그러나 사랑의 능력이 없는 사람은 사랑스럽지 않은 것을 사랑할 수 없다. 사랑스럽지 않은 것이란 나와 너의 에고이다.

그러므로 '사랑의 능력 키우기 수행'은 나와 너의 에고를 사랑하는 연습이다. 이때 사랑하는 주체는 셀프이다. '사랑의 수행'은 다양한 형태로 이루어질 수 있다. 열등함과 열등감에 대한 사랑의 연습, 우월함과 우월감에 대한 사랑의 연습, 이기심에 대한 사랑의 연습, 악함에 대한 사랑의 연습, 보잘것없어 보이는 나에 대한 사랑의 연습 등은 그 대표적인 예이다.

여기에서는 '열등함에 대한 사랑의 연습'을 예로 소개하겠다. '열등함에 대한 사랑'을 논의하기 위해서는 우선 열등함과 열등감을 구분해야 한다. 열등함이란 다른 에고와의 비교에서 자신의 에고가 갖고 있는 열등한 특징이며, 열등감이란 열등함에 대한 부정적인 태도이다. 열등함은 많은 경우 열등감을 초래한다. 하지만 '열등함에 대한 사랑'을 통해서 여전히 열등한 채로 우리는 열등감 없이 행복한 삶을 영위할 수 있다.

예를 들어, 내가 '작은 키'라고 하는 열등함을 갖고 있다고 가정해보도록 하겠다. 열등함에 대한 사랑은 열등함을 극복하고자 하는 것이나 열등함 속에서 우월함을 찾고자 노력을 기울이는 것이 아님을 우선 인식해야한다. '작은 키'를 '큰 키'로 바꾸기 위해서 노력을 기울인다거나 '작은 키'가 갖고 있는 장점을 찾는 것 같은 것이 여기에 해당한다. 이것은 자신의 열등함을 극복하기 위해 노력을 기울이는 것이지 열등함을 사랑하는 것은 아니다.

'작은 키'라고 하는 나의 열등함에 대한 사랑은 '작은 키' 자체를 사랑하는 것이다. '작은 키' 자체를 따뜻한 눈으로 바라보고 품어주며, '작은 키'로 인해 고통 받고 있는 나에게도 따뜻한 눈길을 보내는 것이다. 나는 스스로 '작은 키'를 갖고 싶어서 키가 작은 것이 아님을 안다. 그러므로 '작은 키'로 고통 받고 있는 나를 비난해서는 안 된다. 나는 비난받아야 될 대상이 아니라 위로받아야 될 대상임을 안다. 그래서 '작은 키'를 가진 나를 따뜻하게 품어주는 것, 이것이 나의 '작은 키'를 사랑하는 것이며, 나의 열등함을 사랑하는 것이다. 이런 노력이 되풀이되면서, 나의 사랑의 능력이 커지게 된다.

이해의 수행

나와 세계에 대해, 깊고 올바른 이해를 위한 노력을 기울이는 것을 '이해의 수행'이라고 한다. '모든 존재들 간의 근원적인 분리'를 인식의 대전제로 삼는 현대적인 관점에서 보면, 이해란 '관찰하는 주체로서의 나'에 의한 '관찰되는 객체로서의 너'에 대한 이해이다. 이것은 알고자 하는 대상에 대한 대상적인 앎이다. 대상적인 앎은 장자가 말했던 '대지(大知)와 구분되는 소지(小知)'[190]를 의미한다. 이것은 대지(大知)와

190) 『莊子』, 「逍遙遊」, "小知不及大知"

구분될 뿐만 아니라 대지(大知)에 이르는 것을 가로막는 장애물이기도 하다. 통일체적 세계관의 관점에서 볼 때, 이것은 진정한 앎이 아니다.

'이해의 수행'의 첫 단계는 이해하고자 하는 주체가 이해하고자 하는 대상과 하나가 되는 것이다. 그래서 이해하고자 하는 주체가 이해하고자 하는 대상을 안에서부터 바라보고 느끼고자 노력을 기울이는 것이다. 이때, 생성되는 앎이 이해하고자 하는 대상에 대한 진정한 앎이다.

올바른 이해와 사랑은 깊이 연결되어 있다. 올바른 이해는 반드시 이해한 대상에 대한 사랑을 낳는다. 역으로 사랑의 전제 위에서만 올바른 이해가 이루어질 수 있다. 예를 들어, 한 아기가 있다고 가정해보면, 이 아기를 가장 잘 이해할 수 있는 사람은 이 아기를 가장 깊이 사랑하는 아기의 어머니일 것이다.

이해의 수행을 계속해 나갔을 때, 깊은 이해를 하는 주체가 바로 셀프이다. 이해가 깊어갈수록, 셀프는 잠에서 깨어나 활동하게 된다. 이와 같이, 이해의 수행은 셀프를 깨어나 활동하게 하는 훌륭한 수행법이다.

자유의 수행

이 책에서 말하는 자유는 현대 사회에서 추구해온 자유와는 전혀 다른 것이다. 현대적인 자유란 압제나 신분적인 예속 등과 같은 외적인 속박으로부터의 자유이다. 이에 반해서, 여기에서 말하는 자유는 내적인 속박으로부터의 자유이다. 오늘날 외적인 자유는 급진적으로 증대했으나 내적인 자유는 그렇지 못하다.

자유의 수행이란 내적인 자유의 증대를 위해 노력을 기울이는 것이다. 자유의 수행은 다양한 형태가 있다. 그 한 가지는 몰입으로부터의 자유의 수행이다. 에고에게는 사소한 일이란 없다. 그래서 에고는 일어난 어떤 일에나 몰입한다. 이와 반대로, 셀프에게는 심각한 일이란 없다. '몰입으로부터의 자유를 수행'한다는 것은 우리가 닥친 상황을 맞이하는 주인공이 에고에서 셀프로 바뀌도록 노력하는 것을 의미한다. '몰입으로부터의 자유를 수행'하는 방법은 간단하다. 어떤 일이 일어났을 때, 대우주의 관점에서 그 일을 바라보려고 노력하기만 하면 된다.

자유의 수행의 한 가지는 중독된 삶으로부터 자유의 수행이다. 중독이란 중독의 대상에 속박되어 있는 상태를 말한다. 현대인의 삶 자체가 중독이라고 말할 정도로, 현대인은 다양한 대상에 중독되어 있다. 마약, 알코올, 담배, 텔레비전, 신문, 프로 스포츠, 쇼핑, 게임, 인터넷 음란 사이트, 커피, 인기, 음식, 권력, 주식, 인터넷 바둑, 성형에 대한 중독 등 그 종류는 셀 수 없이 많다.

중독된 삶으로부터 자유의 수행의 첫걸음은 중독되어 있는 자신에 대한 비난을 중지하는 것이다. 중독은 강박적인 욕구에 불가항력적으로 이끌리는 것이기 때문에, 중독된 나는 '비난받아야 할 나'가 아니라 '측은하게 여겨줘야 할 가엾은 나'이다. 다음으로 중독되어 있는 나를 따뜻하게 포용해줌과 동시에, 중독된 행위를 단호하게 중지해야 한다. 그러면서 중독된 행위의 중지로 인한 금단 현상이나 자신의 안에서 일어나는 강박적인 욕구를 깨어서 지켜보면 된다. 이렇게 했을 때, '중독된 나'가 아니라 중독된 나를 '따뜻한 눈으로 지켜보는 나'가 내 삶의 주인공이 되고, 나는 중독으로부터의 자유를 얻을 수 있다.

자유의 수행의 또 다른 한 가지는 욕망으로부터 자유의 수행이다. 여기서 욕망이란 물론 자연스런 욕망이 아니라 인위적인 욕망이다. '인위적인 욕망'은 만족과 멈춤을 모른다. 그것은 채울 수 없는 갈증과 같은 것이어서, 결국 욕망은 자신과 주변을 고통스럽게 만든다. 현대인은 다양한 종류의 욕망에 속박된 삶을 살아가고 있다. 이 중에서 인간에게 가장 뿌리 깊은 욕망은 권력욕일 것이다.

권력욕의 크기는 무력감의 크기와 비례한다. 무력감이 심할수록, 권력은 더 큰 가치를 갖게 되기 때문이다. 권력욕으로부터 자유로워지기 위해서는 권력욕을 깊이 들여다보아야 한다. 깊이 들여다보면, 나는 자신의 권력욕으로 인해 고통 받고 있으며, 주변에도 고통을 주고 있음을 알게 된다. 더 깊이 들여다보면, 나의 권력욕은 내가 갖고 싶어서 갖게 된 것이 아니라 내가 받은 마음의 상처로 인해 갖게 된 강박적인 것임을 알게 된다.

권력욕으로부터 자유를 얻기 위해서는, 나의 행위, 감정, 생각 등을 주의 깊게 관찰해서, 그 밑바닥에서 작용하고 있는 권력욕을 알아차려야 한다. 그리고 알아차린 즉시 권력욕의 발산을 중지해야 한다. 권력욕의 발산을 중지하면 고통이 따르고, 권력욕은 다른 출구를 찾는다. 이때, 권력욕이 발산할 수 있는 모든 통로를 차단해야 한다. 그리고 고통 속에 머물면서, 자신의 상처 입은 마음을 돌봐줘야 한다. 깊은 연민으로 상처 입은 마음을 위로해주면, 상처의 치유와 함께 권력욕의 약화를 경험하게 된다. 권력욕에 대한 연민은 에고로서의 나에 대한 사랑이며, 이것이야말로 진정한 힘이다. 힘이 커지면, 무력감은 자연히 해소되며, 권력욕은 어느 새 자취를 감추게 된다.

겸손의 수행

현대인은 자신을 '분리된 자아'로 인식한다. '분리된 자아로서의 나'는 나의 '외모, 성격, 지능, 인기, 소유, 소비, 권력, 지식, 지위, 명예' 등의 총합으로 나를 인식한다. 그러므로 '분리된 자아로서의 나'는 늘 '오만'하거나 '비굴'할뿐 겸손할 수는 없다. 높은 자리에 있으면 교만하고, 낮은 자리에 있으면 움츠러들고 근심한다. 『주역』에서는 이와 정반대의 마음의 자세를 다음과 같이 언급하고 있다. "높은 자리에 있어도 교만하지 아니하며 낮은 자리에 있어도 근심하지 않는다."[191] 이것이 겸손함의 의미이다.

수행이란 '분리된 자아가 나'라고 하는 생각에서부터 벗어나 '우주적인 나'라고 하는 나에 대한 새로운 정체성을 갖기 위한 노력을 기울이는 것이다. 그러므로 겸손을 배우는 것은 수행으로서의 삶에 있어서 중요한 일부이다. 왜냐하면 오만이나 비굴은 분리된 내가 갖는 태도이며, 겸손은 우주적인 나의 모습이기 때문이다. 분리된 나도 겸손의 모양을 흉내 낼 수는 있다. 하지만, 그것은 겸손이 아니다. 진정한 겸손은 오직 우주적인 존재로서의 나에게만 가능한 것이다.

외모를 예로 들어 말한다면, 분리된 자아로서의 나는 '멋진 외모를 가진 사람'이거나 '추한 외모를 가진 사람'이다. 멋진 외모를 가진 사람은 우쭐한 마음을 가지며, 추한 외모를 가진 사람은 움츠러든다. 하지만 우주적인 존재로서의 나는 멋진 외모이거나 추한 외모이거나 간에 이것을 나와 동일시하지 않는다. 나는 멋진 외모나 추한 외모가 아니다. 나는 이런 것들을 맞아들이는 주인이다. 이런 것들이 다가오면 편안하게 이들을 맞아들이고, 물러가면 또한 편안하게 보내주는, 나는 자유인이며 삶의 예술가이다.[192]

걷기 수행

걷기 수행이란 온 마음을 기울여 그리고 행복하게 걷기 위해 노력을 기울이는 것이다. 걷기 수행이란 설레는 마음으로 걷는 연습이다. 우리

---

191) 『周易』, 「重天乾卦」, 文言傳, "居上位而不驕 在下位而不憂"

192) 홍승표, 「동양 사상과 수행과 낙도로서의 블랙잭」, 『여가학연구』 6(2)(한국여가문화학회, 2008), p. 18 참조.

는 매일 걷는다. 우리의 선택은 '걸을 것이냐 걷지 않을 것이냐'가 아니라, '고통스럽거나 무감각하게 걸을 것이냐 평화로운 마음으로 행복하게 걸을 것이냐'이다.

만일 우리들이 행복하게 걸을 수 있다면, 우리는 일상생활의 모든 곳에서 행복을 발견할 수 있을 것이다. 지루하고 밋밋한 일상은 갑자기 경이로움에 가득 찬 것으로 뒤바뀌게 된다. '지루하고 밋밋하게 걸을 것인가 혹은 행복하게 걸을 것인가?' 상식적으로 보면, 대부분의 사람들이 후자를 선택할 것 같지만, 실제로는 전자를 선택한다. 더군다나 많은 사람들은 근심과 고민을 걸머지고서 지루하고 밋밋하게 그리고 고통스럽게 걷는다.

우리가 사는 현대 사회에는 상식적으로 납득할 수 없는 이상한 일이 많이 벌어지고 있다. 그 중 하나는 현대인의 걷기이다. 걷기 수행은 과감하게 지루하고 고통스럽게 걷기를 멈추고 행복하게 걷기를 선택하는 것이다. 아무도 행복하게 걷기를 금지하고 있지 않으며 금지할 수 없다.

근심을 가득 안고서 조급한 발걸음을 옮기는 사람은 우리의 에고이다. 그에게는 끊임없이 뒤바뀌는 목적지만 있고, 지금 이 순간의 걸음은 없다. 행복한 마음으로 지금 내딛는 걸음에 온 마음을 기울이는 사람은 우리의 셀프이다. 그에게는 지금 이 순간이 목적지이다. 그는 어디에 도달하기 위해 걷는 것이 아니라 걷는 것이 목적이다. 우리가 후자의 걷기를 실천할 때, 셀프는 깨어나 활동하게 된다.

숨쉬기 수행

'숨쉬기 수행'은 호흡을 자각하면서 행복하게 숨쉬기를 하는 것이다. 호흡을 자각하는 것은 '우주적인 나'와의 접촉을 위한 쉽고 좋은 수행 방법이다. 왜 그런가? 인간의 에고를 제외한 모든 것은 도(道)와 하나이다. 호흡도 도와 하나이다. 우리의 의식은 한꺼번에 두 가지를 하지 못한다. 우리의 의식을 호흡에 가져가면, 그때까지 어지럽게 일어나던 온갖 생각, 감정, 느낌, 욕망들은 활동을 중지한다. 에고의 활동이 중단되면, 진정한 쉼을 누릴 수 있으며, 우리의 존재도 호흡과 마찬가지로 도와 하나가 된다.

그런데 왜 하필 호흡에 의식을 가져가는가? 그 답은 호흡이 의식을 가져가기 쉽기 때문이다. 왜냐하면 호흡에는 들숨과 날숨이 있고, 이에 따라 우리의 배와 가슴이 움직이기 때문이다. 원한다면, 몸의 다른 부위나 돌멩이나 하늘에 우리의 의식을 가져가도 마찬가지의 효과를 얻을 수 있다.

보통 현대인의 호흡은 비정상적으로 얕다. 현대인도 호흡을 하긴 하지만 호흡을 자각하지는 않는다. 현대인은 매일 여백으로 주어지는 시간을 지루해하고 고통스럽게 느낀다. 그래서 온갖 방법을 동원해서 시간과의 대면으로부터 벗어나고자 애쓴다.

하지만 우리가 호흡에 마음을 집중하고 행복하게 숨 쉬는 방법을 깨우친다면 상황은 돌변할 것이다. 돌이켜 생각해보면, 호흡이란 참으로 경이롭다. 우리는 숨을 몇 분만 멈추면 죽는다. 호흡을 통해 끊임없이 대기는 내가 되고 나는 대기가 된다.

'숨쉬기 수행'은 호흡에 마음을 집중한 채 행복한 마음으로 숨을 쉬는 것이다. '숨쉬기 수행'을 할 때, 우리는 더 깊고 천천히 그리고 미소 지으며 숨을 들이마시고 내쉰다. 숨쉬기 수행은 외물에 빼앗겼던 내 마음을 나 자신을 향하게 함으로써, 셀프를 깨어나 활동하게 한다.

인간관계에서의 수행

인간관계에서의 수행은 우리가 만나는 사람들과의 관계에서 '우주적인 나'를 자각하기 위해 노력을 기울이는 것이다. 인간관계는 수행이 이루어지는 중요한 장이 될 수 있다. 인간관계에서의 수행은 우리의 관계를 창조적인 사랑의 관계로 변화시킨다.

부부관계는 이 세상에서 가장 가깝고 중요한 인간관계일 것이다. 결혼 후 세월이 흘러가면 차츰 상대편의 단점이 보이기 시작하고, 때론 그것이 견딜 수 없을 정도로 고통스럽게 느껴진다. 상대편의 외모에 대해 느꼈던 매력도 점차 느낄 수 없게 된다. 이것은 모든 부부에게 찾아오는 부부 생활의 시련기이고, 또한 수행의 호기이기도 하다.

'부부관계에서의 수행'의 한 가지는 자신과 다른 배우자의 성격, 기호, 스타일 등을 존중해주는 것이다. 그러면 상대편도 당신을 존중하게 되며, 부부 생활의 행복은 증가한다. '부부관계에서의 수행'의 한 가지는 상대편에 대해 진정한 믿음을 갖는 것이다. 진정한 믿음이란 믿을 수 없는 것을 믿는 것이다. 깊은 믿음은 변화를 일으키는 힘을 갖고 있다. '부부관계에서의 수행'의 또 다른 한 가지는 배우자의 단점을 따뜻하게 바라보는 노력을 기울이는 것이다. 배우자가 갖고 있는 단점을 깊이 바라보면 그것이 그 사람의 상처라는 것을 알 수 있다. 이때 우리는 배우자의 단점을 용서할 수 있고, 그 사람을 가엾게 여길 수 있다.

부모와 자녀 간의 관계 역시 중요한 관계이다. 자녀들이 아직 어릴 때, 부자관계에서의 수행의 주체는 부모이다. 부자관계에서 가장 빈번하게 발생하는 문제는 자녀를 자신의 뜻대로 지배하려는 부모의 성향이다. 그러므로 '부자관계에서의 수행'에서 가장 중요한 측면은 부모가 자녀의 개성이나 인격을 존중하기 위해 노력을 기울이는 것이다.

'부자관계에서의 수행'의 한 가지는 부모가 자녀에 대해 깊은 믿음을 갖는 것이다. 자녀가 부모를 실망시킬 때가 있다. 이때, 믿음이 가지 않는 아이를 부모가 깊은 믿음을 갖고 대하면, 이것이 자녀에게 큰 힘이 된다. '부자관계에서 수행'의 또 다른 한 가지는 부모가 자기 마음에 들지 않는 자녀의 특징을 수용하고 사랑하는 것이다. 완전하게 부모의 마음에 드는 아이는 없다. 이럴 때, 부모의 마음에 들지 않는 아이의 특징을 비난하면, 아이는 큰 상처를 받게 된다. 사랑스럽지 않은 자녀의 모습을 깊이 사랑해주는 것, 이것이 부모의 역할이다.

인생에서 가장 고통스런 경험의 하나는 미워하는 사람을 계속 만나야하는 일일 것이다. 미워하는 사람은 직장 동료나 상사, 시부모나 부모, 배우자 등 다양할 수 있다. 싫은 사람과 매일같이 얼굴을 맞대고 살아야한다는 것은 정말 고통스런 일이지만, 이것은 수행의 호기가 될 수 있다.

누군가를 특히 싫어하거나 좋아한다고 했을 때, 애증의 주체는 나의 '분리된 자아' 즉 에고이다. 셀프는 평등한 사랑을 하며, 누군가를 특별히 싫어하거나 좋아하지 않는다. 그러므로 누군가를 특히 싫어할 때, 이는 자신의 에고를 자각하기 위한 좋은 기회가 된다.

'싫은 사람과의 만남을 통한 수행'을 한다고 했을 때, 수행의 출발점은 시선을 '싫은 너'로부터 '너를 싫어하는 나'에게로 돌리는 것이다. 이 때, 우리는 새로운 사실을 발견하게 된다. 내가 어떤 사람을 싫어한다고 했을 때, '내가 싫어하는 그 사람이 책임져야 할 부분'이 있음과 동시에 '내가 책임져야 할 부분'이 있다는 것을 알게 된다.

이런 자각이 생겨났을 때, 비로소 싫어하는 사람과의 관계를 통한 배움과 성장이 있다. 자각이 생겨나면, 이제 비로소 나는 '상대편을 불편하게 여기고 싫어하는 나'와의 만남을 이루게 된다. 내 안에 있는 억압된 감정이나 욕망, 오만한 마음, 나만 옳다는 생각 등을 만나게 된다. 나는 이런 '내 눈 안의 들보'를 비난하지 않는다. 나는 이것들이 나의 상처임을 알기에 깊은 관심을 갖고 이것들을 돌보아준다. 따뜻하게 미소 지어주고 품어준다. 이렇게 했을 때, 나는 조금씩 내가 싫어하는 사람으로부터 자유로워진다.

결론

수행으로서의 여가 시간 보내기란 무엇인가? 우리는 수행 이전과 여가 시간 보내기의 내용이 달라지지 않았음을 알 수 있다. 우리는 여전히 걷고, 숨을 쉬며, 여러 사람들과 만나고, 욕망하며, 소비한다. 변한 것은 무엇일까? 그것을 하는 방식, 그것과 만나는 방식이 변화한다. 그런 일상의 활동을 통해, 우리는 점점 겸손해지고, 자유로워지며, 마음은 평화롭고 기쁨을 느낀다. 우리는 비로소 아내와 자녀들에게 깊은 관심을 기울이게 되고, 그들을 진정으로 사랑하게 되며, 그들에게 기쁨을 주는 존재가 된다.

우리는 여전히 가족 생활을 하고, 직장에 나가 일을 하며, 아침에 일어나면 양치와 세수를 하고, 끊임없이 숨을 쉰다. 변한 것은 아무 것도 없는데, 모든 것이 근본적으로 바뀌어간다. 우리의 존재가 사랑하는 자녀와 아내에게 기쁨과 행복이 된다는 것이 참으로 좋다. 근심스런 일이 생겨도, 그 근심이 더 이상 우리를 지배하지 못하며, 오히려 근심을 통해 우리가 성장할 수 있다는 것이 참 좋다. 이전에도 좋았던 일은 더 좋아지고, 이전에는 싫었던 일도 두렵지 않으며, 이전에 진부했던 일상은 가지에 맺힌 빗방울처럼 영롱한 빛을 발한다.

3.2. 낙도로서의 여가 시간 보내기

'수행으로서의 여가 시간 보내기'가 '우주적인 존재로서의 나'를 깨어나게 하기 위해 노력을 기울이는 것이라면, '낙도로서의 여가 시간 보내기'는 깨어난 '우주적인 존재로서의 내'가 주인공이 되어 즐겁게 살아가는 것이다.

낙도란 수행의 결과로 발견한 아름다운 나와 이 세계를 즐기는 것이다. 낙도란 지금 이 순간 속에 깊이 머물며, 단순한 것에서 기쁨을 느끼는 것이다. 낙도란 지금 여기에서 영원과 무한을 느끼고 행복에 잠기는 것이다.[193] 낙도란 욕망의 노예 상태에서 해방되어 진정으로 자기의 주인이 되어 자유를 즐기며 살아가는 것이다. 낙도란 사랑의 눈으로 모든 것을 바라보면서 사랑의 즐거움을 누리는 것이다.

셀프가 내 삶의 주인공이 되면, 우리는 삶의 모든 순간을 즐길 수 있다. 통일체적 세계관의 관점에서 볼 때, 낙도는 여가를 가장 창조적으로 보내는 방식이다. 여가가 삶의 중심을 차지하는 탈현대적인 삶에서, 통일체적 세계관은 창조적인 여가 시간 보내기에 대한 새로운 해답을 제공해 줄 수 있다. 낙도로서의 여가 생활은, 현대인의 삶을 고통과 불행으로부터 즐거움과 행복감에 충만한 삶으로 바꾸어 놓을 것이며, 막다른 골목에 이른 현대 문명에 희망의 출구를 제공할 것이다. 여기에서는 낙도로서의 여가 시간 보내기의 몇 가지 양상을 살펴보도록 하겠다.

부부 생활의 즐거움 누리기

부부는 서로 사랑해서 만난 사람들이다. 그런데 현실의 부부관계를 보면, 서로 다투거나 무관심한 부부가 많다. 서로에 대한 증오 속에서 고통스럽게 살아가는 부부도 많으며, 그들 중 일부는 별거나 이혼을 한다. 현대 사회에서 이런 불행한 부부관계가 만연해 있는 것은 그들이 사랑의 무능력자라는 사실에 기인한다.

193) 홍승표, 「수행과 낙도로서의 여가」, 홍승표 외, 『동양 사상과 탈현대의 여가』(계명대학교출판부, 2006), p. 240 참조.

대부분의 현대 부부는 사랑에 대한 오해를 갖고 있다. 그들은 결혼 전에 그들이 느꼈던 서로에게 끌리는 강렬한 열정을 사랑이라고 생각한다. 만일 이것이 진정 사랑이라면, 이 세상 모든 부부는 마침내 사랑할 수 없게 될 것이다. 왜냐하면, 연애 시절 경험하는 강렬한 감정은 어느 누구에게도 지속적이지 않기 때문이다. 이것을 사랑이라고 생각하고, 이것에 집착한다면, 그 부부는 반드시 불행해질 것이다. 왜냐하면, 어느 순간 상대편의 마음속에서 그리고 자신의 마음속에서 강렬했던 그 감정이 사라져버렸음을 알게 될 것이기 때문이다.

'서로에게 끌리는 강렬한 감정이 사랑'이라는 사랑에 대한 오해는 현 인류에게 광범위하게 퍼져있으며, 고통의 원천이 되고 있다. 남녀 간에 서로에게 끌리는 강렬한 감정은 꽃과 같이 아름다운 것이다. 꽃은 아름답지만 질 수밖에 없고 져야하는 것이듯이, 남녀 간의 강렬한 감정도 그와 같다. 남녀 간의 사랑을 주제로 하는 수많은 영화의 결말은 동일하다. 결혼, 한 사람의 죽음, 또는 이별이다. 결혼은 진정한 사랑의 출발점이지만, 어떤 영화도 강렬한 감정이 식어버린 부부의 사랑을 보여주지 않는다. 강렬한 감정은 식을 수밖에 없으며, '강렬한 감정을 사랑'이라고 생각하면, 그것이 식는 순간 사랑도 끝나게 된다. 그러므로 사랑에 대한 이런 현대적인 미신에 감염된 현대 부부들은 사랑을 키워갈 수 없다.

현대 사회에서 부부 간의 사랑에 대한 또 하나의 오해는 '사랑은 소유하는 것'이라는 생각이다. 결혼을 하면서, 현대 사회의 많은 부부들은 '이제 나는 너의 감정, 생각, 존재에 대한 소유권을 갖게 되었다.'고 생각한다. 이런 생각을 갖는 순간, 부부 간의 사랑은 끝나게 된다. 상대편을 자유롭게 하지 않는 사랑은 없다. 사랑을 소유로 착각하는 순간 사랑은 질식해 버린다.

많은 현대 부부들이 갖고 있는 사랑에 대한 오해의 요점은 무엇일까? 현대 부부들은 에고의 사랑을 추구한다는 점이다. 그런데 아이러니하게도 '에고가 할 수 없는 것이 사랑'이다. 그러므로 에고의 사랑은 존재하지 않는다. 왜 그럴까? 사랑은 하나 됨인데, 에고는 분리를 전제로 삼고 있기 때문이다. 그러므로 현대 부부들은 불가능한 사랑을 추구하는 것이고, 열심히 노력할수록 낙담도 더 커지게 된다. 그래서 행복의 원천이 되어야 할 부부관계는 고통과 불행의 원천이 된다. 요즘 많은 젊은이들이 결혼을 기피하는 것도 바로 이것이 근본 원인이다.

그렇다면 부부 생활의 즐거움을 누리기 위한 전제는 무엇일까? 사랑에 대한 올바른 이해를 하는 것과 자기 자신이 사랑의 능력을 가진 사람이 되는 것이다. 셀프만이 사랑의 능력을 갖고 있다. 그러므로 수행을 통해 셀프를 자각함으로써 우리는 사랑의 능력을 갖게 되고, 부부생활의 즐거움을 누릴 수 있게 된다. 이제 셀프가 자신의 주인공이 된 사람이 누리는 부부 생활의 즐거움을 묘사해보도록 하겠다.

사랑이란 사랑스러운 것만을 골라 사랑하는 것이 아니며 사랑스럽지 않은 것도 사랑하는 것이다. 그는 배우자가 갖고 있는 사랑스럽지 않은 면도 사랑한다. 배우자의 사랑스럽지 않은 면은 다양할 수 있다. 성급함, 옹졸함, 과격함, 치사함, 편협함, 소심함 등 여러 가지 성격적인 단점이 있을 수 있다. 사치를 좋아한다거나 더럽다거나 하는 등의 습성의 문제도 있을 수 있다. 추한 외모, 경제적인 무능력, 이해심의 부족 등과 같은 문제점을 갖고 있을 수도 있다.

배우자가 갖고 있는 어떤 사랑스럽지 않은 면에 대해서도 그는 배우자의 그런 면을 깊이 바라본다. 그리고 마침내 다음과 같은 사실을 깨닫게 된다. 배우자 자신도 어쩔 수 없이 그렇게 된 것이며, 사랑스럽지 않은 그의 모습이 그의 상처라는 점을, 그리고 그런 배우자의 모습에

짜증을 내고 미워하던 자신의 시선이 바뀌었음을 알게 된다.

그는 이제 사랑스럽지 않은 배우자의 모습에 연민을 느끼고, 그런 모습을 용서하며, 따뜻하게 감싸안아준다. 이것이 배우자를 사랑함이다. 그의 마음이 증오에서 사랑으로 바뀌며 그는 행복해지고, 그의 배우자는 깊은 사랑을 받으면서 행복해진다.

이렇듯, 배우자 중 한 사람의 셀프가 깨어나 활동하게 되면, 그것은 상대편의 셀프를 깨어나 활동하게 하는 좋은 효과를 일으킨다. 두 사람의 셀프가 모두 깨어나면서, 이들은 진정 행복한 부부 생활을 영위하고, 사랑은 깊어간다.

아내는 사랑하는 남편이 좋아하는 음식을 준비하며 행복해한다. 자신이 만든 음식을 맛있게 먹는 남편의 모습을 바라보며 기뻐한다. 남편은 설거지를 하며 즐겁다. 두 사람은 매일같이 아름다운 산책로를 함께 걸으며 행복을 느낀다. 비가 오는 날이면, 집 앞의 커피숍에 가서 따뜻한 커피를 함께 마시며 행복하다. 추운 날에는 단팥죽을 호호 불면서 먹으며 행복하다. 당신이 이렇게 내 앞에 있어서 얼마나 좋은가를 깊이 느낀다.

어디에 있건, 무엇을 하건, 당신과 함께 하니 행복하다. 시장에서 장을 함께 보면서 행복하다. 젊은이들로 꽉 찬 영화관에서도 둘이 손을 꼭 잡고 영화를 보며 행복하다. 아름다운 저녁노을을 바라보면서, 지는 가을 잎을 보며 행복하다. 세월이 흘러 함께 나이 들어감에 행복하다. 두런두런 오늘 있었던 이야기를 나누며 행복하다. 함께 해온 많은 날들을 기억하며 행복하다. 부부가 나누는 사랑의 즐거움은 끝이 없다.

부자관계의 즐거움을 누림

부모와 자녀 간의 관계는 이 세상에서 가장 가까운 것이며, 삶에서 느끼는 기쁨의 중요한 원천이다. 하지만 현대의 부자관계를 보면 불행한 경우가 많다. 현대의 많은 부모와 자녀는 같은 집에서 오래 살아왔지만 섬처럼 뚝 떨어져 살고 있고, 대화가 거의 없는 경우도 많다. 그래서 많은 부모와 자녀들은 상대편의 마음속의 근심이나 감정 등에 무지하다.

더 나쁜 것은 이들이 서로에게 고통과 불행을 주는 경우가 많다는 점이다. 세상에서 가장 가까운 사이인 이들이 서로에게 고통을 주는 것은 결코 그렇게 하고 싶어서가 아니다. 그들은 서로 상대편을 행복하게 해주고 싶어 한다. 하지만, 상대편을 행복하게 해줄 수 있는 능력이 없기 때문에, 그들은 쉽게 불행한 부자가 된다.

부자관계 문제의 원천적인 책임은 부모에게 있다. 부모가 무능력하기 때문에 자녀들이 불행해진다. 부모가 갖고 있는 무능력의 근원은 사랑에 대한 오해이다. 많은 부모는 자녀에 대한 소유욕을 갖고 있고 집착하는 마음을 떨치지 못한다. 그리고 그런 자신의 마음을 사랑이라 여긴다. 그래서 부모는 자녀의 일에 사사건건 간섭하고, 지배하려 한다.

부모는 자신이 생각해서 자녀에게 필요하다고 생각하는 것을 자녀에게 베풀고자 한다. 이것은 화초를 키우는 사람이 화초 자신의 필요를 생각하지 않고 자신의 마음대로 물을 주는 것과 똑같다. 이것은 자녀에게 폭력이 된다.

부모가 자녀에게 이렇게 폭력을 행하면, 행복한 부자관계를 만들어가는 것은 불가능하다. 행복한 부자관계를 위해서는, 부모가 수행을 통해 셀프를 자각함으로써 사랑의 능력을 키우는 것이 무엇보다 중요하다. 이리하여 부모가 자녀를 진정으로 사랑할 수 있게 되었을 때, 부자관계가 정립될 수 있다.

사랑의 능력을 갖고 있는 부모는 자녀를 자유롭게 한다. 그들은 자녀에게 깊은 관심을 기울인다. 자녀의 말을 많이 들어준다. 자녀가 원하는 것을 이룰 수 있도록 도와준다. 자녀가 어떤 잘못을 범했거나 실수를 했을 때도, 부모는 비난하거나 처벌하지 않으며 용서해준다. 그리고 자녀가 어떤 믿을 수 없는 행동을 하더라도, 부모는 그들을 깊이 믿는다.

부모의 진정한 사랑은 반드시 자녀를 행복하게 한다. 사랑하는 상대편을 행복하게 하지 못하는 사랑은 진정한 사랑이 아니다. 부모의 진정한 사랑을 받은 자녀는 햇빛을 받은 새싹처럼 무럭무럭 자라며 꽃을 피운다. 자녀는 부모의 사랑을 받아 행복하고, 부모는 자녀를 행복하게 함으로써 행복하다.

부모와 자녀는 많은 것을 함께 즐긴다. 부모와 자녀는 함께 산책을 즐긴다. 함께 호흡의 즐거움을 누린다. 양지바른 곳에 앉아서 햇볕을 쬐며 두런두런 대화를 나누는 것을 즐긴다. 아름다운 음악을 함께 듣는 것을 즐긴다. 함께 텃밭 가꾸기를 즐긴다. 함께 여행을 즐긴다. 그들은 삶을 함께 하며, 상대편의 존재에 깊이 감사하며, 행복해 한다.

벗과 함께하는 즐거움 누리기

마음을 함께 하는 벗과 함께 거닐며 담소를 나누고, 더불어 술잔을 기울이며 즐거워하는 것은 동서고금을 막론하고 삶의 큰 즐거움일 것이다. 필자의 개인적인 경험을 이야기하자면, 요즘 삶에서 가장 즐거운 부분은 격주로 토요일마다 모여 하루 종일 함께 공부하는 모임에서의 시간이다. 우리는 동양 사상의 기반 위에서 새로운 인류 문명의 청사진을 마련한다는 원대한 꿈을 공유하며 올해로 16년째 꾸준히 만나 함께 공부하고 있다.

경전을 읽으면서 현 문명의 근본적인 문제를 인식하고 새로운 문명의 형상화를 위해 열띤 논쟁을 벌인다. 공부 모임을 진행하면서 많이 웃는다. 공부를 마치면, 즐거운 식사 시간이 기다리고 있다. 우리 모두는 고기를 무척 좋아하고 많이 먹는다. 식사 시간에도, 차를 마시면서도, 우리는 서로를 놀리면서 많이 웃는다. 방학 때면, 가끔 여행을 함께 간다. 여행지에서는 공부 모임 때보다 더 많이 웃는다. 우리는 나이 들면 함께 모여 살기로 했고, 터도 마련해 놓았다. 죽는 날까지 함께 웃으며 공부할 계획이다. 만일 사랑하는 공부 모임의 친구들이 없었다면, 필자의 삶은 쓸쓸한 것이 되었을 것이다.

배우고 가르치는 즐거움 누리기

여기서 말하는 배우고 가르치는 즐거움이란 셀프 차원에서의 배우고 가르치는 즐거움을 가리킨다. 그것은 지식 전달과 습득을 포함한 에고 차원에서의 배움과 가르침을 의미하지 않는다. 가르치는 즐거움이란 제자가 에고의 늪에서 벗어날 수 있도록 도와주는 즐거움이며, 배우는 즐거움이란 선생님의 가르침을 받아 셀프가 깨어나 활동하게 되는데서 느끼는 즐거움이다.

훌륭한 스승을 만난다는 것은 큰 행운이다. 이 세상에는 깨달았다고 자처하는 사람이 많지만, 그들 중 많은 수는 진정으로 깨달은 사람이 아니다. 깨달았다고 하는 에고를 갖게 되는 순간, 사랑의 존재로 변화를 일으키는 것은 거의 불가능해진다. 이들은 자신의 깨달음의 에고를 드높이고자 하며, 깨달음의 체험을 통해 교주가 된다. 이들은 진정한 스승이 될 수 없다. 또한 이런 사람을 스승으로 삼게 되면 진정한 배움을 얻을 수 없다.

훌륭한 스승을 만나 배우는 것은 즐거운 일이다. 개인적인 사례를 이야기한다면, 필자는 5년 전에 김기태 선생님을 만났다. 선생님을 만나 배우면서, 완고한 필자의 에고를 조금씩 자각할 수 있었다. 그리고 선생님의 가르침과 삶을 통해 사랑을 배워갔다. 선생님은 언제나 시선을 자신에게 향하도록 도와주었다. 열정을 다해 가르쳤지만, 가르침 자체가 사랑이고 즐거움이었기에 에너지의 소진이 없었다. 5년이 지난 지금 선생님께 가르침을 받는 시간이 필자에게는 가장 즐겁고 소중한 시간이 되었다.

총명한 제자들을 만나 가르침을 베푸는 것 역시 인생의 큰 즐거움이다. 공자는 훌륭한 스승이기도 했지만 행복한 스승이기도 했다. 공자가 가장 즐거워했던 것은 사랑하는 제자들을 둘러앉히고 그들에게 가르침을 베푸는 일이었을 것이다. 『논어』에는 이런 구절이 있다. "민자건은 옆에서 모시는데 온화하였고, 자로는 굳세었고, 염유 · 자공은 강직하니, 공자께서 즐거워하셨다."[194] 가르치는 사람의 하나로 절로 부러운 마음이 드는 대목이다. 제자들이 조금씩 도를 깨쳐가는 모습을 바라보면서, 공자의 마음은 마냥 즐거웠을 것이다.[195]

산책의 즐거움 누리기

필자는 아내와 함께 매일 밤 집 앞에 있는 대덕산 산책로를 걷는다. 틱낫한 스님이 말했듯이, 아름다운 행성 지구 위를 마음껏 걸을 수 있다는 것은 큰 행운이다. 어떤 날은 나무 사이로 보름달을 본다. 아내와 나누는 이런저런 대화가 즐겁다. 봄밤은 감미롭다.

걷는 것을 즐길 수 있다면, 우리는 쉽게 행복할 수 있다. 에고는 걸음을 즐길 수 없다. 에고는 걸어서 도달하고자 하는 목적지에 마음을

---

194) 『論語』, 「先進」, "閔子侍側 誾誾如也 子路 行行如也 冉有子貢 侃侃如也 子樂"
195) 홍승표, 「유교 여가관의 탈현대적 함의에 대한 연구」, 『한국학논집』 34집(한국학연구원, 2007), p. 259 참조.

빼앗긴다. 현재의 걸음은 목적지에 도달하지 못한 부족한 순간일 따름이다. 그러므로 에고는 조급한 마음으로 발길을 재촉한다.

걷는 것을 즐긴다는 것은 걷는 것 자체를 사랑하는 것이다. 그리고 그 주체는 셀프이다. 셀프가 깨어나 활동하게 되면 우리는 걷는 것을 즐길 수 있다. 우리는 마음을 더 이상 미래와 과거에 빼앗기지 않는다. 걷는 동안, 내 발밑에 닿는 대지와 접촉하며, 마음은 지금 내딛는 걸음에 깊이 머문다.

걷는 것을 유난히 즐겼던 틱낫한 스님은 걷는 즐거움에 대해 다음과 같이 썼다.

> 걷기 선은 걷는 것을 참으로 즐기는 것이다. 어디에 도달하기 위해서가 아니라 그저 걷는 것이다. 그 목적은 지금 이 순간에 있어서 당신이 걷는 그 한걸음 한걸음을 즐기는 것이다. 그러므로 당신은 과거를 생각하지도 않고 미래를 생각하지도 않은 채 모든 걱정과 근심을 떨치고 그 순간을 즐겨야만 한다.[196)]

숨쉬기의 즐거움 누리기

낙도하는 삶의 하나는 숨쉬기를 즐기는 것이다. 생각해보면, 숨쉬기는 경이로운 것이다. 대기와 내가 끊임없이 서로 만나고, 서로가 되어가는 과정이 숨쉬기이다. 우리는 태어나서 죽을 때까지 숨쉬기를 멈추지 않는다. 그러므로 만일 우리가 숨쉬기를 즐길 수 있게 된다면, 삶에서 즐길 수 없는 순간은 없다.

필자보다 6살이 많은 대학 동기 형이 있었다. 학생 운동을 하다가 2년간 형을 살았다. 감옥에서 그 형의 별명이 '태산부동'이었다고 한다. 정치범이어서 징역이 없던 형은 하루 종일 벽을 마주 대하고 꼼짝도 않

---

196) N. H. Thich, *Being Peace*, Berkeley, California: Parallax Press, 1987, p. 185.

고 숨쉬기를 즐겼다고 한다. 숨쉬기를 즐길 수 있었기에, 그 형의 감옥 살이는 다른 동료 죄수들보다 행복했었다.

운전 중의 현대인은 빨간 신호등이 켜지면, 2분 정도의 대기 시간 동안 초조해하고 고통스러워한다. 하지만 우리가 숨쉬기를 즐길 수 있는 능력이 있다면 대기하는 2분은 행복한 것이 될 수 있다. 빨간 신호등이 켜지면 모든 운전자는 멈추어야 한다. 멈추느냐 아니냐는 운전자의 선택이 아니다. 운전자의 선택은 '대기하는 2분의 시간을 불행하게 보내느냐 행복하게 보내느냐' 하는 것이다. 숨쉬기를 즐기는 것은 무척 쉽기 때문에 대부분의 사람들이 행복하게 보내는 선택을 할 것 같지만, 실제로는 정반대이다. 왜냐하면 대부분의 현대인은 숨쉬기를 즐길 수 있는 능력이 없기 때문이다. 하지만 셀프의 삶을 살아가는 사람은 이럴 때 숨쉬기를 즐기며 행복한 시간을 보낸다.

숨쉬기를 즐긴다는 것은 어떤 것일까? 그것은 숨을 들이쉬고 내쉬는 것을 자각하면서, 그 느낌을 즐기는 것이다. '숨쉬기를 하느냐 아니냐'는 우리의 선택이 아니다. 우리의 선택은 '아무런 자각 없이 숨쉬기를 하느냐 숨이 들어오고 나가는 것을 자각하면서 행복한 마음으로 숨쉬기를 하느냐' 하는 것이다. 셀프의 삶을 살아가는 사람은 바로 후자의 선택을 하고, 그래서 늘 행복할 수 있다.

사랑의 즐거움 누리기

수행하는 삶의 핵심이 사랑의 능력을 키우는 것이라면, 낙도하는 삶의 핵심은 사랑의 즐거움을 누리는 것이다. 자비롭지 않은 석가모니를 상상할 수 없고, 사랑에 충만하지 않은 예수를 상상할 수 없듯이, 사랑은 태양이 빛을 발하는 것과 마찬가지로 깨달은 사람에게 넘쳐난다.

사랑은 깊은 행복의 원천이다. 우리가 언제 정말 행복함을 느끼는가를 곰곰이 생각해보면, '누군가를 깊이 사랑할 때'와 '누군가로부터 깊이 사랑받을 때'임을 알 수 있다. 누구나 이것을 알고 있지만, 현대인이 불행한 삶을 살아가고 있는 것은 사랑할 수 있는 능력이 없기 때문이다. 하지만 수행을 통해 참된 자기를 실현한 사람은 사랑에 충만하며, 사랑의 즐거움을 누리는 삶을 살아간다.

필자가 플럼 빌리지를 방문했을 때, 틱낫한 스님은 80세에 가까운 노인이셨다. 현대인은 그 정도 연배가 되면, 대부분 외롭고 고통스런 삶을 사는 경우가 많다. 하지만 필자가 만난 틱낫한 스님은 행복해 보였다. 스님은 우리 모두를 깊이 사랑하셨다. 그가 만난 적이 없지만 끝없는 분쟁과 증오로 인해 고통 받고 있는 이스라엘과 팔레스타인 사람들에 대해서조차 그는 깊은 연민을 갖고 있었다.

스님이 특히 사랑하는 사람은 어린 아이들이었다. 산책할 때도 아이들의 손을 잡고 하는 경우가 많았다. 아이들도 스님을 무척 존경하고 따랐다. 플럼 빌리지에는 다양한 인종과 연령대의 사람들이 모여 있었다. 하지만, 우리 모두는 스님을 존경하고 사랑했다. 이렇게 깊이 사랑하고 사랑받으면서도 불행해진다는 것은 불가능한 일로 보인다.

일하는 즐거움 누리기

낙도하는 삶의 한 가지 형태는 일하는 즐거움을 누리는 것이다. 이때, 일은 무엇에 도달하기 위한 수단으로서의 일이 아니라 그 자체가 목적이 된다. 텃밭을 가꾸는 즐거움, 설거지의 즐거움, 집안 청소의 즐거움, 음악을 작곡할 때의 즐거움, 아이들을 가르치는 즐거움, 글을 쓸 때의 즐거움, 집을 짓고 수리하는 즐거움, 운전하는 즐거움 등 그 가짓수는 헤아릴 수 없으며, 사람에 따라 다르다. 다만 그 일을 하는 자체에서 행복을 느낀다면, 그 일이 어떤 일이건 그것은 낙도로서의 일하기가 된다.

중학교 재학 시절, 필자는 늘 만원버스를 타야했다. 그때 버스는 출입문이 두 개였고, 차장도 두 명이었다. 워낙 많은 승객을 태우다보니, 버스 차장에게 요구되는 필수 기술 중 하나가 승객들을 밀어 넣기 위한 배치기였다. 대부분의 차장들에게 배치기는 고역이었다. 그런데 체격이 좋은 총각 차장이 있었는데, 그는 늘 웃으며 배치기를 즐겼다. 그래서 우리는 그 차장을 좋아했던 기억이 난다. 버스 차장과 같이 힘든 일도 본인이 그 일 자체에서 행복을 느낀다면 그것은 낙도로서의 노동이 될 수 있다.

낙도로서의 일하기에서, 일은 서둘러 해치워야 할 그 무엇이 아니다. 일은 나의 에고를 더 크고 높게 만들기 위한 수단이 아니다. 일 속에서 우리는 자유로우며 행복을 느낀다. 낙도로서 일을 하게 되면, 우리는 행복할 뿐 아니라 그 일을 정말 잘하게 된다. 그는 작곡가로서, 화가로서, 작가로서, 청소부로서, 농부로서, 그 분야에서 정말 일을 잘하는 사람이 될 것이다.[197)]

자연의 아름다움을 즐기기

수행을 통해 마음에 욕심이나 집착이 사라지면, 아름다운 자연이 들어올 수 있는 마음의 빈자리가 생겨난다. 아름다운 산길, 싱그러운 공기, 무성한 잎사귀, 졸졸 흘러가는 계곡물, 매미의 울음소리, 저녁노을, 부드러운 바람 등 아름다운 것들을 즐길 수 있게 된다.[198)]

수행을 통해 자신의 본래 모습을 회복한 사람은 어느 날 문득 이런

---

197) E. Tolle, 류시화 옮김, 『Now』(조화로운 삶, 2008), p. 146 참조.
198) 홍승표, 「동양 사상과 수행과 낙도로서의 블랙잭」, 『여가학연구』 6(2)(한국여가문화학회, 2008), p. 17 참조.

의문을 갖게 된다. '어떻게 내가 지금까지 이렇게 멋진 것들에 무관심할 수 있었던 것일까?' 하늘은 매일 매시간 마다 황홀한 우주 쇼를 보여준다. 소나기가 그치고 나서 하늘을 떼 지어 나는 잠자리의 날개 짓을 구경하는 것도 즐겁다. 태풍이 지난 후 콸콸 넘치는 계곡물을 구경하는 것도 신난다.

에고도 경이로운 자연 경관을 좋아한다. 하지만 에고는 쉽게 싫증을 낸다. 그래서 에고는 보다 신기한 자연 경관을 찾아 때로 수천 킬로미터를 날아가기도 한다. 하지만 셀프는 마당에 심겨있는 한 그루 매화나무를 오래도록 즐길 수 있다. 비가 그친 뒤, 가지에 달려 보석처럼 빛나는 빗방울을 즐긴다. 깊은 밤 달빛에 드러난 앙상한 겨울 가지의 아름다움을 즐긴다. 이른 봄 매화 향기와 꽃잎의 아름다움을 즐긴다. 가을날 벌레 먹은 채 물든 매화 잎의 아름다움을 즐긴다. 그는 매화나무를 사랑하고, 매화나무를 통해 온 세상의 자연을 느끼고, 즐길 수 있다.

한가로움을 즐기기

에고의 삶을 살아가는 사람을 『논어』에서는 소인이라고 한다. 소인에게는 늘 근심이 많다. '우주적인 존재로서의 나'의 삶을 살아가는 사람을 『논어』에서는 군자라고 한다. 군자에게는 근심이 없으며,[199] 마음이 늘 화평하다. 『논어』에서는 공자가 한가로울 때의 모습을 다음과 같이 묘사하고 있다. "공자께서 한가로이 계실 적에 마음은 평화롭고도 즐거운 듯하고 얼굴은 환히 피어나셨다."[200]

노자 역시 셀프가 자신의 주인공이 되어 살아가는 도인의 모습을 "편안하고 태평함"[201]이라고 묘사하고 있다. 즉 도인의 마음은 편안하고

---

199) 『論語』, 「顔淵」, "君子不憂"
200) 『論語』, 「述而」, "子之燕居 申申如也 夭夭如也"

태평하다는 것이다. 어떻게 도인은 편안하고 태평하며, 근심이나 두려움이 없는 것일까? 그는 셀프의 삶을 살기 때문이다.

현대인은 에고의 삶을 살아간다. 그에게는 매사가 심각하며 근심거리이다. 연봉을 동결한다는 소식을 들어도, 수업에 조금 늦을 것 같아도, 강의 평가가 조금 나쁘게 나와도, 누가 자기를 조금 비난해도, 현대인은 근심에 빠진다. 왜냐하면 에고는 어떤 사소한 문제로도 손상을 입기 때문이다. 현대인은 에고의 삶을 살아가기 때문에 늘 근심에 싸여 있다.

하지만 셀프에게는 심각한 일이란 없다. 이 세상 어떤 일도 큰 바다에 일어나는 작은 파도와 같은 것이다. 태풍이 불어올 때도 깊은 바다 속은 고요하다. 어떤 것도 그를 동요하게 할 수 없다. 그러므로 셀프의 삶을 살아가는 사람은 근심하지 않으며, 늘 태평하다.

틱낫한은 이렇게 말했다. 수행을 잘하면, "여러분은 강하고 안정된 존재가 되어 진정한 평화로움 속에서 모든 일을 미소로 맞이할 수 있게 됩니다."[202] 우리들은 더 이상, 분노나 원망, 질투나 시기, 기대나 회한 같은 것들에 사로잡히지 않으며, 마음의 평화가 깨뜨려지지 않는 새로운 삶의 경지에 들어서게 된다.

자유로움을 즐기기

셀프의 존재로 재탄생한 나는 대자유인이다. 나는 어떤 것에도 속박받지 않는다. 그래서 노자는 "비록 영화로운 곳에 있어도 편안히 처하고 초연하다."[203]고 했다. 즉, 삶에서 좋은 일에 부딪치건 나쁜 일에 부딪치건, 그 일은 더 이상 나를 지배하지 못한다는 것이다. 나는 좋은

---

201) 『老子』, 35章, "安平太"

202) N. H. Thich, 박혜수 옮김, 『틱낫한의 사랑의 가르침』(열림원, 2003), p. 51.

203) 『老子』, 26章, "雖有榮觀 燕處超然"

일과 나쁜 일 모두로부터 자유롭다.

나는 일체가 무상함을 깨닫고, 모든 것에 대한 집착에서 벗어난다. 나는 자유인이 되어 돈이나 명예, 권력이나 인기 등과 같이 자신을 얽매고 있던 것으로부터 해방되며, 더 이상 욕망이나 희망, 분노나 불안, 과거나 미래에 사로잡히지 않는다.[204] 심지어는 죽음조차도 나에게 위협이 되지 못한다.

셀프의 존재로 재탄생한 나는 자기 자신이나 아내, 자식이나 부모, 뜰 앞의 민들레 등 그 모든 것이 무상함을 자각하고 있기에 그것을 더욱 소중하게 여긴다. 삶에서 그에게 다가오는 어떤 것도 편안하게 맞아들이며, 이를 즐긴다. 하지만 그는 어떤 것에도 집착하지 않으며, 떠날 때가 되면 쾌히 이것을 보내준다.

그는 자신이 이루어낸 모든 성취로부터도 자유롭다. 자신의 저술, 자신이 작곡한 음악, 자신이 그린 그림, 자신이 지은 집 등 자신이 이루어낸 어떤 성취에 대해서도 거기에 머물려고 하지 않는다. 노자는 이런 삶의 모습을 잘 표현했다. "낳되 소유하지 않고, 하되 했다는 의식이 없으며, 공을 이루되 거기에 머물지 않는다."[205] "낳되 소유하지 않고, 하되 했다는 의식이 없으며, 길러 주되 주재하지 않는다."[206] 그는 대자유인이다.

경이로움을 즐기기

수행을 통해 제 3의 탄생을 이룬 사람은 자신과 세계를 깊이 보고

---

204) 홍승표, 「유교 여가관의 탈현대적 함의에 대한 연구」, 한국학논집 34(한국학연구원, 2007), p. 265 참조.

205) 『老子』, 2章, "生而不有 爲而不恃 功成而弗居"

206) 『老子』, 51章에서 "生而不有 爲而不恃 長而不宰"라고 말했고, 또한 10章에서도 '生而不有'를 말하고 있으며, 34章에서는 '生而不辭'라고 말한다. 77章에서는 '功成而不處'를 말하고, 34章에서는 '功成不名有'를 말하며, 9章에서는 '功遂身退'라고 말하고 있다.

느낄 수 있다. 셀프가 깊은 잠에서 깨어나면, 그때까지 그의 주변에서 잠들어 있던 모든 것들이 깨어나 자신의 생생한 모습을 보여준다. 에고의 삶을 살아가는 현대인도 이성에게 사랑을 느낄 때, 일시적으로 이 세상 모든 존재의 경이로움을 경험한다. 셀프의 존재가 된 사람은 지속적으로 모든 존재의 경이로움을 경험한다.

아내, 어머니, 집 앞에 있는 동산, 하늘과 바람, 샤워기에서 쏟아지는 물, 사월의 어린 잎 등, 이 모든 것들이 자기 안에 간직하고 있던 비경을 그에게 보여준다. 셀프의 존재가 된 사람은 경이로운 것을 찾아 멀리 떠날 필요가 없다. 늘 곁에 있는 아내, 발에 차이는 돌멩이, 길가에 핀 작은 들꽃 등, 그때까지 그냥 지나쳤던 이 모든 것에서 그는 경이로움을 느낀다.

외적으로 보면 바뀐 것이 아무 것도 없지만, 모든 것이 바뀐 경이로운 세계와 그는 마주친다. 틱낫한은 이렇게 말한다.

> 깨어 있는 마음이 밝게 빛날 때, 우리는 우리 안, 그리고 우리 주위에서 수많은 경이로움과 만날 수 있다.[207]

유머를 즐기기

에고와 셀프의 현저한 차이는 에고의 경험을 대하는 관점이다. 에고는 에고가 경험하는 감정, 생각, 느낌 등 모든 것을 심각하게 여긴다. 에고는 에고의 경험을 웃을 수 없다. 반면에, 셀프는 에고가 경험하는 모든 것을 미소 지으며 바라본다. 셀프에게는 심각한 일이란 없다.

유머란 무한과 영원의 눈으로 유한한 존재를 바라볼 때 생겨나는 웃음이다. 다시 말하자면, 셀프가 나와 너의 에고를 바라보며 짓는 웃음

---

207) N. H. Thich, 류시화 옮김, 『마음을 멈추고 다만 바라보라』(꿈꾸는 돌, 2002), p. 51.

이 유머이다. 에고에 매몰된 삶을 살아가는 현대인에게는 유머가 없다. 현대인은 에고가 거두는 성공과 실패를 웃을 수 없다. 작은 성공이라도 거두면 우쭐하는 마음의 노예가 되고, 작은 실패라도 경험하면 마음은 끝없이 움츠러든다.

수행을 통해, 우리는 무한과 영원의 빛 아래 유한한 자신과 세계를 바라볼 수 있는 새로운 눈을 갖게 된다. 이런 눈을 갖게 되면, 이 세상에는 어떤 심각한 일도 없다. 자신의 죽음은 에고에게 일어날 수 있는 가장 심각한 일일 것이다. 그러나 이런 눈을 가진 사람은 죽음의 불안과 공포를 느끼는 자신을 따뜻하게 미소 지으며 바라볼 수 있다.

우리가 만일 자신의 죽음을 웃으며 맞을 수 있다면, 이 세상에 일어나는 일 중에 웃을 수 없는 것이 없다. 그래서 낙도하는 삶을 살아가는 사람은 모든 것을 향해 따뜻하게 웃음 짓는다. 외모가 조금 잘났다든지 못났다든지, 머리숱이 많다든지 적다든지, 살고 있는 아파트가 넓다든지 좁다든지, 일류 대학을 다닌다든지 그렇지 못하다든지, 인기가 많다든지 적다든지, 이런 사소한 일에 우쭐거리고 움찔하는 자신의 에고를 바라보며, 따뜻하게 미소 지어주는 것이 유머이다.

그러므로 셀프가 주인공이 되어 살아가는 삶에는 유머가 끊이지 않는다. 유머는 자신이나 상대편을 에고의 감옥에서 벗어나게 하는 치료약이다. 유머는 현대적인 삶과 문명을 그 근원에서부터 무너뜨릴 수 있는 비책이다. 유머는 자각 속에 사는 사람에게도 끊임없이 다시 나타나는 에고의 망령을 쫓아내는 부적이기도 하다.

세상에는 자신이 깨달았다고 주장하는 사람들이 많다. 그들이 진정으로 깨달은 사람인가를 판명할 수 있는 시금석의 하나가 '유머 감각'이다. '깨달음을 얻은 자기 자신을 향해 미소 지을 수 있는가?' 이것이 없다면, 그는 가짜이다. 그 사람은 깨달음의 체험에 압도당한 사람이고,

깨달음의 체험을 자신의 에고를 더 높이는데 활용하는 사람이며, 그래서 보통 사람보다 에고의 감옥을 벗어나기 더 힘든 불치병에 걸린 사람일 가능성이 높다.

도와줌을 즐기기

에고의 삶은 나를 지금보다 더 크고 높게 만들고자 하는 성취에 중심을 둔다. 이에 반해서, 셀프의 삶을 살아가는 사람에게는 더 이상 성취할 것이 없다. 나는 이미 목표에 도달해 있기 때문이다. 그래서 한편으로 보면, 셀프의 삶은 도움이 필요한 사람에게 도움을 제공하는 일종의 '서비스로서의 삶'[208]이라고 할 수 있다.

노자는 "만물이 스스로 그러하도록 돕되 감히 작위하지 않는다."[209]라고 말했다. 또 "물은 만물을 이롭게 함을 즐긴다."[210]라고 했다. 『금강경』에서는 '무주상보시(無住相布施)'를 말한다. 이 말들은 모두 셀프의 삶을 살아가는 사람이 행하는 진정한 도와줌이 어떤 것인가를 잘 나타내고 있다.

진정한 도와줌이란 상대편이 자신의 본성을 이룰 수 있도록 도와주는 것이다. 그것은 상대편의 입장에서 상대편이 정말 필요로 하는 것을 도와주는 것이다. 예수는 '구제할 때에 오른손의 하는 것을 왼손이 모르게 하라.'고 말했는데, 이것이 무주상보시의 의미이기도 하다. 도와준다는 생각을 일으키지 않고 도움을 주는 것이 진정한 도와줌이다. 또한 진정한 도와줌은 도와주는 것 자체에 즐거움이 있다.

---

208) '서비스로서의 삶'이라는 말은 김기태 선생님이 『노자』를 강의하면서 사용했던 용어임을 밝힌다.

209) 『老子』, 64章, "以輔萬物之自然 而不敢爲"

210) 『老子』, 8章, "水善利萬物"

Chapter

V

동양 사상과 탈현대 노동관

탈현대적인 관점에서 보면,
현대 사회에서 노동에 부여되었던
특권적인 지위는 박탈된다.

동양 사상의 기반 위에서 탈현대 문명에 대한 비전을 제시하고자 하는 네 번째 연구는 탈현대 노동관을 탐구하는 것이다. 오늘날 우리는 왜 새로운 노동관을 모색해야만 하는가? 그 이유는 이 시대가 새로운 노동관을 절실히 요구하고 있기 때문이다.

현대 노동관은 현대가 만들어낸 관념 중에서 아직도 현대인의 의식에 강한 영향력을 발휘하는 관념이며, 또한 탈현대와의 충돌이 가장 심각한 관념이다. 여가 중심적인 탈현대의 삶의 양식과 노동을 통한 자기실현을 주장하는 현대 노동관은 결코 조화를 이룰 수 없다. 그러므로 우리는 현대 노동관을 끌어안고서는 탈현대의 새로운 문명으로 나아갈 수 없다.

이 책에서는 현대인이 갖고 있는 '인간적인 노동'의 의미가 어떻게 현대 인간관의 영향 하에서 형성된 것인가를 밝히고, 탈현대의 관점에서 현대 노동관의 문제점을 비판하고자 한다. 이에 이어서, 통일체적 세계관의 관점에서 '인간적인 노동'의 새로운 의미를 밝혀보고자 하며, 새로운 노동관의 탈현대적인 함의를 논의하고자 한다.

1. 현대 인간관과 현대 노동관의 형성

현대 사회에서 통용되는 참된 노동의 의미는 현대 인간관에 바탕을 두고 있다. 현대 세계관은 16-17세기 경 서구 사회에서 형성되었는데, 이것은 오늘날에 이르러서도 현대인의 의식에 지배력을 행사하고 있다. 현대 세계관의 핵심 원리는 '모든 존재들 간의 근원적인 분리'이다. 현대 세계관의 관점에서 보면, 이 세상 모든 존재들은 시공간적으로 분리 · 단절되어 있다.

인간 역시 이런 존재의 일부이다. 현대 인간관의 토대 위에서 보면, 인간이란 우연하게 생겨나서, 출생에서 죽음까지의 유한한 시간을 살아가는 존재이며, 또한 피부를 경계선으로 해서 외부세계와 단절된 존재이다. 인간은 욕망에 부대끼며 살아가고, 죽음과 동시에 무(無, nothing)로 화해버리는 무의미한 존재이다. 인간은 아무런 본래적인 의미를 갖고 있지 않은 무의미한 존재이며, 자기 앞에 우뚝 서있는 거대한 세계에 대해 무력한 존재이다. 그래서 현대인의 마음의 근원에는 무력감과 무의미감이 자리 잡고 있다.

바로 이런 인간의 존재론적 기반 위에서, 현대인의 오디세이가 시작된다. 무력감과 무의미감은 무척 고통스런 것이기 때문에, 현대 인간관의 지배를 받고 있는 모든 현대인에게는 무력감과 무의미감으로부터 벗어나고자 하는 강박적인 욕구가 존재한다. 이리하여 모든 현대인의 삶은 태생적인 무력감과 무의미감을 벗어나기 위한 몸부림으로서의 삶이 된다. 이것이 바로 현대적인 삶의 본질이며, 이런 몸부림이 자아 확장투쟁이다.

세계로부터 분리된 자아로서 자신의 존재 의미를 확인하고 확장하는 것, 그래서 근원적인 무력감을 벗어나는 것, 이것이 현대적인 삶의 목표이다. 현대인은 다양한 방식으로 이를 추구한다. 경쟁에서 승리하는 것, 많은 부를 축적하는 것, 다른 사람으로부터 인정받는 것, 다른 사람을 자기 마음대로 부리는 권력을 획득하는 것, 외모를 꾸미는 것, 좋은 직업이나 지위를 차지하는 것, 값비싼 물건을 소유하거나 소비하는 것, 남들이 부러워할 만한 학력을 갖는 것 등이 개아로서 자신의 가치를 확인하고 확장해나가는 중요한 통로들이다.

현대적인 의미에서 인간다운 존재가 된다는 것은 바로 이런 경쟁에서의 성공, 갈등에서의 승리, 돈과 권력의 획득, 인기 있는 사람이 되는 것, 빼어난 외모의 소지자가 되는 것, 높은 지위나 명예를 얻는 것 등을 의미한다. 그렇다면 현대적인 의미에서 인간적인 노동의 의미는 무엇인가? 현대적인 의미에서 인간적인 노동의 의미는 한편으로는 노동이 분리된 자아의 확인과 확장에 기여하는 것을 의미하며, 다른 한편으로는 노동이 승리나 성공, 돈이나 권력, 인기나 지위의 획득에 기여하는 것을 의미한다. 바로 이런 이유로, 직업 노동은 현대적인 삶의 중심으로 진입한다.

직업 노동에 대한 예찬은 현대 인간관의 출현과 그 궤를 같이 한다. 동서양을 막론하고, 현대 이전의 사회에서는 노동을 고역으로 보는 관점이 주를 이루었다. 그러던 것이, 개신교의 출현과 더불어 직업 노동에 대한 관점에 혁명적인 전환이 일어났다.

M. 루터(Martin Luther, 1483-1546)는 인간 활동 중에서 가장 성스러운 것으로 간주되던 수도원에서 신께 기도드리는 행위를 가장 낮은 곳으로 끌어내리고, 위계의 가장 낮은 곳에 있던 직업 노동을 가장 높은 곳으로 끌어올렸다. 이것은 직업 노동에 대한 관점의 코페르니쿠스적인 전환을 의미하는 것이었다. J. 칼뱅(Jean Calvin, 1509-1564)은 직업 소

명설을 주창하면서, 세속의 직업 노동에 종교적인 의미를 부여했다. 이를 통해, 직업 노동을 긍정적이며 궁극적인 것으로 바라보는 관점이 확산되었다.

현대적인 관점에서 이루어진 인간적인 노동에 대한 규정 중에서, 최고봉을 차지하는 것은 마르크스의 노동관이다. 마르크스는 '참된 노동을 통해서 인간은 자신의 인간적인 본질을 실현할 수 있다.'고 주장했다. 이것은 노동 그 자체에 궁극적인 의미를 부여하며, 노동을 삶의 목표로 고양시키는 혁명적인 사상이었다. 현대 노동관의 절정이라고 말할 수 있는 마르크스의 노동관은 헤겔에서 비롯된 것이다.

헤겔은 이렇게 말했다. 노동이란 "주체가 자기 자신을 가능성의 밤으로부터 현존의 낮으로 옮겨 놓는 것과 같으며, 전개되지 않은 존재 형식을 전개된 존재 형식으로 이전시키는 것이다."[211] 이렇게 헤겔은 생산 활동으로서의 노동에 철학적인 의미를 부여했다. 노동이란 자연이 갖고 있는 고유한 성질에 적응하면서 자연을 자신에게 적합하고 유용하게 변형시켜 가는 과정이다. 헤겔은 노동을 통해서 가능성으로만 자기 안에 있던 형상을 외계에 침투시켜서 그 안에 자신의 내부에 있던 형상이 나타나게 한다고 했다.[212] 즉, 노동을 통해서 인간은 노동의 대상 속에 자신을 대상화하며, 대상화 과정을 통해서 진정한 자기 발전을 이루게 된다고 주장했다.

헤겔의 노동관을 이어받은 마르크스는 참된 노동을 통해서 인간은 자신의 인간적인 본질을 실현하게 된다고 함으로써, 노동에 궁극적인 가치를 부여했다. 마르크스는 노동이란 단순히 생계유지를 위한 수단적

---

211) H. Popitz, 「史的唯物論의 哲學的 기초」, 김창호 편역, 『마르크스의 人間觀』(동녘, 1983), p. 107.

212) 清水正德, 한마당 편집부 옮김, 『노동의 의미』(한마당, 1983), p. 84 참조.

인 활동에 그치는 것이 아니라 인간의 보편적인 본성을 발전시키는 실존적인 활동이라고 보았다.[213] 마르크스의 노동관은 다음과 같은 그의 말에 잘 표현되어 있다. "노동은 인간적 자유의 현실적 표현이며, 인간은 노동 가운데서 자유롭고, 노동의 대상 가운데서 자유로운 그 자신을 현실화하게 된다."[214]

마르크스의 관점에서 보면, 참된 노동 활동은 자신의 개성을 표현하고 구현하는 생명 활동이다. 노동자는 자신이 만든 생산물을 관조하면서 즐거움과 힘의 느낌을 갖게 된다. 또한 타인이 그것을 향유함으로써, 자신을 인정하고 사랑하게 된다. 노동은 고립된 활동이 아니라 사회적 맥락 속에서 이루어지는 활동이다. 그러므로 노동을 통해서 나를 실현함과 동시에 너를 실현하는 유적 존재가 될 수 있다.[215]

헤겔과 마르크스가 새로운 노동관을 역설하면서 아무런 의문 없이 전제했던 '나'는 누구인가? 그 '나'는 바로 시간적으로 그리고 공간적으로 분리된 개체로서의 '나', 즉, '현대인이 바라보는 나'인 것이다. 결국 그들이 말한 참된 노동이란 분리된 개체로서의 나의 존재 확인과 확장에 기여하는 노동을 의미한다. 다시 말하자면, 현대 노동관은 철저하게 현대 세계관의 맥락 안에서만 정상적으로 작동할 수 있는 노동에 대한 특수한 관점이다. 전현대나 탈현대 세계관의 눈으로 보면, 자신의 직업과 자신의 존재 가치를 거의 동일한 것으로 인식하는 현대 노동관은 그로테스크하기 짝이 없는 것이다.

---

213) 홍승표, 『깨달음의 사회학』(예문서원, 2002), pp. 203-204 참조.
214) 정문길, 『疎外論 硏究』(문학과 지성사, 1978), p. 69에서 재인용.
215) 홍승표, 『깨달음의 사회학』(예문서원, 2002), p. 204 참조.

2. 현 시대 상황과 현대 노동관 비판

인간관에 따라 '인간적인 노동'의 의미는 달라진다. 현대 인간관에 기반 한 인간적인 노동의 의미는, 전현대 인간관에 기반 한 인간적인 노동의 의미나 탈현대 인간관에 기반 한 인간적인 노동의 의미와 다르다. 그러므로 현대적인 의미에서 인간적인 노동은 현대라는 인류 역사의 특정 시점에 한정해서만 인간적인 노동의 의미로 통용될 수 있다.

그러나 시대 맥락을 탈락시킨 채, 현대인은 '현대적인 의미에서의 인간적인 노동'을 인류 역사의 어떤 시점에서나 통용될 수 있는 '보편적인 의미에서의 인간적인 노동'으로 간주하는 경우가 많다. 이런 착각은 현대라는 시대 안에서만 논의가 이루어질 때는 별 문제를 야기하지 않는다. 하지만, 현재와 같이 현대로부터 탈현대로의 문명 대전환이 이루어지는 시점에 이르게 되면, 이것은 심각한 문제를 야기한다.

실제로 우리가 살고 있는 현 시대 속에서는, 현대인이 현대 노동관에 고착됨으로 말미암아 많은 고통이 양산되고 있다. 또한 현대 노동관에의 고착은 인류가 탈현대의 새로운 사회로 진입하는 것을 가로막는 중요한 장애물로 작용하고 있다. 오늘날 인류가 겪고 있는 혼란과 고통의 중심에는 새롭게 출현하는 탈현대적인 사회 구조와 낡은 현대 노동관 간의 충돌이 자리 잡고 있다.[216)]

양자 간의 충돌의 핵심은 다음과 같은 것이다. 여가 시간이 삶의 중심을 차지하는 탈현대적인 삶의 양식이 급속히 확산되고 있으며, 이는

216) 낡은 현대 세계관과 새로운 사회 구조의 충돌에 대해서는 홍승표의 『깨달음의 사회학』(예문서원, 2002), 2부 5장 1절 「낡은 세계관과 새로운 사회 구조의 충돌」과 『동양 사상과 탈현대적 삶』(계명대학교출판부, 2011), 8장 「변화를 위한 압력의 증대 2: 탈현대 사회 구조와 현대 세계관의 충돌」에 상세하게 서술되어 있다.

역사 운동의 필연적인 법칙이다. 이에 반해, 노동을 통한 인간의 자기 실현을 내세우는 현대 노동관이 여전히 건재하고 있다. 이로 인해서, 양자 간의 격심한 충돌이 일어나고 있는 것이다.

인공 지능이 기계와 결합하면서, 생산 현장에서는 인간 노동력에 대한 수요가 급속히 감소하고 있다. 그러나 노동 그 자체를 자기 목적으로 생각하는 현대 노동관은 여전히 확고하게 현대인의 의식을 지배하고 있다. 인간의 노동을 점점 덜 필요로 하는 새로운 사회 구조와 노동 자체를 자기 실현의 주된 통로로 간주하는 낡은 노동관 간의 충돌은 현 인류의 삶을 고통스럽게 하고 있다.

현대 노동관은 현대 초기와 중기까지만 하더라도 문명 발전의 원동력으로 작용했었다. M. 베버(Max Weber)는 초기 개신교가 형성한 노동에 대한 새로운 태도를 자본주의 발전의 원동력으로 인식했다. 마르크스에게 있어서 현대 노동관에 입각한 '진정한 노동'은 그가 꿈꾸었던 이상 사회의 중심이며, 또한 자본주의 사회 비판의 핵심이었다. 현대 노동관은 노동 특히 직업적인 생산 노동에 궁극적인 의미를 부여했고, 현대인은 현대 노동관을 수용해서 현대 문명이라는 새로운 문명을 건설했다.

하지만, 오늘날에 이르러서 현대 노동관은 새로운 시대를 열어가는 원동력이 아니라 새로운 시대의 도래를 가로막는 족쇄가 되어버렸다. 현대 노동관에의 고착이 불필요한 많은 고통을 양산하고 있으며, 인류가 탈현대의 새로운 사회로 진입하는 것을 가로막는 중요한 걸림돌이 되고 있다.

현대 노동관은 '분리 · 독립된 개체로서의 인간'이라는 현대 인간관에 기초하고 있다. 그러므로 인간다운 노동이란 분리 · 독립된 개체로서의 나의 자기 발전에 이바지하는 노동이다. 그러나 새롭게 출현하고 있는 사회 구조는 이런 현대 노동관과의 조화로운 공존을 허용하지 않는다. 그 이유는 다음과 같다.

첫째, 현대 노동관은 참된 노동을 통해서 인간이 자신의 인간다움을 실현할 수 있다고 본다. 그래서 현대 노동관의 관점에서 보면, 직업 노동의 가치가 중시된다. 하지만, 새로운 사회 구조는 급속한 자동화의 영향으로 인해 직업 노동의 영역을 급속히 축소시키고 있다. 그러므로 현대인이 현대 노동관에 사로잡혀 있는 한 직업 노동의 축소라고 하는 새로운 사회 구조적인 변동은 비관적으로 해석될 수밖에 없다.

둘째, 현대적인 의미에서 인간적인 노동이란 분리된 개체로서의 자신을 확고히 하고 확장하는 데 기여하는 것이다. 이에 반해서, 탈현대적인 의미에서 보면, 인간이 인간다움에 이르는 가장 중요한 전제가 '자신이 자신을 둘러싸고 있는 세계와 분리된 개체라고 하는 망상'으로부터 해방되는 것이다. 그러므로 현대적인 의미에서 인간적인 노동을 통해서는 탈현대적인 의미에서 인간다움에 이를 수 없을 뿐만 아니라, 현대적인 의미에서 인간적인 노동은 탈현대적인 의미에서 인간다움에 이르는 것을 방해하는 요인일 따름이다.

현대 노동관은 현대라는 인류 역사의 특정 시점에서만 유용성을 가질 수 있는 특수한 노동관이다. 전현대적인 관점에서 볼 때, 현대 노동관은 납득할 수 없는 것이다. 예컨대, 조선 시대 유교 사회 선비들이나 서구 중세 수도원의 수도사들이 '직업 노동을 통해 나 자신을 실현한다'거나 '직업에는 귀천이 없다'는 등과 같은 현대적인 주장을 듣는다면, 그들은 터무니없는 소리라고 코웃음을 칠 것이다.

이와 마찬가지로, 탈현대적인 관점에서 볼 때도 현대 노동관은 어처구니없는 것이다. 통일체적인 관점에서 볼 때, 이 세계와 인간은 어떤 존재인가? 통일체적 세계관의 핵심적인 전제는 '시공간적으로 모든 존재들 간의 근원적인 통일성'이다. 모든 존재는 영원한 시간과 무한한 공간을 자신 안에 품고 있는 우주적인 존재이다. 아무리 하찮아 보이는 것이라 하더라도 이 세상 모든 존재가 그러하며, 인간 역시 마찬가지이다. 인간은 영원한 시간과 무한한 공간을 자신 안에 품고 있는 우주적인 존재이다.

이런 통일체적 인간관의 관점에서 보면, 분리된 개체로서의 자신의 의미 확인과 확장에 강박적으로 매달려서 살아가는 현대적인 삶이란 도저히 납득할 수 없는 이상한 것이다. 왜냐하면, 각자는 자신이 상상할 수 없을 정도로 커다란 존재 가치와 의미를 이미 갖고 있기 때문이다. 그러므로 인간은 자신의 존재 의미를 확인하기 위해 어떤 노력도 기울일 필요가 없다. 통일체적 인간관의 관점에서 보면, 현대인의 자아 확장 투쟁으로서의 삶이란 엄청난 부자가 몇 푼의 돈을 버는데 자신의 온 삶을 쏟아 붓는 것과 같이 어리석은 삶이며 낭비로서의 삶이다.

통일체적 세계관의 관점에서 볼 때, 현대 노동관은 이런 어리석은 현대적인 삶을 빚어내는 근원이다. 예를 들어 내가 학자라면, 나는 내 노동의 결과물인 저서와 논문을 통해 나 자신의 가치를 확인하고자 한다. 때론 자신의 결과물에 만족해서 희열하며, 자신이 대단한 존재가 된 양 뻐기기도 하고, 때론 심한 좌절감을 느끼기도 한다. 어떤 사람은 과로로 인해 건강을 상실하기도 한다. 자신이 어떤 경우에 속하건, 통일체적 세계관의 관점에서 볼 때, 이런 현대적인 삶은 희극적인 것이다.

시대 상황은 급속히 바뀌고 있지만, 현대 노동관은 현대인의 의식에 여전히 강한 영향력을 행사하고 있다. 이때문에, 정년 퇴직을 해서 연금이 나오는 교감 선생님도 아파트 수위로 새로 취직해서 삶의 보람을 찾는다. 정년을 맞으면, 사람들은 마치 사형 선고를 받은 듯 우울해하고 쉬 늙는다. 현대 사회에서 직업 노동은 그것이 갖고 있는 실용적인 가치를 훨씬 넘어서 삶의 가장 중요한 목적적인 가치로 자리 잡았다.

이것은 현대 문명 전반에 걸친 수단과 목적의 전도 현상 가운데 하나이다. 현대적인 성취의 핵심인 경제 성장, 과학과 기술의 진보, 민주주의의 확산, 자유의 증대, 합리화 등이 모두, 탈현대적인 관점에서 보면 인간다운 삶과 좋은 세상 만들기의 기초가 될 수 있는 수단적인 것들이다. 그러나 현대적인 관점에서 보면, 이런 것들은 자기 목적의 자리를 차지하고, 끝없이 추구되어진다.

이런 현대적인 추구와 그 목표의 달성이 한때는 실제로 인류의 행복 증진과 살기 좋은 세상 만들기에 기여했다. 하지만 현대 말이자 탈현대 초에 해당하는 오늘날에 이르러서, 이것은 인류의 불행과 환경 파괴의 근원으로 작용하고 있다. 그러므로 우리는 현대적인 추구의 본질을 직시해야만 한다. 현대적인 추구의 본질이 인간다운 삶의 달성이 아니라 인간다운 삶의 달성을 위한 기초의 확보라는 점을 명확하게 이해해야만 한다.

직업 노동은 바로 이런 현대적인 추구의 중요한 요소임과 동시에 현대적인 추구를 달성하는 핵심적인 통로이기도 하다. 바로 이런 이유로 인해서, 직업 노동은 현대 사회에서 커다란 목적적인 가치를 갖는 활동으로 자리 잡게 되었다. 하지만 오늘날에 이르러, 현대 노동관에 대한 집착은 지금 이 시대의 재앙이 되어버렸다. 그 이유는 다음의 세 가지로 요약할 수 있다.

첫째, 기계화가 인간의 근력을 기계력으로 대체했다면, 자동화는 인간의 지력을 인공 지능으로 대체하고 있다. 이에 따라서, 인간 노동에 대한 사회적인 수요는 급속히 감소하고 있다. 이것은 직업 노동의 급속한 축소를 의미한다. 이에 반해서, 직업 노동에 궁극적인 가치를 부여하는 현대 노동관은 여전히 현대인의 의식을 지배하고 있다. 이런 이유로, 우리들이 살고 있는 지금 이 세계에는 무의미하고 불필요한 고통과 불행이 엄청나게 산출되고 있다.

둘째, 현대 노동관의 영향으로 현대인은 직업 노동에 집착한다. 직업 노동에 대한 집착은 끝없는 확대재생산을 부추기는 원인이 된다. 끝없는 확대 재생산은 생태계의 붕괴나 환경 오염 등 환경 문제를 심화시킨다. 그러므로 현대 노동관에 집착하면 할수록, 지구 환경의 혼란과 붕괴를 피할 수 없다.

셋째, 현대 노동관은 현대 인간관의 산물이다. 또한 현대 노동관의 영향으로 직업 노동에 집착하면 할수록 분리된 자아의 감옥은 더욱 견고해진다. 이것은 우리들이 진정으로 셀프의 존재에 접촉하고, 평화와 사랑의 삶을 살아가는 것을 근원적으로 가로막는 장애물이 된다.

넷째, 통일체적 세계관의 관점에서 볼 때, 직업 노동에 부여되는 이런 목적적인 가치란 터무니없는 것이다. 통일체적 세계관의 관점에서 볼 때, 삶에 필요한 수단의 확보라고 하는 도구적인 의미를 넘어서는 직업 노동은 삶의 낭비이다. 생산 자동화가 급속히 진행되면서, 인간은 '직업 노동으로부터의 해방'이라고 하는 삶의 새로운 전기를 맞이하고 있다. 하지만 낡은 현대 노동관의 영향으로 이런 변화를 발전적으로 해석하지 못하고, 비관적인 눈으로만 바라보고 있는 것이 지금의 현실이다. 그러므로 인류가 현대를 넘어 미래로 나아가기 위해서는 현대 노동관을 떨쳐버려야만 한다.

3. 통일체적 세계관과 탈현대 노동관

'인간적인 노동의 의미는 무엇인가?'라는 질문 자체가 사실은 현대적인 것이다. 이 질문에는 '인간적인' 것을 '노동'에서 찾으려고 하는 현대적인 관점이 내포되어 있다. 노동이란 자연을 인간에 유익한 형태로 가공하고 변형시키는 활동이다. 자기 존재의 무의미함의 문제에 봉착해 있는 현대인에게 있어서, 노동 활동과 노동의 결과물은 자신의 존재 의미를 확인하고 확장하는 핵심적인 통로가 된다. 바로 이런 이유에서 '참된 노동을 통해서 인간다움을 이룬다.'라고 하는 마르크스의 명제가 성립하며, 노동의 의미가 현대 사회에서 그토록 고양되었던 것이다.

하지만 탈현대 사회에서는 생산 자동화로 인해서 노동이 삶의 주변으로 물러날 뿐만 아니라, 탈현대 세계관의 관점에서 볼 때, 노동 그 자체가 인간다움을 이루는 목적적인 활동이 될 수는 없다. 통일체적 세계관의 관점에서 보았을 때, 인간이란 영원한 시간과 무한한 공간을 품고 있는 우주적인 존재이다. 그러므로 인간은 지금 이대로 완전한 존재이며, 결코 어떤 외적인 성취를 자신에 덧붙여야만 자신의 존재 의미가 확보될 수 있을 만큼 보잘것없는 존재가 아니다.

통일체적 세계관의 관점에서 볼 때, 인간다운 삶이란 우주적인 존재로서 자신을 자각하고 이를 즐기는 삶이다. 자신과 세계의 참모습을 알기 위해 기울이는 노력을 수행이라고 하고, 자신과 세계의 참모습을 즐김을 낙도라고 한다. 그러므로 통일체적 세계관의 관점에서 보았을 때, 인간다운 삶이란 수행과 낙도로서의 삶이다.

그렇다면, 통일체적 세계관의 관점에서 볼 때, 노동이란 무엇인가? 노동은 다양한 인간 활동의 평범한 일부이며, 등위를 매긴다면 자신과의 만남을 이루는 내향적인 활동에 비해 열등한 활동이다. 탈현대 노동관에서는 노동, 특히 직업 노동에 부여해왔던 특별한 지위가 박탈된다. 더군다나 '노동이 인간의 인간다움을 실현해나가는 유일한 활동'이라는 어처구니없는 생각은 단호하게 배격된다.

생산 자동화가 급속히 진전되면서, 인간의 필요를 충족시켜나가는 활동으로서 노동의 의미는 축소되고, 궁극적으로는 사라질 것이다. 뿐만 아니라, 통일체적 세계관의 관점에서 볼 때, 인간은 더 이상 영원한 시간과 무한한 공간으로부터 분리된 유한하고, 무의미한 존재가 아니다. 인간은 영원한 시간과 맞닿아 있고 무한한 공간을 품고 있는 충만한 존재인 것이다. 그러므로 인간은 더 이상 자신의 존재 의미를 확보하기 위해 자연을 변형시키는 부질없는 활동을 지속할 필요가 없다. 인간은 이미 의미로 가득 찬 존재이기 때문에, 존재의 의미는 외적인 성취를 통해서 확인되는 것이 아니라 내적인 각성을 통해 이루어진다.

바로 이런 이유에서, 탈현대 문명은 현대 문명과는 반대로 내적인 각성과 참된 자기의 자연을 즐기는 것을 중시하는 내향적인 문명의 성격을 갖는다. 이런 이유에서 외부 세계를 변형시키는 활동으로서의 노동이 현대 문명에서 누렸던 특별한 지위는 더 이상 존재하지 않는다. 노동은 다양한 형태의 인간 활동의 단순한 일부로 떨어질 뿐 아니라, 내향적인 활동에 비해 격이 떨어지는 열등한 인간 활동으로 새롭게 자리매김 된다.

둘째, 통일체적 세계관의 관점에서 보았을 때, 바람직한 노동은 어떤 것일까? 그것은 수행과 낙도로서의 노동이다. 통일체적 세계관의 관점에서 보면, 어떤 인간 활동이건 그것이 인간적인 활동이 되기 위해서는 수행과 낙도로서의 활동이어야만 한다. 다시 말하자면, 노동은 현대적인 의미에서는 인간다움에 이르는 배타적인 중요성을 갖는 활동이었으나, 탈현대적인 의미에서는 인간다움에 이르는 무수한 형태의 활동 가운데 평범한 하나일 뿐이다. 탈현대 사회에서 노동은 더 이상 직업 노동만을 의미하는 것이 아니다. 직업 노동이 아닌 노동이 노동이란 말이 가리키는 주요 대상이 된다. 예컨대, 요리, 설거지, 청소, 빨래 등과 같은 가사 노동이나 텃밭 가꾸기 같은 노동이 그것이다.

통일체적 관점에서 볼 때, 직업 노동을 포함한 이런 노동은 그 자체로서 의미 있는 활동이 될 수 없다. 노동이 의미 있는 활동으로서의 지위를 획득하게 되는 것은 분석적으로 보면 두 가지 경우이다. 한 가지는 노동을 통해서 우주적인 존재로서의 자신과 세계에 대한 자각이 이루어지는 경우이다. 이것을 수행으로서의 노동이라고 한다. 다른 한 가지는 노동을 통해서 우주적인 존재로서의 자신과 세계를 즐기는 경우이다. 이것을 낙도로서의 노동이라고 한다. 분석적으로는 이렇게 둘로 나눌 수 있지만, 실제로 이 둘은 하나이다. 수행과 낙도로서의 노동의 예로 텃밭 가꾸기를 생각해보도록 하자.

> 봄이 오면, 텃밭을 갈아 씨앗을 심는다. 씨앗에서 새싹이 돋아나는 것을 보며 즐거워한다. 1센티미터의 땅을 뚫고 올라오기 위해 씨앗이 기울였던 엄청난 노력을 생각해본다. 씨앗으로서의 내 존재가 싹을 틔우기 위해 기울이고 있는 수고와 깨어남의 환희를 생각해본다. 물을 주고, 김을 매어준다. 싹이 잎을 내고 하루하루 자라나는 모습을 보며 즐거워한다. 나 자신의 성장을 또한 생각해본다. 일을 하면서 행복을 느낀다. 때론 함께 일하는 가족이나 친구와 담소를 나눈다. 하늘도 한번 쳐다보고 미풍과의 대화도 나눈다. 작물이 무럭무럭 자라 열매를 맺고, 죽어서 다시 땅으로 돌아가는 모습을 보면서, 성장의 신비를 느끼고, 나이 들어감의 의미와 편안함을 느끼며, 쉼으로서 죽음을 맞이할 수 있는 능력을 키운다.[217]

217) 홍승표, 「통일체적 세계관과 인간적 노동의 구현」, 『東洋社會思想』 19(東洋社會

이렇게 나는 노동을 통해 우주적인 존재로서의 자신과 세계를 자각하고, 우주적인 존재로서의 자신과 세계를 즐길 수 있다. 이것이 통일체적 세계관의 관점에서 본 바람직한 노동의 의미이다. 하지만 수행과 낙도란 노동이란 활동을 통해서만 이루어지는 것은 물론 아니다. 노동은 여기에 도달하는 수많은 길 중에 단지 하나의 길에 불과하다. 숨쉬기, 걷기, 음식물 먹기, 씻기, 아름다운 자연을 관조하기, 운동하기, 차 마시기, 사람들과 만나기 등 인간이 하는 모든 활동은 수행과 낙도의 활동이 될 수 있다. 심지어 도박조차도 수행과 낙도로서의 활동이 될 수 있다.

바로 이런 이유에서, 필자는 2008년에 「수행과 낙도로서의 블랙잭」이란 논문을 발표했다. 블랙잭이란 도박의 일종인데, 이 글에서 말하고자 했던 것이 '블랙잭만이 수행과 낙도로서의 활동이 될 수 있다.'는 것이 아니라, '블랙잭과 같은 도박조차도 수행과 낙도로서의 활동이 될 수 있다.'는 것을 말하고자 한 것이었다. 노동도 블랙잭과 마찬가지이다. 노동만이 수행과 낙도로서의 활동이 될 수 있는 것이 아니라, 노동도 수행과 낙도로서의 활동이 될 수 있다는 것이다. 그리고 수행과 낙도로서의 노동이 되었을 경우에만 그 노동에 궁극적인 의미가 부여될 수 있다는 것이다.

다시 한번 반복해서 말하자면, 탈현대 사회에서 또는 탈현대 세계관의 관점에서 볼 때, 노동은 현대 사회와 현대 세계관의 관점에서 누릴 수 있었던 배타적으로 우월한 활동으로서의 지위를 상실한다. 다른 모든 활동과 마찬가지로, 노동 역시 수행과 낙도로서의 노동이 되었을 때, 노동은 자신의 인간다움을 이룰 수 있는 활동이 될 수 있다. 그리고 이런 조건이 충족되었을 때의 노동을 통일체적 세계관의 관점에서는

思想學會, 2009), p. 15.

인간적인 노동이라고 부른다.

텃밭을 가꾸는 일, 빨래, 청소, 설거지, 글을 쓰는 일, 사는 집을 수선하는 일 등 그 일의 내용이 어떤 것이건 관계없다. 만일 그 일을 통해서 우리 자신의 진정한 모습을 알게 된다면, 그리고 그 일 자체를 즐긴다면, 그 일은 통일체적 세계관의 관점에서 인간적인 노동이 된다.

4. 새로운 노동관의 탈현대적 함의

지금 이 시점에서 현대 노동관으로부터 탈피해서 탈현대 노동관을 구축하는 일은 탈현대적인 삶과 문명 건설의 출발점이 된다. 탈현대 노동관인 통일체적 노동관은 현대 노동관으로부터의 탈피를 가능케 하며, 노동에 대한 새로운 지위와 의미를 부여한다. 통일체적 노동관의 탈현대적 함의를 조목별로 정리하면 다음과 같다.

첫째, 통일체적 노동관은 탈현대의 새로운 사회 구조와 조화를 이룰 수 있다. 직업 노동의 축소는 선택이 아니라 역사의 필연이다. 인류에게 주어진 선택은 직업 노동의 축소를 비관적으로 바라볼 것인가 아니면 인간 해방의 신호로 바라볼 것인가 하는 것이다. 현대 노동관은 이 변화를 창조적으로 해석할 수 없다. 현대인이 겪고 있는 고통과 불행의 상당 부분은 바로 여기에서 유래한다.

새로운 노동관은 이런 불필요하고 무의미한 고통과 불행의 발생을 중지시킬 수 있다. 어떻게 그것이 가능한가? 그것은 현대 노동관이 직업 노동에 부여한 궁극적인 의미를 박탈함으로써 이다. 새로운 노동관에 입각해서 보면, 노동이란 더 이상 인간이 자신의 인간다움을 실현할 수 있는 유일한 통로가 아니다. 직업 노동을 통해서만 인간이 자신의 인간다움을 실현할 수 있다는 현대 노동관은 새로운 노동관의 관점에서 보았을 때, 괴기스럽기까지 한 망상일 따름이다.

노동이란 인간의 다양한 활동의 평범한 일부일 따름이다. 그러므로 새로운 노동관은 역사 운동의 필연으로 도래하는 새로운 사회 구조에 대한 창조적인 해석을 가능하게 한다. 직업 노동의 축소를 동반하는 새로운 사회 구조의 확산은 마르크스의 용어를 빌리자면 '필연의 왕국'으로부터 '자유의 왕국'으로의 비상이며, 인간 해방의 절호의 기회인 것이다. 생산 자동화에 힘입어, 사람들은 필요에 의해 자연을 가공해야만 하는 노역으로부터 해방되어, 자신과의 만남을 이루고 사랑을 즐기는, 보다 인간적인 활동으로 삶을 영위할 수 있다.

둘째, 통일체적 노동관은 직업 노동에 대한 강박적인 집착으로부터의 해방을 가능하게 하며, 궁극적으로 지구 환경 회복에 기여할 수 있다. 통일체적 노동관은 직업 노동 자체를 목적적인 활동으로 바라보는 현대 노동관에 내재된 전도의 문제와 현대적인 삶의 근원적인 소외를 창조적으로 비판할 수 있다. 통일체적 노동관은 '수단과 도구로서의 노동'이라고 하는 노동 자체가 본래 있어야 할 자신의 자리를 찾아줄 수 있다. 그러므로 새로운 노동관이 확산되면, 현대인 일반이 갖고 있는 노동에 대한 강박적인 집착으로부터 해방될 수 있다.

사람들이 더 이상 직업 노동에 매달리지 않을 때, 과잉 생산 역시 줄어들 수 있다. 과잉 생산과 소비가 줄어들게 되면, 이것은 지구 환경 회복에 긍정적인 영향을 미칠 것이다. 과잉 생산과 소비로 인한 생태계의 재난이 줄어들 것이며, 환경 오염이나 자원 고갈의 문제에 대해서도 긍정적인 영향을 미칠 수 있을 것이다.

셋째, 통일체적 노동관은 탈현대적인 의미에서 노동의 인간화에 기여할 수 있다. 통일체적 관점에서 볼 때, 인간다운 삶의 의미는 수행과 낙도로서의 삶이다. 이것은 수행을 통해 우주적인 존재로서의 자신과 세계를 자각하고, 우주적인 존재로서 사랑을 즐기는 삶을 누리는 것을 뜻한다. 다른 모든 유형의 인간 활동과 마찬가지로, 노동 역시 수행과 낙도로서의 활동이 될 수 있다. 그러므로 새로운 노동관의 관점에서 보면, 여태까지 지루하고 고통스럽게만 생각되었던 많은 노동 활동이 새로운 의미를 부여받을 수 있다.

특히, 현대는 가사 노동 같은 일상적인 노동에 큰 의미를 부여하지 않았다. 하지만, 새로운 노동관의 관점에서 보면, 가사 노동은 목적적인 활동으로서의 중요한 의미를 부여받는다. 예를 들어, 새로운 노동관에 입각해서 요리와 설거지를 하는 사람들의 모습을 상상해보도록 하자.

새로운 노동관을 갖고 있는 사람들에게, 요리를 하는 것은 즐거운 일이며, 사람들은 요리를 사랑한다. 요리를 통해 자신과 사랑하는 가족들을 행복하게 해줄 수 있기 때문이다. 준비하는 사람은 요리에 정성을 가득 담으며, 마냥 즐겁다. 요리에는 남녀노소를 가리지 않고 가족원들 모두가 참여한다. 사람들은 함께 둘러앉아서 수다를 떨면서 식재료를 다듬는다. 그날의 요리에 솜씨 좋은 사람은 직접 요리를 한다. 이렇듯 요리는 사랑의 즐거움을 누리는 노동이 될 수 있다.

새로운 노동관을 갖고 있는 사람들에게 있어서, 설거지 역시 사람들이 일상생활에서 누리는 즐거움의 하나이다. 사람들은 설거지를 사랑한다. 각자는 자신이 사용한 수저와 그릇 등을 갖고 가서 깨끗하게 씻어 건조대에 둔다. 사람들은 자신의 마음의 때를 씻어내듯 정성스럽게 수저와 그릇을 씻는다. 모든 더러운 것을 깨끗하게 해주는 물의 신비와 만난다. 깨끗해진 그릇을 보고 행복을 느낀다.

이렇듯, 진부했던 일상의 노동이 새로운 노동관과 만나면, 갑자기 새로운 빛을 얻고 활기를 띤다. 사람들은 일상의 노동 활동에서 자신과의 만남을 이룬다. 일상의 노동 활동을 통해 사람들은 사랑의 존재가 되어 가며, 사랑의 즐거움을 누린다.

이와 같이, 낡은 노동관이 새로운 사회 구조와 충돌하면서 많은 고통과 불행을 양산하는 반면에, 새로운 노동관은 새로운 사회 구조와 조화를 이룰 수 있다. 새로운 노동관은 현대가 매여 있는 노동에 대한 강박적인 집착으로부터 인류를 해방시킬 수 있다. 그리고 새로운 노동관은 탈현대적인 의미에서 노동의 인간화를 이루어낼 수 있으며, 노동을 통한 사랑의 즐거움 누리기를 가능케 한다. 이리하여, 동양 사상에 바탕을 둔 새로운 노동관은 낡은 노동관에 고착함으로 인해 빚어진 많은 고통과 상처를 치유하고, 새로운 문명 건설의 초석이 될 수 있다.

Chapter

Ⅵ

동양 사상과 탈현대 다문화 사회

조화로운 다문화 사회를 건설할 것인가?
아니면
적대의 다문화 사회에 도달할 것인가?

단일문화 사회로부터 다문화 사회로의 전환은 인류의 선택이 아니라 역사 운동의 필연이다. 급속한 교통 · 통신의 발달로 인해서 문화 간 접촉과 교류가 증대되고, 이질적인 문화가 동일 공간에 혼재하는 새로운 사회 형식이 보편화되고 있다. 그리고 이런 경향은 앞으로 더욱 확산될 것이다. 더 이상 분리 · 독립된 단위로서의 문화 · 민족 · 국가 · 인종 · 종교 등은 성립할 수 없다. 상대적으로 높은 문화적 · 민족적 · 인종적인 동질성을 유지해 왔던 한국 사회 역시 예외일 수 없다.

다문화 사회는 이렇게 빠른 속도로 확산되고 있다. 이에 반해, 현대 세계관은 여전히 현대 사회에서 확고한 영향력을 행사하고 있다. 이에 따라서, 오늘날 다문화 사회라는 새로운 사회 구조와 현대 세계관이라는 낡은 세계관 간의 격심한 충돌이 일어나고 있다. 이리하여 현재의 다문화 사회에는 문화 간의 경쟁과 갈등, 시기와 차별이 팽배해 있으며, 진정한 평화와 사랑은 사라져버렸다.

현 인류에게 주어진 선택은 '다문화 사회로 갈 것인가' 아니면 '단일문화 사회로 남아있을 것인가'가 아니다. 인류에게 주어진 선택은 '조화로운 다문화 사회를 건설할 것인가' 아니면 '반목과 갈등이 가득 찬 다문화 사회를 건설할 것인가'이다. 누구나 전자를 원하지만 현실은 후자의 방향으로 향하고 있다.

이런 상황이 야기된 근본적인 원인은 현대 세계관이다. 현대 세계관의 영향으로 말미암아, 현대 다문화 사회에서는 문화의 혼재 속에도 근원적인 분리와 단절이 지속되고 있으며, 자신과 상대편 문화를 근본적으로 존중하지 않는다. 문화는 서로 지배하려하며 차별한다. 문화 간 경쟁과 갈등은 확산되고, 평화로운 공존과 공영은 근원적으로 불가능하다.

새로운 사회 구조로서의 다문화 사회와 낡은 세계관인 현대 세계관이 이렇게 충돌하면서 인류의 삶을 피폐화한다면, 우리는 이 둘 중에서 무엇을 버려야할까? 당연히 현대 세계관이다. 다문화 사회는 버릴 수도 없으며, 버려서도 안 되는 인류 사회의 새로운 구조이다. 그렇다면 사회학자는 미래의 조화로운 다문화 사회 건설을 위해 무엇을 해야 하는가? 조화로운 다문화 사회 건설의 기초가 될 수 있는 새로운 세계관을 모색해야 한다.

바로 이런 맥락에서, 이 책에서는 동양 사상에서 새로운 다문화 사회의 세계관적 기초를 찾아보고자 한다. 이 책이 동양 사상에 관심을 기울이는 이유는 동양 사상 속에 새로운 시대의 세계관적 기초가 될 수 있는 자원이 풍부하게 내장되어 있기 때문이다.[218)]

물론 이런 시도가 동양 사상에 대한 전면적인 옹호를 의미하는 것은 아니다. 동양 사상이 내포하고 있는 세계관에는 탈현대적인 특성만이 있는 것이 아니고 전현대적이거나 현대적인 특성이 또한 병존하고 있기 때문이다. 이 책에서는 유불도를 중심으로 하는 동양 사상이라는 광산

---

218) 홍승표의 「동양 사상과 탈현대 대안사회의 구상」, 『東洋社會思想』 17(東洋社會思想學會, 2008), pp. 64-65에는 새로운 세계관 구성에 있어서 동양 사상에 의거해야 할 필요성이 서술되어 있다. 이현지(2007)의 「동양사회사상과 새로운 세계관의 모색」, 『東洋社會思想』 16(東洋社會思想학회, 2007)에는 동양 사상에 입각한 새로운 세계관 구성을 위한 작업이 잘 요약되어 있다.

에서 탈현대적인 광물질들을 선택적으로 캐내어 조화로운 다문화 사회 구축을 위한 기초로 활용하고자 한다.

1. 현대 세계관과 다문화 사회의 문제

오늘날 지구촌에는 다양한 인종, 민족, 종교 등이 동일 공간에 혼재하는 새로운 사회 형식이 보편화되고 있다. 그리고 이런 경향은 앞으로 더욱 확산될 것이다. 사회의 하드웨어가 이렇듯 급속히 변화하고 있는데 반해, 소프트웨어의 측면에서 보면 지금은 낡은 것이 되어버린 현대 세계관이 여전히 현대인의 의식을 지배하고 있다. 이에 따라서, 다문화 사회라는 새로운 사회 구조와 현대 세계관이라는 낡은 세계관 간의 격심한 충돌이 일어나고 있다.

이리하여 현재 다문화 사회에는 서로에 대한 편견, 문화 간의 경쟁과 갈등, 시기와 차별이 팽배해 있다. 현대 사회의 다양한 집단과 문화는 서로를 존중하고 깊이 이해하려하지 않으며, 사랑하지는 더욱 않는다. 그들은 다만 상대편을 이용·착취·지배하려 할 뿐이다.

9.11 테러와 미국의 중동 공격, 이스라엘과 팔레스타인 간의 처절한 살육, 한국 사회에서 보는 외국인 노동자나 이주여성 그리고 혼혈아에 대한 차별 등은 현대 다문화 사회가 드러내는 수많은 상처들 중의 하나이다. 이 모든 것들은 현 인류에게 엄청난 고통을 초래하고 있으며, 문명의 미래를 어둡게 만드는 중요한 요인이다.

현대 다문화 사회 문제의 본질은 무엇인가? 그것은 낡은 세계관인 현대 세계관과 새로운 사회 구조인 다문화 사회 간의 충돌이다. 다문화 사회는 급속도로 확산되고 있고, 이에 따라 문화 간 화합이 요구되지만, 현대 세계관이 여전히 현대인의 의식을 지배하면서 다문화 사회 문제는 악화되고 있다.

다문화 사회 문제의 해결을 위해서는 제도적 · 정치적 · 교육적인 차원 등에서 광범위하고 다양한 노력이 필요할 것이다. 그러나 이 문제의 근원에 놓여있는 핵심은 세계관의 문제이다. 바로 이런 이유에서, 이 책에서는 세계관적인 차원에서 이 문제의 근원을 해명하고 문제 해결 방안을 모색하고자 한다. 이 글의 구체적인 목적은 현대 다문화 사회 문제를 해결하는 데 있어서 동양 사상에서 차용해올 수 있는 자원이 무엇인가를 탐구하는 것이다.

1.1. 현대 인간관과 자신과 상대편 문화에 대한 비하

현대 세계관은 모든 존재들 간의 근원적인 분리를 전제한다. 인간 역시 시간과 공간적으로 분리되고 단절된 개체로 간주한다. 현대 인간관의 핵심은 '분리 · 고립된 욕망 주체로서의 인간'이라는 점이다. 이런 존재론적인 특징을 갖고 있는 나에게 있어서 너[세계]는 누구인가? 너[세계]는 나와 아무런 본래적인 연관도 없는 존재이다. 너[세계]는 다만 나의 욕망 충족을 위해서 이용 · 지배 · 착취해야 할 대상일 따름이다.

이와 같이, 시공간적으로 고립된 유한한 개체로서의 인간관이 여전히 현대인의 의식을 지배하고 있다. J. P. 사르트르(Jean Paul Sartre)는 『존재와 무』에서 인간 존재의 특성을 다음과 같이 규정했다.

> 존재는 이유 없이, 원인 없이, 필연성 없이 존재한다. 존재의 정의 그 자체가 존재의 근원적인 우연성을 우리에게 말해준다.[219)]

이 구절은 인간에 대한 현대적인 관점을 잘 드러낸다. 인간은 우연하게 태어났다가 죽어가는 아무런 본래적인 의미도 찾을 수 없는 존재이다. 또한 인간은 태어남에서 죽음까지의 한정된 시간 안에, 그리고 피부를 경계로 하는 한정된 공간 안에 닫혀 있는 유한한 존재이다.

사르트르의 관점에서 보자면, 나나 너는 근본적으로 무의미한 존재이다. 현대인의 삶이란 자신의 존재 의미를 확보하기 위한 부질없는 몸부림이다. 유한한 시간과 공간 속에 닫혀 있는 우연하고 무의미한 존재로서의 나, 이런 나에게 자기 확인을 위해 남아 있는 것은 나의 욕망뿐이다. 바로 여기에서 현대 인간관의 전형인 '욕망 주체'로서의, '욕망을 추구하는 존재'로서의 인간이란 관념이 생겨난다.

나를 '욕망 주체'로 전제했을 때, 나의 가치는 어느 만큼일까? 그것은 정확하게 내가 획득한 욕망 충족을 위한 대상물의 크기 만큼이다. 내가 획득한 학력, 돈, 권력, 지위, 외모, 인기, 명예 등의 총량이 내 존재 가치가 되며, 너의 존재 가치 역시 마찬가지이다. 내가 욕망 충족 사닥다리의 높은 곳에 도달했다면 뽐내는 마음을 갖고, 그 반대라면 열등감을 갖는다. 네가 나보다 높은 곳에 도달했다면 부러워하는 마음을 갖고, 그 반대라면 멸시하는 마음을 갖는다.

현대 인간관의 관점에서 본다면, 나와 너는 모두 우연하게 생겨난 보잘것없는 욕망 덩어리에 불과하다. 나는 나 자신이나 너를 존중하고 존경해야 할 하등의 이유가 없다. 이렇듯, 현대 인간관은 '나와 너에 대한 비하'를 원천적으로 내포하고 있다. 이것은 필연적으로 '나와 너에 대한 무례함'을 초래한다. 그러므로 현대 인간관의 영향을 받고 있는 현대인은 상대편을 무례하게 대한다. 상대편을 이용 · 착취 · 지배하려 한다. 현대 인간관의 바탕 위에서, 상대편에 대한 존경 · 이해 · 사랑은 생겨날

219) J. P. Sartre, 양원달 옮김, 『存在와 無』(을유문화사, 1968), p. 828

수 없다. 결국 현대 사회에서 발견되는 모든 유형의 인간관계 파탄의 근원에는 현대 인간관이 작용하고 있다.

위에서 논의한 '나와 너'를 나와 네가 확장된 '나의 문화와 너의 문화'로 바꾸면, 현대 인간관이 다문화 사회 문제의 근원이 됨을 쉽게 알 수 있다. '나의 문화와 너의 문화에 대한 비하'라고 하는 모든 문화에 대한 부정적인 인식이 다문화 사회 문제의 세계관적 근원이다.

이런 바탕 위에서는, 자신의 문화에 대한 우월감이나 열등감을 가질 수 있을 뿐이지 자신의 문화를 사랑할 수 없다. 너의 문화에 대해서도 부러운 마음이나 멸시하는 마음을 가질 수 있을 뿐이지 사랑할 수는 없다. 우월감이나 열등감, 선망이나 멸시는 외양은 반대이지만 근본은 하나이다. '나와 너의 문화에 대한 비하'라고 하는 하나의 뿌리에서 돋아난 여러 개의 가지일 따름이다.

위에서 언급한 일반적인 요인에 덧붙여, 특정 문화 집단이 역사적인 요인에 의해서 더 심각한 무력감이나 문화적인 열등감을 형성하게 되면, 다문화 사회 문제는 더 심각한 양상을 띠게 된다. 현재의 한국이나 미국 사회가 그 전형적인 경우이다.

한국인의 경우 20세기 역사 경험을 통해 일본인이나 서구인에 대해 심한 민족적·문화적인 열등감을 갖게 되었다.[220] 일본의 동화주의 식민 통치는 한국 민족과 문화의 열등성을 끊임없이 각인시켰고, 한국인의 마음에 자기 민족과 문화에 대한 열등감이라는 큰 상처를 남겼다.

해방 이후 남한에는 당시 세계에서 가장 강한 힘을 갖고 있었던 미국 문화가 물밀듯이 밀려 들어왔다. 그 결과, 민족적인 열등감을 갖고

220) 최홍기, 「韓國文化의 自生的 展開」, 임희섭 편, 『韓國社會의 發展과 文化』(도서출판 나남, 1997), pp. 33-40에 한국인의 민족적·문화적 열등감 형성에 대한 설명을 참조함.

있었던 한국인의 의식에는 우월한 미국과 열등한 한국이라는 이분법이 쉽게 형성되었다. 1970년대 이후 급속한 산업화의 결과로, 오늘날 한국인은 경제적인 풍요를 누리게 되었다. 그러나 마음속에 아직 응어리져 있는 열등감을 갖고 있는 한국인들은 자신보다 열등하다고 판단된 결혼 이주 여성이나 외국인 노동자들에 대해 심한 편견을 갖고서 차별 대우를 하게 되는 것이다.

오늘날 미국이 중동과 주변 국가들에 대해 폭력적인 자세를 견지하는 것도 그 근본 원인은 미국인의 마음속에 커가고 있는 무력감이다. 2차 세계대전 이후 미국이 실제로 힘이 있는 국가였을 때, 미국은 때로 어리석어 보일 만큼 이웃 국가들에 대해 관용적이었다. 하지만, 20세기 말 이후 경제력이 급격히 쇠퇴하면서, 미국인에게는 자신의 힘에 대한 불안감이 증가했다. 이와 때를 같이해서, 이웃 국가들을 억압하고 지배하려는 경향성이 증대했다.

이와 같이, 열등감이나 무력감이야말로 다문화 사회의 조화로운 발전을 가로막는 암적인 요인이다. 그런데 현대인의 의식을 지배하고 있는 현대 인간관 자체가 자기 존재의 무가치함에 대한 인식을 밑바탕에 깔고 있다. 현대 인간관의 바탕 위에서는 오직 이기주의가 확산된 형태로 자문화 중심주의, 국수주의, 문화 제국주의가 팽배할 수 있을 따름이다. 이리하여 다문화 사회 문제는 현대 인간관의 영향을 받고 있는 현대 사회 일반의 심각한 사회 문제가 되었다.

그렇다면 현대 인간관 자체가 나쁜 것일까? 그렇지는 않다. 현대가 태동하는 시점에서 보면, 현대 인간관은 인간을 바라보는 새롭고 창조적인 관점이었다. 현대 인간관의 기반 위에서, 인류는 중세의 질곡으로부터 벗어나 현대 문명을 건설할 수 있었다. 현대 인간관은 인간의 개성, 주체성, 자율성을 강조했고, 역사 창조 주체로서 개인 관념을 확립했다. 이것은 인간이 신분 집단 등의 구속에서 벗어나 자유로운 존재가 되게 하는 데 기여했다. 또한 인간의 육체, 감정, 이성에 대한 긍정을 통해 신본주의 사회로부터의 탈피를 도왔다.

그러나 오늘날에 이르러 현대 인간관은 새로운 시대와 조화를 이룰 수 없는 낡은 인간관으로 전락했다. 우리는 현대 인간관의 바탕 위에서 현대 문명을 건설할 수는 있었지만, 탈현대 문명을 건설할 수는 없다. 이것은 마치 기독교 세계관의 바탕 위에서 서구 중세 문명을 건설할 수 있었고, 유교 세계관의 바탕 위에서 조선 유교 사회를 건설할 수 있었지만, 이들 세계관의 바탕 위에서 현대 문명을 건설할 수 없는 것과 같다.

현대 인간관은 탈현대 문명 건설의 걸림돌이 되고 있다. 시대의 대세인 다문화 사회의 도래에 직면해서, 많은 현대 국가들과 전문가들은 현대 인간관의 토대 위에서 다문화 사회 문제 해결을 시도하고 있다. 그러나 이것은 미봉책에 불과한 것이어서, 다문화 사회 문제를 근본적으로 해결할 수 없을 뿐만 아니라 시대의 요청인 조화로운 다문화 사회 건설은 꿈도 꿀 수 없다. 그러므로 조화로운 다문화 사회 건설의 출발점은 현대 인간관의 폐기이며, 동양 사상에 바탕을 두고 구성된 새로운 인간관이 그 빈자리를 채우게 될 것이다.

1.2. 현대 관계관과 문화 간 갈등

현대 관계관의 전형은 적대적 대립관이다. 적대적 대립관이란 나와 너의 대립을 이해관계가 상충하는 대립으로 바라보는 관점을 말한다. 현대 인간관은 반드시 적대적 대립관을 산출한다. 현대 세계관에 입각해서 보면, 인간이란 유한하고, 우연하며, 무의미한 존재이다. 인간은 다만 자신의 욕망 확인을 통해서만 존재감을 느낄 수 있다. 이런 나에게 있어서 세계는 무엇인가? 나와 마찬가지로 나를 둘러싸고 있는 세계도 무의미한 존재이며, 나와는 아무런 근원적인 연관성도 없다. '욕망 주체로서의 나'에게 있어서 세계는 자신의 욕망 충족을 위해 이용·착취·변형·지배·극복해야 할 수단과 도구일 따름이다.

나에게 있어서 너의 의미가 그런 것이라면 너에게 있어서 나의 의미는 무엇인가? 마찬가지로 너에게 나는 너의 욕망 충족을 위한 수단과 도구로서의 나일 뿐이다. 이런 방식으로 나와 너의 대립을 바라보았을 때, 적대적 대립관이 자연스럽게 출현한다.

다윈은 진화론을 통해 적대적 대립관을 체계적으로 정립시켰다. 모든 생명체들은 자신이 살아남기 위해서 상대편을 극복해야만 하는 상황에 놓여있다고 다윈은 보았다. 진화론에서 말하는 적대적 대립관을 요약하면 다음과 같다.[221]

첫째, 특정 개체나 집단이 자신의 욕망 충족에 사용할 수 있는 자원 총량은 한정되어 있다. 둘째, 그러므로 모든 대립하고 있는 존재는 희소 자원을 차지하기 위해 서로 경쟁하고 갈등해야 한다. 어떤 존재도 살아남기 위한 경쟁이나 갈등을 피할 수 없다. 셋째, 경쟁과 갈등의 결과, 환경에 적합한 것은 살아남고 부적합한 것은 도태되는, 적자생존과 자연도태가 일어난다. 이런 과정을 거치면서, 자연이나 사회는 진화한다. 다윈의 진화론은 대립을 바라보는 강력한 관점으로 빠르게 확산되었다.

진화론의 적대적 대립관에 따르면, 강자가 약자를 잡아먹고 지배하고 착취하는 것은 불가피할 뿐만 아니라 결과적으로 진화에 기여하는 것으

221) 홍승표, 「對待的 對立觀의 탈현대적 의미」, 『철학논총』 40(2)(새한철학회, 2005), p. 392 참조.

로 간주된다. 19세기와 20세기에 걸쳐서, 범세계적인 차원에서 발생한 군사적 · 정치적 · 경제적 · 문화적 제국주의는 모두 진화론에 세계관적인 바탕을 두고 있다.

과학과 기술 발전을 통해 힘을 얻은 서구인은 무력한 비서구 지역을 군사적으로 침략하고, 정치적으로 지배했으며, 경제적으로 착취했다. 거기에는 약육강식이라는 밀림의 원리만이 작용했을 뿐, 상대편에 대한 존중 · 존경 · 배려 · 이해 · 사랑 같은 것은 찾아볼 수 없었다.

적대적 대립관은 오늘날까지도 대립을 보는 유력한 관점으로 작용하고 있다. 그러나 적대적 대립관의 지속과 다문화 사회의 조화로운 발전은 양립이 곤란하다. 다문화 사회의 확산에 따라서 동일 공간 내에서 여러 문화가 공존하게 되었다. 하지만, 적대적 대립관이 현대인의 의식을 지배하고 있으므로 말미암아, '나의 문화와는 아무런 연관도 없는 너의 문화'라고 하는 인식 틀을 벗어나지 못하고 있다. 뿐만 아니라 각각의 문화는 상대편 문화를 지배하고 극복해야 할 대상으로만 인식한다.

이렇게 되었을 때, 문화 간의 약육강식이라고 하는 야만 상태가 초래된다. 다양한 문화 간의 생태적인 균형과 조화는 사라지고, 강한 문화가 약한 문화를 지배 · 차별 · 잠식하고, 궁극적으로는 획일화시켜 버리는 상황이 발생한다. 문화 제국주의가 팽배하고, 문화 간 적대와 증오는 증폭된다. 그러므로 적대적 관계관은 지구촌이라고도 불리는 다문화 사회의 발전을 위해 적절한 관점을 제공할 수 없다. 그럼에도 불구하고, 적대적 관계관이 현재 사회에 지속됨으로써 다문화 사회 문제가 증폭되고 있다.

20세기 세계 문화 변동을 살펴보면, '서구 문화의 세계화'가 가장 두드러진 특징임을 알 수 있다. 그 과정에서 비서구 사회 전통 문화는 심하게 훼손되었다. 이것은 인류 문화 유산의 거대한 손실이다. 그러나 현재도 지구상에서는 이런 문화의 약육강식 현상이 지속되고 있다. 한국 사회의 경우도 예외가 아니다. 한국 사회는 강력한 서구 문화와 일본 문화의 영향을 받아 자신의 전통 문화가 약화되고 심지어는 단절되는 변모를 겪어왔다. 하지만, 다른 한편으로는 이주 여성이나 외국인 노동자 등과 같은 소수 집단 문화에 대한 차별을 행하고 있다.

이런 적대적 관계관을 내재하고 있는 현대 세계관의 토대 위에서 다양한 문화 간의 평화롭고 조화로운 공존이 가능하겠는가? 이것이 바로 현대 다문화 사회 문제의 세계관적 근원이다. 다문화 사회는 현 인류에게 선택이 아니다. 세계는 지구촌이라고 불려 질만큼 서로 가까워졌으며, 상이한 문화와 민족의 공존이 불가피해졌다. 이와 같이, 다문화 사회라고 하는 탈현대적 사회 구조는 우리에게 성큼 다가왔지만, 우리는 여전히 현대 세계관의 지배를 받고 있기에, 필연적으로 다문화 사회 문제가 심화되고 있는 것이다.

2. 동양 사상과 새로운 다문화 사회의 비전

위에서의 논의에서와 같이, 현대 다문화 사회 문제의 근원은 현대 세계관이다. 그러므로 조화로운 다문화 사회에 대한 논의의 출발점은 새로운 세계관을 구축하는 것이다. 바로 이런 맥락에서, 본 연구는 동양 사상에서 새로운 다문화 사회의 세계관적 기초를 찾아보고자 한다. 본 연구가 동양 사상에 관심을 기울이는 이유는 동양 사상 속에 새로운 시대의 세계관적인 기초가 될 수 있는 자원이 풍부하게 내장되어 있기 때문이다. 본 연구는 유불도(儒佛道)를 중심으로 하는 동양 사상이라는 광산에서 탈현대적인 광물질들을 선택적으로 캐내어 조화로운 다문화 사회 구축을 위한 기초로 활용하고자 한다.

다문화 사회 문제 해결을 위해 이 글이 관심을 갖는 것은 동양 사상이지 역사적인 동양 사회나 동양 문화가 아님을 밝힌다. 물론 역사적인 동양 사회에나 동양 문화에도 다문화 사회 문제 해결을 위한 가치 있는 자원이 내재해 있겠지만, 필자에게는 그런 지식이 부족할 뿐만 아니라 전반적으로 동질적인 문화 기반을 갖고 있었던 동아시아 전통 사회에서 다문화 사회 문제 해결을 위한 문화나 제도가 크게 발전했으리라고 기대하기 어렵기 때문이다.

또한 이 책에서 관심을 기울이는 것은 전체 동양 사상 중에서 현대 다문화 사회 문제 해결에 도움을 줄 수 있는 부분에 국한된다. 동양 사상 중에서 어떤 부분은 다문화 사회 문제 해결에 무력하거나 이를 악화시킬 수 있는 요소도 있겠지만 동양 사상의 이런 측면들은 이 책의 관심 밖임을 밝힌다.

2.1. 유가 사상과 새로운 다문화 사회의 기초

조화로운 다문화 사회 구축을 위해서 유가 사상에 내장되어 있는 유용한 자원은 어떤 것이 있을까? 이 책에서는 유가의 '화(和)' 사상과 '겸(謙)' 사상에 주목하고자 한다. 현대 다문화 사회 문제의 중심에는 문화 간 '불화(不和)'와 타문화에 대한 '오만(傲慢)'이 자리 잡고 있다. 유가의 '화' 사상과 '겸' 사상은 이런 현대 다문화 사회 문제를 해결하고 조화로운 다문화 사회를 건설하는 데 있어 유용한 기초를 제공할 수 있다.

'화(和)' 사상과 새로운 다문화 사회의 기초

'화'는 유교 창시자인 공자가 추구한 궁극의 경지이자 동아시아 전통 사상과 문화가 추구한 이상이었다. 유가의 '화' 사상은 현대 다문화 사회가 직면하고 있는 '불화' 문제를 해결하는 데 기여할 수 있다. '화'란 무엇인가? '화'란 대립물 간에 서로 사랑하여 조화를 이루는 것이다. 유가의 관점에서 보면, '화'는 가장 창조적인 대립물 간의 관계 형식이며, 발전의 원동력이 된다.

'화'는 어떤 바탕 위에서 이루어질 수 있는가? 대립물들 각각의 독자성과 자유가 '화'가 이루어질 수 있는 전제가 된다. "다양성의 바탕 위에서만 '화'는 꽃필 수 있는 것이다."[222] "'화'란 획일화된 동(同)의 상태와 다를 뿐만 아니라 대극에 위치해 있다. '동'은 다름[異]의 극소화를 추구하지만, '화'는 다름[異]을 전제 조건으로 삼는다. 각자 자신의 개성을 갖고 있는 가운데, 나는 더욱 나다워지고 너는 더욱 너다워짐을 통해서, 나와 너의 어울림으로서의 '화'가 이루어지게 된다."[223]

'화' 사상은 다문화 사회의 조화로운 발전을 위한 좋은 기초가 될 수 있다. 현대 세계관의 영향으로 현대인은 모든 행위 주체를 근원적으로 분리된 범주로 인식한다. '나의 문화'와 '너의 문화'에 대한 인식 역시 동일하다. 현대 세계관의 관점에서 볼 때, '나의 문화'의 입장에서 본 '너의 문화'의 의미는 무엇인가? '나의 문화'에게 있어서 '너의 문화'는 아무런 본래적인 의미도 없다. '너의 문화'는 '나의 문화' 발전을 위해서 극복하고 이용해야 할 수단과 도구로서의 의미를 가질 뿐이다. 이리하여 현대 세계관이 지배하는 현대 사회에서 문화와 문화 간 관계는 잠재

---

222) 홍승표, 「對待的 對立觀의 탈현대적 의미」, 『철학논총』 40(2)(새한철학회, 2005), p. 401.

223) 홍승표, 「유교사상을 통해 본 다문화 사회」, 『哲學硏究』 107(대한철학회, 2008), p. 84.

적으로 적대적인 성격을 띤다.

진화론은 적대적 관계관을 집약하고 있다. 진화론의 관점에서 보면, 내가 살기 위해서는 너를 극복해야만 한다. 대립물들 간의 경쟁과 갈등은 불가피한 것임과 동시에 발전의 원동력으로 인식된다. 현대 세계관의 지배가 지속되면서, 이런 관념은 일반인들의 의식에 확산되었다. 이것은 현대 사회에서 모든 관계 파탄을 초래하는 근원적인 요인으로 작용하고 있다.

이런 관점을 전제한다면, '나의 문화'와 '너의 문화' 간에는 어떤 관계가 존재할 수 있을까? '나의 문화'는 자기 발전을 위해 끊임없이 '너의 문화'를 지배 · 착취 · 이용하고자 하며, 이런 가운데 문화 간 갈등 · 경쟁 · 지배와 복종 · 교환 관계가 성립된다. 이것이 현대 다문화 사회에서 문화 간 관계의 실상이다. 이런 관계는 필연적으로 문화 간 '불화'를 초래한다.

이런 문화 간 '불화'의 늪을 벗어나기 위해서는 어떻게 해야 할까? '나'와 '너'의 관계를 바라보는 관점의 전환을 이루어야 한다. 문화 간 경쟁과 갈등이 문화 발전의 원동력이 된다는 현대적인 관점은 비현실적인 것이다. 미시적인 측면에서 보면, 때로 이런 관점의 타당성을 인정할 수 있다. 하지만 이런 경우조차도 문화 발전 자체가 목적이 되어버리는 문제에 부딪친다. 문화란 인간다운 삶을 위한 도구이며, 그 자체가 목적이 될 수는 없다. 그러므로 문화 간 갈등을 통해 상대 문화에 대한 적개심을 증폭시키면서 이루어지는 문화 발전이란 사실은 진정한 의미에서의 문화 발전이 아닌 것이다.

바로 이런 이유에서, 현 인류는 다문화 사회라는 새로운 사회 구조와 조화를 이룰 수 있는 '나'와 '너'의 관계를 바라보는 새로운 관점을 절실히 필요로 한다. 진화론이 적대적 관계관을 응축하고 있다면, 음양론은 대대적(對待的) 관계관을 응축하고 있다. 음양론의 관점에서 다문화 사회를 보면, 어떤 문화도 홀로 존재할 수 없다. 각각의 문화는 서로 의존하고 있다. 문화와 문화는 서로를 풍부하게 한다. 각각의 문화가 갖고 있는 차이는 조화를 위한 전제 조건이 된다. 문화 간 창조적인 관계방식은 '화'[사랑]를 이루는 것이다. 문화 간에 '화'[사랑]를 이룸으로써 진정한 문화 발전이 이루어진다.

현대인이 적대적 대립관에 고착되어 있으므로 말미암아 다문화 사회가 '화'에 이르는 작업은 큰 곤란에 직면해 있다. 현대의 곤경을 벗어나기 위해서는, 다른 문화를 바라보는 관점 자체의 전환이 요구되며, 유교의 '화' 사상은 바로 이런 시대의 요구를 잘 충족시킬 수 있다.[224]

'겸(謙)' 사상과 새로운 다문화 사회의 기초

공자는 이렇게 말했다. "안평중은 사람 사귀기를 잘한다. 오래 사귀어도 공경하는 마음을 잃지 않는구나!"[225] 공자의 말에서와 같이, 사귐이 오래되어도 깊이 공경함은 사람과 잘 사귀는 비결이다. 이것은 개인뿐만 아니라 모든 행위 주체에 해당하며, 문화와 문화 간의 관계에서도 마찬가지이다. 문화 간 알력이나 갈등과 같은 현대 다문화 사회 문제의 바탕에는 상대편 문화를 '존중하고 존경하지 않음'의 문제가 도사리고 있다. 유가는 '겸' 사상을 발전시켜왔고, '겸' 사상의 요점은 '자신과 상대편을 깊이 공경함'이다. 바로 이런 이유에서, 유가 '겸' 사상은 새로운 다문화 사회 건설을 위해 좋은 기초를 제공할 수 있다.

'겸'이란 무엇인가? '겸'이란 자신과 상대편을 극진히 공경하는 마음

---

224) 홍승표, 「유교사상을 통해 본 다문화 사회」, 『哲學研究』 107(대한철학회, 2008), p. 85 참조.

225) 『論語』, 「公冶長篇」, "晏平仲善與人交 久而敬之"

가짐을 갖는 것이다. 『주역(周易)』「겸괘(謙卦)」 괘상(卦象)을 보면, 높은 산[☶]이 낮은 땅[☷]의 아래에 위치해 있다. '높은 것이 낮은 것의 아래에 처함' 또는 '낮은 것이 높은 것의 위에 처함', 이것이 바로 '겸'의 의미이다. 공자는 "부귀하며 자신을 낮추기는 쉬우며, 빈천하며 자신을 높이기는 어렵다."고 말했다.[226] 공자의 말에는 「겸괘」 괘상에서와 같이 높은 것은 자신을 낮추고, 낮은 것은 자신을 높이는 것이 바람직하며 당연하다는 생각이 전제되어 있다. 이를 다문화 사회에 적용하면, '크고 강한 문화가 작고 약한 문화의 아래에 처함'이 바로 '겸'을 행하는 것이다.

강자가 약자 위에 군림하는 것을 당연시하는 현대적인 심성에서 보자면 '왜 그렇게 해야 하는가?'라는 의문이 일어난다. 유가 사상은 왜 '겸'해야 하는가에 대해서 다음과 같은 대답을 제공한다.

유가는 '모든 사람이 하늘과 통하는 지극히 선하고 순수한 본성을 갖고 있다'[227]고 보았다. 바로 이런 인간 본성을 『대학(大學)』에서는 '명덕(明德)', 『중용(中庸)』에서는 '성(性)', 공자나 맹자는 '인(仁)'이라고 표현했다. 이런 관점에서 보면, 모든 인간은 영원한 시간과 무한한 공간에 열려 있는 위대한 존재이다. 그러므로 각자는 자신과 상대편을 깊이 공경하는 마음을 갖고 대해야 한다.[228] 자신과 상대편 문화를 대할 때도 똑같은 마음가짐이 요구된다. 유가 사상의 관점에서 보면, 자신과 상대편 문화에 대한 우월감이나 열등감은 근거 없는 것이다.

---

226) 또한 子貢은 공자에게 "가난하되 아첨함이 없으며, 부하되 교만함이 없으면 어떻습니까?[貧而無諂 富而無驕 何如]"라고 물었는데, 이 물음 속에도, 빈천해도 꿋꿋함을 잃지 않아야 하며, 부귀해도 교만하지 않아야 한다는 생각이 담겨 있다.

227) 바로 이런 이유에서 맹자는 "聖人與我同類者"(『孟子』, 「告子篇」)라고 했고, "人皆可以爲堯舜"(『孟子』, 「告子篇」)라고 했다.

228) 홍승표, 「유교 사상을 통해 본 다문화 사회」, 『哲學硏究』 107(대한철학회, 2008), p. 79 참조.

높다는 것은 무엇인가? 공자의 말로는 부하고 귀하다는 의미이며, 현대적인 의미에서는 돈, 권력, 학식, 지위, 외모, 인기, 명예 등 욕망 충족 대상물을 더 많이 획득했음을 의미한다. 낮다는 것은 그 반대의 위치에 서 있음을 뜻한다. 영원한 시간과 무한한 공간의 관점에서 보면, 높다는 것은 무엇인가? 광대한 대우주의 먼지 하나에 지나지 않는 미미한 행성 지구에서 내가 가진 부나 권력, 학식이나 외모를 뽐낸다면, 그건 우스운 일이다. 이와 반대의 경우, 우주를 품고 있는 내가 이런 것의 결핍으로 움츠리고 열등감에 사로잡힌다면, 그것 또한 우스운 일이다.

통일체적 인간관의 관점에서 보면, 현대인은 망상의 세계를 살아가고 있다. '내가 높다는' 또는 '내가 낮다는' 허위의식에 사로잡혀, 높은 자는 군림하려 하며, 낮은 자는 쩔쩔매면서 자신과 상대편을 모독하는 방식으로 소중한 삶을 낭비한다. 인간은 현대인이 추구하는 '높은 곳'보다 이미 훨씬 높은 곳에 도달해 있는 존재이다. 그러므로 나 자신에 대해서 그리고 너에 대해서 근본적인 존중의 마음과 깊은 존경심을 갖고서 대해야 한다.

'겸' 사상은 현대 다문화 사회 문제 해결에 기여할 수 있다. 왜냐하면 현대 다문화 사회 문제의 근원에는 '상대편 문화에 대해 공경하는 마음의 결여'가 놓여있기 때문이다. 얼핏 보면 자신이 속한 문화는 존중하는 것같이 보이지만, 이것 역시 사실이 아니다. 상대편에 대한 경시는 반드시 자신에 대한 경시를 전제하기 때문이다. 왜 이런 자신과 상대편 모두를 존중하지 않는 태도가 형성된 것일까? 그 답은 현대 세계관이다.

현대 세계관은 오늘날에 이르러서도 현대인의 의식을 지배하고 있다. 현대 세계관의 관점에서 볼 때, 나는 누구인가? 나는 시간적 · 공간적으로 유한한 존재이며, 우연하게 생겨난 아무런 본래적인 의미를 갖고 있지 않은 존재이다. 그래서 현대인은 직업, 학력, 외모, 수입, 소비, 권력, 인기 등을 통해서 자신의 존재 의미를 확인하고자 하며, 이런 것을 더 많이 차지하는 일에 삶을 쏟아 붓고 있다.

다시 말하자면 현대적인 관점에서 볼 때, 나도 너도 무의미하고 하찮은 존재에 지나지 않는다. 그런데 어떻게 나와 너를 존경할 수 있겠는가! 바로 이런 이유에서 현대인은 자신과 상대편을 경시한다. 개인으로서의 나와 너를 '나의 문화'와 '너의 문화'로 확대했을 경우에도 똑같은 태도가 생겨난다. 현대 다문화 사회에서 현대인은 '나의 문화'와 '너의 문화'를 모두 하찮게 여긴다. 현대인들이 흔히 '나의 문화'에 대한 존중이라고 생각하는 것은 실제로는 '나의 문화'에 대한 우월감에 불과한 것이다.

'나'와 '너'를 깊이 공경하는 마음이 없다면, '나'와 '너'는 창조적인 관계를 맺을 수 없다. 마찬가지로 '나의 문화'와 '너의 문화'를 깊이 공경하는 마음이 없다면, '나의 문화'와 '너의 문화'는 창조적인 관계를 맺을 수 없다. 여기에 바로 다문화 사회라는 새로운 사회 구조가 급속히 확산되는 가운데서도, 문화 간 근원적인 분리와 반목이 계속되는 근본적인 이유가 있다. 유가 '겸' 사상은 '왜 '나의 문화'와 '너의 문화'를 깊이 존경해야 하는가?'에 대한 명백한 답을 제공할 수 있다. 이것은 다문화 사회의 조화로운 발전을 위한 중요한 기초가 될 수 있다.

2.2. 도가 사상과 새로운 다문화 사회의 기초

도가 사상에도 새로운 다문화 사회 건설을 위해 사용할 수 있는 소중한 자원이 있다. 장자의 절대 평등 사상이나 노자의 유약(柔弱) 사상 같은 것이 그 대표적인 예다. 현대의 관점은 세계를 차별의 시각에서 바라보며, 강자의 철학을 조장한다. 이는 다문화 사회에서 문화 간 차별과 강한 문화의 약한 문화에 대한 지배를 초래하는 세계관적 근원이 된다. 이 장에서는 도가 사상이 현대 다문화 사회가 안고 있는 이런 문제를 극복하고 새로운 다문화 사회를 열어가는 데 어떻게 기여할 수 있는가를 살펴보고자 한다.

절대 평등 사상과 새로운 다문화 사회의 기초

평등은 현대 사회 사상이 추구해온 중요한 가치의 하나이다. 하지만 현대 평등 사상은 차별적인 시각을 바탕에 깔고 있다. 이것은 현대 평등 사상이 모든 존재들 간의 근원적인 분리를 전제로 삼는 현대 세계관의 테두리 안에서 발달했기 때문이다. 현대 세계관의 관점에서 보면, 이 세상에 똑같은 것은 하나도 없다. 현대 세계관에서 바라보는 세계는 'A는 A이며 not A가 아니다.'라는 형식 논리학의 동일율과 모순율이 예외 없이 작용하는 세계이다.

그러므로 현대 사회 사상이 말하는 평등은 모든 존재의 절대 평등이 아니며, 제한된 범위 내에서 서로 간의 차이를 없애는 획일화로서의 평등에 불과한 것이다. 현대 평등 사상의 새 지평을 열어간 계몽 사상가들은 인간과 자연이 평등하다고는 결코 생각하지 않았다. 남성과 여성이 평등하다고도, 또 흑인과 백인이 평등하다고도 생각하지 않았다. 심지어 C. 몽테스키외(Charles-Louis Montesquieu, 1689-1755)는 『법의 정신』에서 '흑인은 인간이 아니라는 논증'을 버젓하게 행하고 있다.[229)]

현대 평등 사상은 이와 같이 두 가지 문제점을 안고 있다. 첫 번째

229) 몽테스키외(2005: 208)는 다음과 같이 논증한다. "그들(흑인)의 코는 몹시 납작해서, 그들을 동정한다는 것은 거의 불가능할 정도이다. 대단히 현명한 존재인 신이 영혼을, 특히 선량한 영혼을 새까만 육체 속에 깃들이게 했다고는 도저히 생각되지 않는다."

문제점은 평등의 적용 범위가 편협하다는 것이다. 현대적인 평등은 그 외연이 인간 사회 밖으로 확장될 수 없다. 인간과 자연은 평등하지 않다. 또한 문화의 측면에서 보자면, 아마존 밀림 지대에 아직 잔존하고 있는 원시 문화와 현대 서구 문화는 평등하지 않다.

두 번째 문제점은 현대 평등 사상에서는 차이와 불평등을 동일시한다는 점이다. 그래서 평등을 지향하는 운동은 상이한 존재들 간의 획일성을 획책한다. 예컨대, 남녀 평등을 지향하는 페미니즘 운동에서 그런 문제점을 볼 수 있었다. 문화의 측면에서 보자면, 이런 형태의 현대 평등관은 문화 다양성의 파괴를 가져올 수 있는 위험한 관점이다.

현대 평등 사상과는 달리, 도가 평등 사상은 조화로운 다문화 사회 건설을 위한 기초를 제공할 수 있다. 도가 평등 사상은 절대 평등 사상이다. 도가는 인간 사회의 범위를 훨씬 넘어 이 세상 모든 존재들의 절대 평등을 주창한다. 이런 주장의 논리적인 기초가 되는 것은 '도(道)의 편재성'에 대한 가정이다.

도의 편재성에 대한 사상은 필연적으로 절대 평등 사상으로 이어진다. 나와 너를 포함해서 이 세상 모든 존재는 영원한 대우주의 도를 내재하고 있다. 그러므로 인간을 포함해서 모든 존재는 절대적으로 평등하며 존귀한 것이다. 이것이 바로 장자가 말하는 '제물(齊物)의 세계'이다.[230] 장자는 여러 차례 이 세상 모든 존재들의 절대 평등을 강조했다.[231]

위에서 언급했던 현대 평등 사상의 두 가지 문제는 도가의 절대 평

230) 홍승표, 『노인혁명』(예문서원, 2007), p. 102 참조.
231) 장자가 절대 평등을 주창하는 대표적인 구절을 인용하면 다음과 같다.
『莊子』, 「秋水」, "萬物一齊"
『莊子』, 「齊物論」, "厲與西施 恢忄危憰怪 道通爲一"
『莊子』, 「齊物論」, "唯達者知通爲一"

등 사상에서 해소된다. 첫째, 도가의 절대 평등 사상은 적용 범위의 한정이 없다. 도가의 관점에서 보면, 인간과 자연도, 흑인과 백인도 절대적으로 평등하다. 물론 문화와 문화도 평등하다. 둘째, 도가의 절대 평등 사상은 다양성을 해치지 않는다. 남녀는 남녀가 갖고 있는 각각의 특성을 그대로 간직한 채로 평등하며, 문화와 문화 역시 있는 그대로 평등하다.

도가 평등 사상이 갖고 있는 이런 특징은 새로운 다문화 사회 구축을 위한 좋은 기초가 될 수 있다. 도가 평등 사상의 관점에서 보면, 자신과 상대편 문화에 대한 우월감이나 열등감은 근거가 없는 것이다. 또한 어떤 형태의 문화적인 지배도 정당화될 수 없으며, 세계 문화의 다양성을 파괴하는 문화의 획일화에 반대한다.

이와 같이, 도가 평등 사상은 오늘날 지구촌 다문화 사회 문제 해결을 위한 새로운 시각을 제공할 수 있다. 지구촌 다문화 사회의 조화로운 발전을 가로막는 근본적인 문제의 하나는 서구인들이 품고 있는 자신의 문화에 대한 우월감과 비서구인들이 갖고 있는 자신의 문화에 대한 열등감이다. 이것은 서구 문화의 비서구 문화에 대한 지배와 궁극적으로는 문화의 서구화라는 형태로 세계 문화의 획일화를 초래하고 있다.

도가 평등 사상은 현재 다문화 사회에서 일어나고 있는 이런 일들이 '왜 문제인가'에 대한 명쾌한 시각을 제공할 수 있다. 또한 다양한 문화가 평화롭게 공존하면서 조화로운 발전을 이루어나갈 수 있는 새로운 시각을 제공할 수 있다.

유약(柔弱) 사상과 새로운 다문화 사회의 기초

현대 자본주의 사회에는 약육강식의 논리가 지배하고 있다. '강한 것만이 살아남는다.', '강해져야 한다.'는 생각이 현대인의 의식 속에 팽배해 있다. 문화 영역도 예외가 아니다. 현대 다문화 사회에도 약육강식의 논리가 지배하고 있다. 강한 서구 문화의 영향 아래 한국 전통 문화를 비롯해서 제 3세계의 많은 문화는 소멸했거나 약화되었다.

다문화 사회의 조화로운 발전이란 측면에서 보면, 세계 문화의 다양성이 훼손되는 이 같은 현실은 안타까운 것이다. 강한 문화의 약한 문화에 대한 지배나 약한 문화의 소멸과 같은 현대적인 문화 현상의 세계관적인 기초가 되는 것은 진화론에서 두드러지게 나타나는 '강자의 철학'이다.

다윈은 약육강식에 바탕을 둔 적자생존과 자연도태를 통해 진화가 이루어진다고 보았다. 이런 원리를 수용하면, 강자가 약자를 지배하는 것은 자연스런 일이다. 바로 이런 이유에서, 부자의 가난한 자에 대한 착취나 우세한 군사력에 기초한 서구 제국들의 제 3세계에 대한 침략이 정당화되었다.[232] 이렇게 진화론적 세계관은 제국주의를 정당화하는 이데올로기로 작용했다. 현 세계에서 일어나고 있는 문화 제국주의의 세계관적인 토대 역시 동일한 것이다.

다문화 사회의 근간을 흔드는 이런 상황을 벗어나기 위해서는 진화론의 '강자의 철학'을 대체할 새로운 관점이 필요하다. 이 글은 노자의 유약 사상에서 현대 다문화 사회 문제를 해결할 수 있는 새로운 관점을 찾고자 한다. 노자 사상은 '유약의 철학'이라고 명명될 만큼 '유약의 가치'를 옹호한다. 노자는 강한 것(强)과 약한 것(弱), 단단한 것(剛)과 부드러운 것(柔), 높은 것(高)과 낮은 것(低) 중에서 약한 것(弱)[233], 부드

232) 홍승표, 『동양 사상과 탈현대』(예문서원, 2005), pp. 44-45 참조.
233) 약한 것이 강한 것보다 우월함을 주창하는 대표적인 구절은 다음과 같다. "약한 것은 도의 작용이다[弱者 道之用]."(『老子』, 「40章」)

러운 것(柔)[234], 낮은 것(低)[235] 등이 대립물보다 본성적으로 우월하다고 평가한다.

노자의 '유약 사상'은 강한 것만이 추구되고 평가받는 현대 다문화 사회에서 가치관의 일대 전환을 촉구한다. 노자의 관점에서 보면, 부드럽고 약한 것은 생명의 원리이며, 단단하고 강한 것은 죽음의 원리이다. 그래서 노자는 이렇게 말한다. "사람은 연약하게 태어나지만 단단하게 굳어져 죽고, 만물 초목도 부드럽게 나서 딱딱하게 말라 죽는다. 그러므로 단단하고 강한 것은 죽음의 무리이고, 부드럽고 연약한 것은 삶의 무리이다."[236] 그래서 노자는 부드러움, 약함, 낮은 곳에 머묾 등의 속성을 간직하고 있는 여성[237], 골짜기[238], 어린아이[239], 물[240]과 같은 대상물들을 찬양한다.

---

234) 부드러운 것이 단단한 것보다 우월함을 주창하는 대표적인 구절은 다음과 같다. "천하에서 가장 부드러운 것이 천하에서 가장 견고한 것을 부린다[天下之至柔 馳騁天下之至堅]."(『老子』, 「43章」)

235) 높은 것보다 낮은 것의 우월함을 주창하는 대표적인 구절은 다음과 같다. "최상의 선은 물과 같다. 물은 만물을 아주 이롭게 해 주면서도 다투지 않고, 뭇 사람들이 싫어하는 곳에 머문다. 그런 까닭에 도에 가깝다[上善若水 水善利萬物而不爭 處衆人之所惡 故幾於道]."(『老子』, 「8章」)

236) 『老子』, 「76章」, "人之生也柔弱 其死也堅强 萬物草木之生也柔脆 其死也枯槁"

237) "암컷은 항상 고요함으로 수컷을 이기며 고요함으로 아래가 된다[牝常以靜勝牡 以靜爲下]."(『老子』, 「61章」)

238) "높은 덕은 골짜기 같다[上德若谷]."(『老子』, 「41章」)

239) "후덕한 덕을 품은 것은 어린아이에 비유되니, 어린아이는 독충이 쏘지 않고, 맹수도 덮치지 않고, 독수리도 움켜 채지 않는다. 뼈는 약하고 근육은 부드러우나 쥐는 것은 단단하고, 암수의 교합에 대해서 알지 못하나 온전히 자라는 것은, 정(精)이 지극하기 때문이요, 종일토록 울어대도 목이 쉬지 않음은, 화(和)가 지극하기 때문이다[含德之厚 比於赤子 蜂蠆虺蛇不螫 猛獸不據 攫鳥不搏 骨弱筋柔而握固 未知牝牡之合而全作 精之至也 終日號而不嗄 和之至也]."(『老子』, 「55章」)

240) "천하에 물보다 부드러운 것이 없으나 단단하고 강한 것을 공격하기로는 이보다 나은 것이 없으니, 어떤 것도 물과 바꿀 만한 것이 없다. 연약한 것이 강한 것을 이기고 부드러운 것이 단단한 것을 이긴다[天下莫柔弱於水 而攻堅强者 莫之能勝 以其無以易之 弱之勝强, 柔之勝剛]."(『老子』, 「78章」)

노자는 왜 '유약'한 것이 '강강(剛强)'한 것보다 우월하다고 생각했을까? 깊이 바라보면, '강강의 추구'야말로 열등감이나 무력감의 자기표현이며, '유약'이야말로 진정한 힘의 표현임을 알 수 있다. 이미 E. 프롬(Erich Fromm)은『자유로부터의 도피』에서 권력을 추구하고 권력에 매료되는 히틀러와 독일인의 마음 깊이 자리 잡고 있는 것이 다름 아닌 무력감이었음을 명쾌하게 분석했다. 어떤 행위 주체[개인, 문화, 집단, 국가 등]도 내적인 힘이 충만할 때는 상대편에 대한 관용을 베풀고, 부드러워지며, 상대편의 공격에도 쉽게 동요하지 않는, 다시 말하자면 부드럽고 약한 모습을 보여준다. 바로 이런 이유에서 노자는 '유약의 철학'을 제창한 것이다.

'유약'은 어떻게 가능한가? 자신의 가치를 알고, 사랑함으로써 가능한 것이다. 현대 사회에는 왜 '강자의 철학'이 지배하게 되었는가? 자신의 가치를 모르고 사랑하지 않기 때문이다. 현대 세계관의 관점에서 보면, 나(의 문화)는 우연하게 생겨난 아무런 본래적인 가치도 없는 존재이다. 바로 이런 이유에서, 현대 세계관이 지배하는 현대 사회에는 나(의 문화)의 존재 의미를 확인하기 위한 강박적인 노력이 팽배해 있다. 나(의 문화)의 본래적인 가치를 인정하지 않기 때문에, 나(의 문화)는 대상 획득을 통해서만 자신의 가치를 확인할 수 있다. 그래서 다른 문화보다 강한 문화를 형성하고자 하며, 다른 문화를 지배하고자 한다.

'유약'에 대한 노자의 찬사는 약육강식의 원리에 따라 움직이는 현대 다문화 사회 문제를 인식할 수 있는 시각을 제공해준다. 강한 것에 대한 추구는 결과적으로 세계 문화의 다양성을 훼손할 뿐만 아니라 문화 간의 평화로운 공존을 불가능하게 하며, 차별과 그로 인한 관계 악화를 심화시킨다.

현대 다문화 사회가 절실하게 요구하는 것은 다양한 문화가 평화롭게 공존하고 사랑으로 결합하는 것이다. 평화와 사랑의 다문화 사회 건설이란 목표에 도달하는 데 있어, 노자의 제안에는 풍부한 함의가 있다. 어떻게 다문화가 조화를 이룰 것인가? 노자는 대답한다. "큰 나라가 자신을 낮춤으로써"[241]이다. 노자는 또 말한다. "큰 나라가 작은 나라에게 자신을 낮추면, 작은 나라의 마음을 취한다."[242] 큰 나라가 작은 나라에게 자신을 낮추면, 작은 나라는 큰 나라에 대한 존경심을 갖게 되고, 양국 간에는 평화와 사랑이 건설된다. 이것은 현대 다문화 사회의 상황에 그대로 적용될 수 있다.

2.3. 불가 사상과 새로운 다문화 사회의 기초

불가 사상에도 새로운 다문화 사회의 기초로 활용할 수 있는 자원이 풍부하게 내장되어 있다. 이 책에서는 특히 '무아(無我)' 사상과 '상즉(相卽)' 사상에 초점을 맞추어, 불가 사상에서 새로운 다문화 사회의 세계관적 기초를 찾아보고자 한다. 현대 다문화 사회 문제의 근원이 '나의 문화'에 대한 집착에 있기 때문에, '무아'와 '상즉' 사상은 조화로운 다문화 사회를 형성하는 기초로 활용될 수 있다.

무아 사상과 새로운 다문화 사회의 기초

나는 누구일까? 이 문제에 대해 현대는 독특한 관점을 발전시켰다. '나는 다른 모든 존재와 시공간적으로 분리된 유한한 개체'라는 생각이 그것이다. 나의 나이, 성격, 직업, 외모, 건강, 수입, 학력 등의 총체가 바로 '나'라는 것이다. 많은 현대인은 이런 나에 대한 인식이 현실 또는

241) 『老子』, 「61章」, "大國者下流"
242) 『老子』, 「61章」, "大國以下小國 則取小國"

사실이라고 생각한다. 하지만 '개인으로서의 나'라고 하는 생각이 큰 영향력을 갖게 된 것은 수백 년도 되지 않았다. 이것은 명백하게 역사의 특정 시기에 지배력을 획득한 특수한 형태의 나에 대한 인식에 불과한 것이다.

나에 대한 현대적인 관념은 특수한 것일 뿐 아니라 새로운 시대와 조화를 이룰 수도 없는 것이다. 새로운 시대는 모든 행위 주체들 간의 분리와 반목을 극복할 수 있는 새로운 관점을 요구한다. 하지만 나에 대한 현대적인 관념은 이런 분리와 반목을 조장하는 근원으로 작용하고 있다. 그러므로 이것은 다문화 사회와 조화를 이룰 수 없다. 이 시대는 '나는 누구일까?'라는 질문에 대한 새로운 대답을 필요로 한다.

불교 무아 사상은 이 시대가 필요로 하는 새로운 대답의 하나이다. 불교는 '분리 · 독립된 개체로서의 나'라고 하는 현대적인 관념은 '환(幻)'이라고 말한다. 불교의 관점에서 보면, '이런 의미에서의 나는 실재하지 않는다[無我].' 불교는 실재로서의 내가 오직 '환'으로서의 나를 벗어났을 때만 존재할 수 있음을 주장한다.

불교 무아 사상은 '나'를 바라보는 시각의 변화를 주창한다. 무아의 자각이란 '분리된 개체로서의 에고(ego)가 나'라고 하는 생각으로부터 벗어나서 '영원한 시간과 무한한 공간과 맞닿아 있는 셀프(self)가 나'라는 것을 자각하는 것이다. 틱낫한은 파도와 바다의 비유를 이용해서 무아 사상을 설명한다.[243] 나는 한정된 크기와 모양을 가진 파도라는 생각을 벗어나서 '파도인 내가 바로 바다'임을 자각하는 것이 무아의 자각이라고 말한다.

무아 사상은 '에고의 감옥'으로부터의 해방에 기여할 수 있다. 무아를

---

243) N. H. Thich, 허문명 옮김, 『죽음도 없이 두려움도 없이』(나무심는 사람, 2003), pp. 49-50 참조.

자각하면, 내가 받은 모욕에 대한 기억, 증오심, 화, 애욕, 이기심 등 나를 고통스럽게 하는 모든 감정으로부터의 자유를 쟁취할 수 있다. 분별과 집착에서 오는 고통을 벗어나면, 사랑의 행복을 누릴 수 있다. 나는 비로소 나 자신을 진정으로 사랑할 수 있게 되며, 또한 너를 사랑할 수 있게 된다.

이와 똑같이, 무아 사상은 '나의 문화의 감옥'으로부터의 해방에 기여할 수 있다. 무아를 자각하면, 나의 문화에 대한 우월감과 열등감, 상대문화에 대한 증오심, 나의 문화에 대한 집착 등으로부터 자유를 얻게 된다. 이것은 나의 문화와 너의 문화를 진정으로 사랑하는 출발점이 된다. 이렇게 해서, 무아 사상은 조화로운 다문화 사회 발전의 기초가 될 수 있다.

상즉 사상과 새로운 다문화 사회의 기초

"상즉이란 '색즉시공(色卽是空) 공즉시색(空卽是色)', '일즉다(一卽多) 다즉일(多卽一)', '일즉일체(一卽一切) 일체즉일(一切卽一)'이라고 말할 때와 같이, 외견상 상이한 범주들 간의 통일성을 지시하는 개념이다."[244] 불교 상즉 사상의 관점에서 보면, "이 세상 어떤 것도 분리된 실체로 존재하지 않는다. 모든 것은 서로 연관되어 있을 뿐만 아니라 궁극적으로 하나이다."[245] 불교 화엄 사상은 상즉 사상을 가장 정교하게 발전시켰다. 화엄 사상가들은 '일즉다(一卽多)와 다즉일(多卽一)', '일중다(一中多)와 다중일(多中一)'의 논리 구조를 갖고서, 이 세상 모든 존재들의 근원적인 통일성을 서술했다.

의상(義湘)은 『화엄일승법계도(華嚴一乘法界圖)』에서 이 세상 모든

244) 홍승표, 『노인혁명』(예문서원, 2007), p. 87.
245) 홍승표, 『노인혁명』(예문서원, 2007), p. 86.

존재들의 공간적·시간적 상즉을 다음과 같이 표현했다.

일(一) 가운데 일체(一切)가 있고 다(多) 가운데 일(一)이 있으며	一中一切多中一
일(一)이 곧 일체(一切)요 다(多)가 곧 일(一)이다.	一卽一切多卽一
한 티끌 속에 시방(十方)을 포함하고	一微塵中含十方
일체(一切) 티끌 중에도 이와 같다.	一切塵中亦如是
무량한 먼 겁이 곧 일념이요,	無量遠劫卽一念
일념이 곧 무량겁이다.	一念卽是無量劫[246]

불교 상즉 사상의 관점에서 보자면, 모든 존재는 공간적으로 그리고 시간적으로 상즉한다. 즉, '내 속에는 네가 살고 있고', '네 속에는 내가 살고 있다.' 지금 이대로 '나는 너'이고, '너는 나'인 세계가 열리는 것이다. 이것은 나와 너의 개체성에 대한 부정 위에 성립하는 동(同)이 아니라 나와 너의 개체성의 전제 위에서 성립하는 화(和)의 세계인 것이다.

예를 들어, 우리들 각각의 존재가 바다 위에 잠시 생겼다 사라지는 파도라고 생각해보자. 파도 A와 파도 B가 각각의 크기와 모양[개체성]을 동일하게 만듦으로써 '나는 너'인 세계가 열리는 것이 아니다. 파도 A가 그 크기와 모양을 가진 그대로 자신이 바다임을 자각하는 순간, 자신이 바로 현재의 모든 파도와 과거와 미래의 모든 파도임을 알게 되는 것이다.

불교 상즉 사상을 문화 영역에 적용하면 조화로운 다문화 사회의 기초를 제공할 수 있다. 상즉 사상의 관점에서 보면, '내 속에 네가 살고 있듯이' '나의 문화 속에는 너의 문화가 살고 있다.' 지금 이대로 '나는 너'이듯이, 지금 이대로 '나의 문화는 너의 문화'이다. 파도 A인 나의 문

---

246) 김해주, 『義湘華嚴思想史研究』(민족사, 1993), p. 122.

화는 과거, 현재, 미래의 모든 문화인 것이다.

그렇다면, 파도 A인 나의 문화가 파도 B인 너의 문화보다 조금 더 크거나 작다는 것이, 조금 더 예쁘거나 밉다는 것이, 파도 A인 나의 문화가 파도 B인 너의 문화에 대해서 우월감이나 열등감을 가질 근거가 될 수 있겠는가! 파도 A인 나의 문화가 파도 B인 너의 문화를 지배, 이용, 착취하려 들겠는가! 파도 A인 나의 문화와 파도 B인 너의 문화가 서로 더 많은 것을 차지하겠다고 다투는 것은 나의 오른손과 왼손이 각각 더 빨리 먹이를 차지하려고 다투는 것과 같다.

파도 A인 나의 문화와 파도 B인 너의 문화는 상대편의 부족한 점을 채워주고, 자신과 상대편을 깊이 존경하며, 사랑을 나눌 것이다. 이와 같이, 불교 상즉 사상은 현대 다문화 사회에서 야기되는 갈등과 지배와 복종의 관계를 종식시키고 조화로운 다문화 사회 발전을 위한 기초를 제공할 수 있다.

3. 다문화 사회의 도래와 동양 사상의 함의

다문화 사회로의 진입은 선택이 아니라 역사 발전의 필연적인 과정이다. 현 인류가 선택할 수 있는 것은 '조화로운 다문화 사회를 건설할 것인가?' 아니면 '분열과 적대가 가득 찬 다문화 사회에 도달할 것인가?'이다. 물론 현명한 선택은 전자이다. 하지만 현실의 진행 방향은 후자에 가깝다. 그래서 오늘날 다문화 사회는 편견과 차별, 상호 적대와 폭력이 팽배해 있으며, 이로 인해 현 인류는 많은 고통을 받고 있다.

아무도 원치 않는 이런 상황의 배후에는 지금도 여전히 큰 영향력을 발휘하고 있는 현대 세계관이 자리 잡고 있다. 현대 말 · 탈현대 초라고 하는 문명 대전환기를 맞이해서, 다문화 사회라는 새로운 사회 구조가 출현하고 있지만, 세계를 바라보는 낡은 관점이 건재하면서, 양자 간 충돌이 본격화되고 있는 것이다.

바뀌어야 할 것은 새로운 사회 구조가 아니라 낡은 관점이다. 바로 이런 맥락에서, 이 책에서는 다문화 사회라고 하는 새로운 사회 구조와 조화를 이룰 수 있는 새로운 관점을 찾아보고자 했다. 필자는 동양 사상에 바탕을 두고서 위의 작업을 수행코자 했다.

이 글의 일관된 논지는 통일체적 세계관이 새로운 다문화 사회 구축의 세계관적 기초가 될 수 있다는 점이다. 유불도의 동양 사상에는 통일체적 세계관이 풍부하게 내장되어 있다. 이 글에서 다룬 유가의 '겸' 사상과 '화' 사상, 도가의 '절대 평등' 사상과 '유약' 사상, 불가의 '무아' 사상과 '상즉' 사상 등이 모두 여기에 해당한다.

그런데, 유불도 사상에서 추출한 위의 사상들은 통일체적 세계관의 일부로서 서로 밀접히 연결되어 있다. '겸', '화', '절대 평등', '유약', '상즉', '무아' 사상은 이 중에서 하나만 있으면 다른 다섯 가지는 반드시 있고, 이 중 하나만 없으면 다른 다섯 가지도 성립할 수 없다. 또한 이 여섯 가지 각각은 다른 다섯 가지를 내포하고 있다.

예를 들어 '무아'를 생각해보자. '무아'를 자각하면, 반드시 '겸'하게 되고, '화'를 이루게 되며, '상즉'하고, '유약'하며, '절대 평등'의 세계에 도달하게 된다. 다른 다섯 가지도 마찬가지이다. 이와 같이, 유불도 사상에서 새로운 다문화 사회 건설을 위한 세계관적 기초를 발굴하는 이 글의 내용은 상호 연관된 것이다.

여하튼 이 글이 갖고 있는 일관된 입장은 현대를 지배하고 있는 현대 세계관의 틀 안에서는 조화로운 다문화 사회의 기초를 발견할 수 없다는 것이다. 조화로운 다문화 사회가 의미하는 핵심은 문화와 문화가 사랑으로 맺어지는 것인데, '모든 존재들 간의 근원적인 분리'를 전제하는 현대 세계관의 토대 위에서 '문화와 문화가 사랑으로 하나 됨'은 원천적으로 불가능하기 때문이다.

현대인이 현대 세계관에 고착되어 있는 한, 다문화 사회는 내적으로 분리되고, 상대편을 자신의 이익달성을 위한 수단과 도구로 바라보며, 때로 갈등하고, 자기 문화만을 확장하려하는 현재의 불구적인 상태를 벗어날 수 없다. 그래서 현대 다문화 사회는 고통으로 가득 차 있다. 이 모든 고통의 근원에는 '파도 A'가 자신을 시간과 공간 속에서 특정의 크기와 모양을 갖고 있는 '파도 A일 뿐'이라고 인식하는 현대 세계관이 도사리고 있다.

여기에 하나의 연필이 있다고 하자. 연필을 세워서 보면 직사각형이고, 눕혀서 보면 원의 모양을 하고 있다. 이것이 관점이다. 관점은 타당성을 입증할 수 없다. '나'는 전현대적 관점에서 보면 내가 속한 집단의 일원이고, 현대적 관점에서 보면 나만의 개성을 갖고 있는 분리된 개체이며, 탈현대적[통일체적] 관점에서 보면 나는 자신의 개성을 갖고 있는 그대로 영원한 시간과 무한한 공간에 닿아있는 우주적인 존재이다. 이 세 가지가 모두 나를 바라보는 관점이다. 관점은 타당성을 입증할 수 없다. 다만 특정 시대 속에서 그 시대의 요구와 얼마나 잘 조응할 수 있는가에 따라서 그 유용성이 평가될 수 있을 뿐이다.

다문화 사회라고 하는 새로운 사회 구조의 출현을 맞은 지금 이 시점에서 현대 세계관은 무용할 뿐만 아니라 온갖 문제를 초래하는 관점을 제공한다. 탈현대적[통일체적] 세계관은 유용하며 다문화 사회가 창조적으로 발전해나갈 수 있는 관점을 제공한다. 그렇다면, 지금 이 시대를 살아가는 우리는 어떤 관점을 채택할 것인가? 답은 명백하다.

현대 세계관이 지배하는 가운데 다문화 사회는 많은 고통을 낳고 있다. 사람들의 문명에 대한 불만이 고조되고 있다. 사회학자에게 요구되는 일은 문명에 대한 불만이 창조적으로 분출될 수 있는 길을 제시하는 것이다. 그것은 바로 조화로운 다문화 사회 건설의 기초가 되는 새로운 세계관을 제시하는 일이다. 필자는 동양 사상에 기초해서 바로 이 작업을 수행해보고자 한 것이다.

다문화 사회를 바라보는 통일체적 세계관이 현실적인 힘을 갖기 위해서는 세계관의 대전환을 이루어야 한다. 세계관의 전환을 이룰 수 있는 조건은 무엇인가? 전환을 위한 필요조건은 현대 세계관에 바탕을 두고 있는 현 문명에 대한 불만이 고조되어야 한다는 것이다. 문명에 대한 불만이 높아질수록 변화가 일어날 개연성도 커지게 된다. 전환을 위한 충분조건은 현 문명에 불만을 느끼는 에너지가 창조적으로 분출될 수 있는 길을 찾는 작업이 이루어져야 한다는 것이다. 이 글은 후자의 측면에서 다문화 사회가 조화로운 공존과 공영을 누릴 수 있는 길을 찾아본 것이다.

전자의 측면에서 보면, 세계관 전환을 위한 조건은 무르익어 있다. 지금 인류는 탈현대의 새로운 문명으로 나아가기 위해 엄청난 산고를 치르고 있다. 환경 문제, 모든 관계의 약화와 악화, 인간 소외 등 현대 사회 위기 징후들이 바로 그것이다. 이런 현대 사회 문제의 근원은 현대 세계관이다. 이 모든 문제들이 현대 세계관의 바탕 위에서 발전을 추구하고 달성한 필연적인 귀결로 초래되고 있기 때문이다. 이런 과정에서 현대인의 문명에 대한 불만이 고조되고 있는데, 이것이 바로 세계관 전환을 위한 에너지로 작용할 것이다.

다문화 사회의 경우도 똑같은 상황에 놓여 있다. 교통과 통신 발달로 다문화 사회는 점점 더 보편적인 사회의 존재 형식이 되어가고 있다.

하지만, 현대인들은 현대 세계관에 고착되어 있기 때문에 상대편 문화를 극복과 지배의 대상으로만 인식하려 한다. 이런 와중에서, 문화 간 차별과 갈등으로 인해서 많은 고통이 산출되고 있다. 이런 고통이 관점 전환을 위한 에너지가 될 것이다.

이런 전환기 시대를 살아가는 사회학자에게 이 시대가 부여하는 역할은 이 엄청난 에너지가 그 물꼬를 따라 흘러갈 수 있는 새로운 문명 설계도를 제시하는 작업이다. 이 글은 바로 이런 맥락에서 조화로운 다문화 사회 건설을 위해 동양 사상이 제공할 수 있는 몇 가지 도움을 찾아보고자 한 것이었다.

Chapter

Ⅶ

동양 사상과 탈현대 노인관

수행을 통해 새롭게 탄생한 노인은
이 세상을 아름다운 곳으로 바꾸어가는
샘과 같은 존재가 된다.

이 장의 목표는 동양 사상의 바탕 위에서 탈현대 노인상을 탐구하는 것이다. 노년기를 어떻게 인식하는가 하는 것은 개인적인 삶의 차원에서나 문명의 차원에서 중요한 문제이다. 중년에 이른 사람이 하루하루를 자신이 과거에 가졌던 젊음을 잃어 가는 것을 바라보면서 고통스럽게 살아갈 수도 있고, 아름다운 자기의 완성이라는 미래의 목표를 향해서 한 걸음씩 내딛는 삶을 살아갈 수도 있다.

현대의 선택은 전자이다. 현대 사회에서는 노년기를 지극히 부정적인 시각에서만 바라보고 젊음을 숭상하는 문화가 팽배해 있다. 현대 문화의 이런 특징으로 말미암아 심각한 노인 문제가 야기되고 있다. 근래에 들어, 노년기가 급진적으로 길어지고 있기 때문에, 노인 문제의 심각성은 더 크다.

현대 세계관의 관점에서 볼 때, 나이 들어감이란 육체적으로 노쇠하고, 정신적으로도 활력을 상실해 가는 과정이다. 또한 나이 들어감이란 사회적인 측면에서도 상실의 과정이다. 나이 들어가는 것은 누구에게나 불가피하다. 하지만 현대 세계관의 관점에서 볼 때, 나이 들어간다는 것은 지극히 고통스럽고 비관적인 현상일 따름이다. 이에 따라서, 노인은 더욱 불행하고, 추악한 존재로 전락했으며, 현대 사회에서 노인 소외는 심화되었다.

이 책에서는 노인 문제의 본질이 현대 사회가 갖고 있는 나이 들어감에 대한 부정적인 태도에 있다고 본다. 나이 들어감을 발전적으로 해석하는 작업은 우리 시대의 중대한 과제이며, 통일체적 세계관은 이런 시대의 과제에 성공적으로 대응할 수 있는 관점을 제공해 준다. 이 책에서는 통일체적 세계관의 관점에서 나이 들어감에 대한 새로운 인식틀을 모색함으로써, 현대 노인 문제의 해결에 기여하고자 한다.

이 장에서는 먼저 현대 노인 소외의 근원이 현대 인간관이라는 점을 밝히고, 통일체적 세계관의 관점에서 현대 노인관을 비판할 것이다. 그리고 통일체적 세계관의 바탕 위에서 탈현대 노인관을 제시하고, 새로운 노인관의 탈현대적 함의를 살펴볼 것이다.

1. 현대 인간관과 노인 소외

근래에 접어들어 노년기가 급진적으로 길어지고 있다. 이 때문에, 나이 들어감에 대한 태도는 현 시대에서 더 큰 중요성을 갖게 되었다. 많은 국가들이 노령화 사회를 거쳐 노령 사회에 접어들고 있다. 출산율의 지속적인 감소 추세가 이어지고 있으며, 의료 기술의 발달과 전반적인 영양 상태의 개선에 힘입어 평균 수명은 꾸준히 증가하고 있다. 그러므로 인구의 노령화 과정은 앞으로도 계속될 것이다.

이에 따라서, 노인이 양적인 측면에서 사회의 중심 세력으로 급부상하고 있고, 개인적으로는 삶의 태반을 노인으로 살아가야 하는 시대가 다가오고 있다. 더구나 신체적인 정점이 20세를 전후한 시기라고 볼 때, 20세 이후부터 죽음에 이를 때까지의 오랜 시간이 '나이 들어가는 과정'이다. 그러므로 나이 들어감에 대해 어떤 태도를 갖는가 하는 것은 오늘날에 이르러서 그 중대성을 더하고 있다.

노년기는 이렇게 증가하고 있지만, 오늘날 노인 집단은 극심한 소외를 경험하고 있다. 한국 사회에서 최근 노인 자살률의 급증은 오늘날 노인들의 삶이 얼마나 고통스러운가를 입증한다. 아래 표는 통계청에서 집계한 한국인의 연령별 자살자 추이이다.

〈표 4〉 한국인의 연령별 자살자 추이, 1999-2009

(단위: 인구 10만 명 당 자살자 수)

연령	1999	2008	2009
계	15.0	26.0	31.0
10-19세	5.1	4.6	6.5
20-29세	13.1	22.6	25.4
30-39세	17.3	24.7	31.4
40-49세	21.3	28.4	32.8
50-59세	23.2	32.9	41.1
60-69세	28.9	47.2	51.8
70-79세	38.8	72.0	79.0
80세 이상	47.3	112.9	127.7

자료: 통계청, 『2009년 사망원인 통계 결과』 보도자료, 2010

2011년 현재 한국인의 자살률은 OECD 국가들 중에서 가장 높다. 그런데 2009년도 한국인의 인구 10만 명 당 자살자 수는 80세 이상의 경우 127.7명에 달해서, 이는 전체 연령 평균 자살자 수인 31.0명의 4배를 넘는 높은 수치이다. 60대의 경우 51.8명, 70대의 경우 79.0명으로, 역시 평균보다 훨씬 높은 자살률을 기록하고 있다. 또한 1999년 자료와 비교해보면, 불과 10년 사이에 80세 이상의 경우, 인구 10만 명당 자살자의 수가 2.7배 증가했으며, 70대의 경우 2.0배, 60대의 경우 1.8배 증가했다.

노인 자살률이 한국인 평균 자살률보다 2배 이상 높으며, 80대 이상자의 경우 4배 이상 높다는 사실은 현대 한국 사회에서 노인들의 삶이 다른 연령대보다 얼마나 더 불행한가를 잘 보여준다. 또한 노인 자살자가 불과 10년 사이에 2배 이상 증가했다는 사실은 노인들이 겪는 삶의 고통이 얼마나 가파르게 증가하고 있는가를 보여준다. 정도의 차이는 있겠지만, 현대 사회의 노인 일반이 한국 사회의 노인과 유사한 상황에 놓여있다고 간주해도 무방할 것이다.

인생에서 노년으로 보내야 하는 시기가 길어지고 있는데, 노년기는 이렇듯 고통스런 시기가 되고 있다. 그렇다면 평균 수명의 증가라는 소식은 현대인에게는 재앙과 같은 것이다. 현대 노인들이 겪고 있는 이런 소외는 불가피한 것일까? '아니오.'라는 것이 이 책에서의 대답이다. 그렇다면 현대 노인 소외가 날이 갈수록 심화되는 근본적인 원인은 무엇인가? 그 답은 현대인의 의식을 여전히 지배하고 있는 현대 인간관이다.

현대 사회에서 노인들이 겪고 있는 소외는 이중적이다. 노인은 현대인 일반이 경험하고 있는 소외를 겪고 있다. 뿐만 아니라, 젊음을 숭상하고 노년기를 부정적인 관점에서만 바라보는 현대 인간관의 영향으로 현대 사회에서 노인 소외는 심화된다.

현대 노인관은 현대 인간관의 영향을 받아 형성된 것이다. 현대 인간관의 관점에서 볼 때, 인간이란 자신을 둘러싸고 있는 세계와 근원적으로 분리된 존재이다. 인간은 피부를 경계선으로 하여 이 세계와 단절된 유한한 개체이다. 이런 현대의 관점을 받아들였을 때, '나이 들어간다'는 것은 무엇인가? 나이 들어감이란 죽음에 점점 다가가는 과정이다.

자신의 존재가 무(無)로 화(化)해가는 과정이다. 그러므로 현대적 관점의 지배 아래서 '나이 들어감'을 긍정적 · 창조적으로 해석할 수 있는 여지란 없다. 나이 들어간다는 것은 단지 지극히 고통스럽고 비관적인 현상일 따름이다.

현대를 지배하고 있는 감각적인 문화의 관점에서 노인을 바라볼 때, 노인은 무기력하고 쇠약한 존재이다. 그의 모든 감각 기관들은 둔감해졌고, 쾌락을 얻고자 하는 욕망도 시들어 버렸다. 노인은 새로운 시대와 함께 호흡할 수 없는 고리타분한 사람들이다. 노인은 기억력이나 기운도 쇠퇴했고, 외모 상으로도 그들이 젊은 시절에 갖고 있었던 팽팽한 피부나 성적 매력을 상실했다. 많은 경우 노인들은 가난하며, 질병에 시달리고 있다. 노인은 죽음을 앞두고 있는 고통스러운 존재이다.

현대는 생산력을 지고의 가치로 간주한다. 이런 현대적인 관점을 받아들였을 때, 노인이란 어떤 존재일까? 그는 생산력을 상실한 쓸모없는 존재이다. 이에 따라서, 현대의 관점에서 바라볼 때, 노인 스스로도 자신을 존중하기가 힘들며, 주변 사람들 역시 노인을 천시하게 된다. 그러므로 노인은 점점 깊은 소외의 늪에 빠져든다.

현대 세계관의 관점에서 볼 때, 나이 들어감이란 사회적인 측면에서도 상실의 과정이다. 나이 들어감이란 그가 젊은 시절 갖고 있었고, 획득했던 것들을 상실해 가는 과정이다. 나이 들어가면서 겪게 되는 가장 중요한 사회적인 상실의 하나는 평생 일해 왔던 직장의 상실이다. 또한 나이가 들면서 배우자나 가까운 친구들이 세상을 떠나게 된다. 자녀들이 장성하고 출가하면서 가족 내에서의 지위에도 상실이 생겨난다. 나이가 들수록 직장에서나 가족들에게 쓸모없는 존재로 취급받게 된다. 이렇게 되었을 때, 노인들은 필연적으로 불행하고 고통스런 삶을 살 수밖에 없다.

나이 들어가는 것은 누구에게나 불가피하며, 현대 사회에서 노년기는 더욱 길어지고 있다. 하지만 현대 인간관의 관점에서 볼 때, 노인이 되어 살아간다는 것은 지극히 고통스러운 일이다. 현대의 관점에서 볼 때, '나이 들어가는 것' 자체가 부끄럽고 고통스러운 것으로 간주되기 때문에, '잘 나이 들어간다.'거나 '행복하게 나이 들어간다.'는 것은 논리적으로 불가능하다. 그래서 사람들은 나이가 들어서도 젊음을 유지하고 나이 들어감을 극복하려고 하는 맹렬한 노력을 기울인다. 그리고 이런 시도가 어느 정도는 성공을 거두었다.

사람들은 규칙적인 운동을 통해서 나이 들어감을 극복하려고 한다. 성형 수술을 받기도 하고, 음식물 섭취를 적절하게 조절하는 등의 노력을 기울이기도 한다. 이런 여러 가지 노력을 통해서, 노화 과정은 과거와 비해볼 때 상당한 정도로 지연되었다. 하지만 노화 과정 자체를 중단시키거나 역전시킬 수는 없다. 이 때문에 나이 들어감에 대한 불안과 공포, 나이 들어가는 과정의 고통과 불행, 늙고 난 후의 절망감 같은 것은 고스란히 남아 있게 된다.

더군다나 이런 젊음에 대한 집착이 노인을 추하게 만들며, 인격의 확충과 발전을 불가능하게 한다. 이렇게 되었을 때, 노인은 젊은이보다 더 욕심 많고 욕심에 매달리는 사람이 된다. 인색하고, 편협하며, 마음에 따뜻한 사랑을 간직하지 못하는 사람이 된다. 이것이야말로 현대 인간관 아래 발생하는 노인 소외의 본질적인 측면이다.

욕심 많고, 인색하며, 편협한 사람을 좋아하는 사람은 아무도 없다. 이렇게 되면, 노인 스스로도 자신이나 주변 노인을 좋아하지 않게 된다. 자연히 젊은이들은 이런 노인들을 존경하거나 사랑하지 않으며, 경멸하고 무시하게 된다. 노인들과 더불어 하기를 거리끼고 그들을 멀리한다.

이에 따라서, 노인의 불행은 가중된다. 노인들은 일터로부터 추방당하고, 자식들이나 사회로부터도 잊혀진 채로 쓸쓸한 삶을 살아간다. 이와 같은 이유로, 현대 사회에서 노인들은 극심한 소외를 겪게 된다.

젊음과 생명을 유지하고 늙음과 죽음을 회피하고자 하는 것은 시대를 떠나서 모든 인간이 갖고 있는 자연스런 소망이라고 할 수 있을 것이다. 하지만, 현대 인간관은 나이 들어감을 부정적으로 바라보는 관점을 극단화시키고, 늙음이 가질 수 있는 아름다움이나 의미 같은 것을 철저하게 배제시켜 버렸다. 이리하여 현대 인간관이 지배하고 있는 현대 사회에서 인간이 행복하고 아름답게 나이 들어간다는 것은 근원적으로 불가능한 일이 되어버렸다.

현대 인간관을 받아들일수록, 노인 소외는 깊어갈 수밖에 없다. 사람들은 필연적으로 나이 들어감과 죽음을 두려워하게 되고, 거의 필사적으로 젊음에 매달린다. 노인은 젊음을 상실한 존재이기 때문에, 노인은 그 존재 자체로서 열등한 인간이다. 노인은 자신에 대해 부정적인 관점을 갖게 되며, 젊은이들 또한 노인에 대해서 부정적인 태도를 갖는다.

노년기를 부정적인 시각에서만 바라보고 젊음을 숭상하는 문화는 노인을 불행하게 할 뿐만 아니라 젊은이 역시 불행하게 만든다. 젊은이들은 노인을 경멸하고 불행하게 만듦으로써 자신을 비인간화시킨다. 젊은이들은 나이 들어가고 있으며 현재 노인들이 겪고 있는 불행은 앞날의 자신들이 겪어야 할 불행이다. 그래서 젊은이들에게 늙는다는 것은 공포로 느껴지며, 나이 들어가는 과정은 고통이다.

젊은이들은 늙음에 대해서 부정적인 입장을 갖고 있기 때문에 성공적으로 그리고 행복하게 나이 들어갈 수 없다. 그들에게 나이 들어간다는 것은 다만 젊음의 상실을 뜻할 따름이기에 나이 들어감은 고통과 불행을 안겨줄 따름이다. 청년 이후의 삶이 나이 들어가는 과정이라고 하였을 때, 이것은 바로 삶 자체가 고통이요 불행임을 의미한다. 이렇듯 나이 들어감에 대한 부정적인 시각은 사회 구성원 모두에게 고통을 주고 그들을 비인간화시키는 근원이 된다. 이렇게 모두를 불행에 빠뜨리는 나이 들어감에 대한 부정적인 시각의 근원은 바로 현대 인간관이다.

2. 통일체적 인간관과 탈현대 노인관

통일체적 인간관의 관점에서 보면, 현대가 노인을 바라보는 관점은 기이한 것이다. 통일체적 인간관의 관점에서 바라보는 노인은 수행을 통해 가장 인간다운 인간이 될 수 있는 존재이다. 물론 이런 존재 차원의 변화는 나이가 든다고 해서 자동적으로 이루어지는 것이 아니다. 변화를 위해서는 많은 노력이 필요하다. 그러므로 현대 인간관의 관점에서 자신을 바라보면서 나이 들어온 대부분의 현재 노인들은 가장 인간다운 인간의 자리에 도달했다고 볼 수 없다. 그러나 노년기가 필연적인 쇠락의 과정이라고 보는 현대의 관점과 진정한 인간다움에 이를 수 있는 시기라고 보는 탈현대의 관점은 확연히 차이가 있다.

『주역』에는 통일체적 세계관에서 바라본 나이 들어감에 대한 관점이 잘 나타나 있다. 『주역』을 읽어보면, '원형이정(元亨利貞)'이란 말이 빈번하게 나온다. '원형이정'은 이 세상 모든 존재가 변동하는 원리를 상징한다. 이는 계절의 순환을 가리키기도 하고, 인생의 순환을 뜻하기도 한다. '원형이정'을 인생의 순환으로 해석했을 때, '원형이정'에서 노년기에 해당하는 시기는 '이(利)'이다. '이(利)'는 계절로서는 가을을 가리키는데, 성숙과 결실의 시기라는 의미를 담고 있다. 『주역』에서 바라본 노년기는 성숙과 결실의 시기이다.

노년기에 해당하는 '이(利)'란 글자의 의미는 무엇인가? '利'자는 벼 '禾'자와 칼 '刂'자의 합성어이다. '무르익은 벼에다가 칼을 대는 것', 즉 추수가 '이'의 의미이다. 추수란 무엇인가? 벼가 자신의 본성을 이루어 성숙하고, 그 결실을 온 세상의 배고픈 자에게 나누어 주는 것이다. 그러므로 '이(利)'란 자신의 본성을 이루어서 이 세상 모든 존재의 본성을 이루어 주는 것이다. 즉 자신을 이롭게 하고 동시에 세상을 이롭게 하는 것이 '원형이정'에서 '이'의 의미이며, 이것이 바로 『주역』의 관점에서 바라본 노년기의 특징이다.

통일체적 세계관의 관점에서 보자면, 인생에 있어서 각각의 시기나 사계절은 나름대로의 특징을 갖고 있으며, 자기만의 아름다움이 있다. 여름에 빗대어 겨울을 평가한다거나 반대로 겨울에 빗대어 여름을 평가한다면, 이는 겨울이나 여름에 대한 부당한 평가가 된다.

현대 사회가 늙음을 바라보는 관점이 바로 이런 부당한 것이다. 현대는 젊음에 빗대어 늙음을 바라본다. 늙음을 젊음의 결여로 간주하고 늙음에 대해 지극히 부정적인 태도를 가진다. 그러나 통일체적 세계관에서 보면, 젊음은 젊음대로 늙음은 늙음대로 아름다운 것이다.

인생의 단계를 말한 공자의 말씀에도 나이 들어감을 성숙의 과정으로 보는 시각이 잘 드러나 있다. 공자는 다음과 같이 말했다.

> 나는 열다섯 살에 학문에 뜻을 두었고, 서른 살에 자립하였고, 마흔 살에 사리에 의혹하지 않았고, 쉰 살에 천명을 알았고, 예순 살에 귀로 들으면 그대로 이해되었고, 일흔 살에 마음에 하고자 하는 바를 좇아도 법도에 넘지 않았다.[247)]

---

247) 『論語』, 「爲政」, "吾十有五而志于學 三十而立 四十而不惑 五十而知天命 六十而耳順 七十而從心所欲不踰矩"

나이 듦에 따라 삶의 경지는 더욱 고양되어 일흔 살에 이르면 최고의 경지에 이르게 될 수 있다는 것이다.

『주역』이나 『논어』에서 나이 들어감에 대해 이렇듯 긍정적인 태도가 나타나는 것은 이들의 관점이 통일체적 세계관에 바탕을 두고 있기 때문이다. 통일체적 관점을 갖게 되면, 모든 존재들 간의 통일성에 대한 깨달음이 얼마나 높은 경지에 이르렀는가 하는 측면에서 인생을 바라보게 되며, 노년기에 이르면 깨달음은 더욱 높은 경지에 도달할 수 있다.

그러므로 통일체적 세계관의 관점을 가졌을 때, 나이 들어간다는 것은 보다 더 성숙하고 아름다운 존재가 되어갈 수 있다는 것을 의미하게 된다. 나이가 들수록 우리 존재는 더욱 아름답고 향기로워질 수 있으며, 일상적인 것들에서도 경이로움에 가득 찬 세계를 느낄 수 있다.

현대의 관점에서 보았을 때, 삶에서 중요한 의미를 갖는 것은 생산과 소비, 성공과 쾌락 등과 같이 욕망을 충족시키는 일이다. 이런 관점에서 볼 때, 나이 들어가는 것은 쓸모없는 존재가 되어 가는 과정이며, 노인이란 쓸모없는 존재에 불과하다. 그러나 통일체적 관점에서 보았을 때, 삶의 목적은 우주적인 존재로서의 자신과 세계를 자각하고 이를 즐기는 것이다. 이런 관점에서 보았을 때, 나이 들어간다는 것은 성숙해 가는 것을 의미한다.

통일체적 세계관의 관점에서 '나이 들어감'을 바라보면, 나이가 들수록 삶의 경지가 더욱 높아져서 노년기에 이르러 최고의 경지에 도달할 수 있다. 공자나 노자, 석가모니, 틱낫한, 간디, 김수환 등 높은 수준의 깨달음에 이른 인물들을 보더라도 죽음을 앞둔 시기에 이르러서 더욱 원숙한 인격의 발달을 이루는 것을 볼 수 있다. '나이 들어감'에 대한 관점이 이렇게 바뀐다면, 우리들은 행복하게 나이 들어갈 수 있다.

나이가 들수록 더 성숙하고 아름다운 존재가 되어갈 수 있는 이유는 무엇일까? 여기에는 여러 가지 요인들이 있다. 그 중 몇 가지를 지적하면, 다음과 같다.

첫째, 노인이 되면 욕망의 노예 상태에서 벗어나는 것이 상대적으로 용이해 진다.[248] 젊은 시절에는 생리적으로 혈기가 솟구친다. 그래서 젊은이들은 욕망에 매달려 가는 삶을 살아가기가 쉽다. 그러나 노년기는 성욕을 포함해 삶의 욕망들이 어느 정도 수그러드는 시기이다. 이 때문에, 노인은 현대 사회가 만들어 놓은 욕망의 그물로부터 벗어나는 것이 상대적으로 용이하다. 그러므로 노인은 재물 · 권력 · 지위 · 명성 등과 같은 욕망의 노예 상태로부터 벗어나서, 내가 자신의 삶의 주인이 될 수 있는 조건을 갖추고 있는 셈이다.

젊은 시절에는 이상에 불타거나 욕망에 사로잡혀서, 자신의 생각에 몰입하기가 쉽다. 젊은이들은 무한한 것을 추구한다. 그러므로 젊은이들에게 있어서는 자신이 추구하는 사업으로부터 떨어져서 세계를 바라보기가 힘 든다. 노인이 되면 사정이 달라진다. '수승화강(水昇火降)'이라 하여, 차가운 기운이 위로 올라가고 뜨거운 기운이 아래로 내려온다. 그리하여 노인은 젊은 시절의 상기(上氣)된 상태에서 벗어나 마음의 고요함과 평정을 갖기가 쉽다. 이리하여 노인은 인간과 현실에 대한 보다 깊은 이해에 도달할 수 있다.

깨달음을 얻고 나면 욕망으로부터 자유로워질 수 있다. 동시에 욕망으로부터의 자유로움이란 깨달음을 얻을 수 있는 조건이기도 하다. 마음이 수많은 욕망에 대한 갈애의 상태로부터 벗어났을 때, 우리들의 마

248) 플라톤(Platon)의 『국가 · 政體』(서광사, 1997), p. 58에서는 다음과 같이 말한다. "노년에 이르러서야 그와 같은 것들 [성적인 쾌락]에서도 큰 평화와 자유가 자연히 생기게 되니 말이다. 갖가지의 욕망이 뻗치기를 그만두고 숙어지게 되는 그때에야 소포클레스께서 말씀하신 상태가 완전히 실현되는 것이니, 그건 하고많은 광적인 주인들한테서 풀려나는 것이죠."

음은 고요하고 평화로우며, 나와 세계의 진정한 모습을 또렷하게 볼 수 있다.

둘째, 노인이 되면 한가로운 시간이 많아진다. 한가로움은 깨달음을 얻고 즐기기 위한 좋은 조건이다. 노인이 되면, 직장에서 은퇴해서 그 때까지 자신의 삶을 얽매어 왔던 생산 노동으로부터 해방될 수 있다. 또한 육아 등과 같은 가사 노동으로부터도 자유로워진다.

이것은 현대적인 삶의 특징이 되고 있는 분주함으로부터 벗어날 수 있음을 의미한다. 그래서 노인이 되면, 이때까지 바깥으로만 치닫던 의식을 자신의 내면으로 돌릴 수 있는 좋은 기회를 갖게 된다. 그때까지는 무관심하기만 했던 자기 자신을 돌볼 수 있게 되고, 자기 자신과 세계의 아름다움과 경이로움을 느낄 수 있다.

셋째, 노인이 되면 유머 감각을 갖기 쉽다. 유머란 무한과 영원의 빛에 자신과 세상의 유한하고 순간적인 존재를 비추어 볼 때 생겨나는 따뜻한 웃음이다. 유머 감각은 우리를 겸손하게 해 준다. 또한 유머 감각은 설부른 깨달음이 우리를 광증 상태로 몰고 가는 것을 막아 준다.

노인이 유머 감각을 갖기에 유리한 이유는 무엇일까? 그것은 노인이 젊은이보다 죽음에 더 가까이 다가가 있기 때문이다. 젊음은 성급하고 패기만만하다. 하지만 죽음이 가까이 다가오면, 우리는 오만과 삶에의 몰입 상태에서 벗어나서 자기 자신의 미소함을 깨달을 수 있다. 이때, 노인은 겸손한 마음으로 자신과 세계를 미소 지으며 바라볼 수 있다.

그것이 무엇이건 간에 거기에 몰입해 있을 때, 우리들은 그것의 노예 상태에 떨어져 있는 것이다. 우리들이 그것을 미소 지으며 바라볼 수 있을 때, 우리는 자유인이며 비로소 그것의 주인이 될 수 있다.

넷째, 노인이 되면 삶에 대한 깊은 이해와 경험에서 우러나는 지혜를 가질 수 있다. 틱낫한은 이렇게 말했다.

> 당신이 지금 20대이고 세상의 많은 철학서적과 문학작품을 읽어 사상의 깊이가 깊고 인간의 무수한 희로애락을 다양하게 경험한 사람이라고 하자. 그렇다고 당신에게 '삶을 안다'라고 말할 수 있을까? 자신의 주름 깊이만큼이나 아득한 절망의 나락에도 떨어져 보고 산봉우리 같은 높은 기쁨도 체험해본 80대 노인만이 알고 있는 삶과 20대인 당신이 아는 삶이 같을 수 있을까? 삶은 오직 체험으로만 알 수 있다.[249]

통일체적 세계관의 관점에서 보면, 젊은 시절에는 유치함과 어리석음을 벗어나기 힘 든다. 『주역』, 「풍지관괘(風地觀卦)」, 초육효(初六爻)에 나오는 '동관(童觀)'이란 말에 대해서 정자는 다음과 같은 해설을 달았다.

> 관찰하고 보는 것이 얕고 가까워서[근시안적이라서] 어린 아이 같기 때문에, '어린 아이의 봄[童觀]'이라고 했다.[250]

어린 시절에는 모든 존재를 보는 것이 얕고 가까워서, 그 존재의 깊은 의미를 각성하기가 힘 든다는 것이다.

수십 년 동안 석탑을 연구해 온 한 학자는 '나이만큼 보인다.'고 말했다. 똑같은 탑인데도 나이가 들어서 보니까 탑이 자신에게 이야기도 걸고, 그때까지 숨겨온 자신의 숨은 얼굴을 보여주더라는 것이다. 이런 지혜를 가졌을 때, 우리들은 자기 자신을 포함해 모든 존재들과의 진정한 만남을 이룰 수 있다.

현대 세계관의 관점에서 볼 때, 앎이란 대상적인 지식을 획득하는 것을 의미한다. 즉, 관찰하는 주체와 관찰되는 객체와의 분리를 전제하는 가운데, 관찰하는 주체에 의한 관찰되는 객체에 대한 앎이 중시된다.

---

249) N. H. Thich, 허문명 옮김, 『죽음도 없이 두려움도 없이』(나무심는 사람, 2003), p. 100.

250) 『程傳』, 「風地觀卦」, "觀見者淺近如童稚然 故曰童觀"

대상적인 지식을 획득하는 데는, 두뇌 회전이 빠른 젊은이들이 노인들보다 유리할 수가 있다.

통일체적 세계관의 관점에서 볼 때, 앎이란 지혜 또는 깨달음을 의미한다. 즉, 나와 세계가 하나라는 전제 위에서, 모든 존재가 나누어 갖고 있는 아름다운 본성을 자각하는 앎이 중시된다. 깨달음이나 지혜를 획득하는 데는, 인생의 경험이 풍부한 노인들이 젊은이들에 비해 유리한 점을 갖고 있다.

다섯째, 노인이 되면 누구나 젊은 시절 갖고 있었던 것들을 상실하게 된다. 상실은 셀프를 자각할 수 있는 계기를 마련해 준다. 나이 들어가면서, 그때까지 자신을 둘러싸고 있으면서 삶을 안정시켜주던 것들이 무너지게 된다. 육체는 노쇠하고 여러 가지 질병에 시달리게 된다. 오랫동안 몸담아 왔던 직장 생활을 마감하게 됨으로써, 자신의 존재 의미가 사라지는 것 같은 느낌을 받는다. 사랑하는 자녀들은 출가해 자신의 곁을 떠난다. 배우자나 가까운 친구들의 죽음을 맞는다. 개인에 따라 정도의 차이는 있겠지만, 노년기가 되면 누구나 이런 상실을 경험한다.

깨달음이란 역설적인 것이다. 평온하고 행복한 삶의 시기보다 험난한 인생의 폭풍이 몰아칠 때, 우리는 문득 삶에 근본적인 질문을 던지며, 깨달음에 이르게 되는 경우를 자주 목격한다. 일평생을 순탄하게만 살아온 사람은 삶의 깊은 의미를 깨닫기가 힘이 든다. 마음에 상처를 받고, 실존 위기를 느끼는 것이 깨달음의 촉발제가 되는 경우가 많다.

죽음을 모르면 삶을 알 수 없으며, 이별을 모르면 만남을 알 수 없다. 질병을 모르면 건강을 알 수 없으며, 가난을 모르면 자신이 가진 것을 알 수 없다. 나이가 들면서 실존적인 위기를 체험하게 되면, 노인은 젊은 시절 무심하게 지나쳤던 일상적인 것들 속에 담겨 있는 신비와 아름다움을 느낄 수 있게 된다. 삶의 매 순간에 깊이 들어가서 삶의 경이로움과 아름다움과의 만남을 이룰 수 있다.

그러므로 통일체적 세계관의 관점에서 볼 때, 노인은 가장 성숙한 인간일 수 있다. 욕망에 대한 집착과 갈애를 벗어난 그의 마음은 평화롭다. 그는 너그럽다. 그는 항상 깨어 있어서, 모든 존재와 모든 순간들과의 깊은 만남을 이룬다. 그는 웃음이 묻어난 잔잔한 사랑의 시선으로 자신과 세상을 바라볼 수 있다. 그는 자신을 진정으로 사랑하며, 또한 이 세계를 사랑한다.

그러나 통일체적 세계관에서 바라보는 아름다운 노인의 모습은 노인의 가능태라는 점을 잊어서는 안 된다. 현실의 모든 노인이 깨달은 자의 특성을 갖고 있다는 의미가 아니다. 주위를 돌아보면, 노인의 대다수는 추하고 불행하다는 생각이 든다. 이것은 그들이 현대 세계관의 관점에서 자신을 바라보고, 그렇게 나이 들어왔기 때문이다.

아름답고 행복한 노인의 출현은 다음의 전제 위에서만 가능하다. 젊은 시절에 늦어도 중년기에 이르러서는 이제까지 자기 바깥의 것들을 얻는 일에만 매달려 왔던 자신의 삶을 반성하는 계기를 가져야 한다. 그때까지 소홀히 대해왔던 자신의 내면 세계에 진지하고 깊은 관심을 기울여야 한다. 자신을 포함해서 모든 존재의 아름다움을 발견하고자 하는 노력을 꾸준하게 기울였을 때만, 우리들은 아름답고 행복한 노인이 될 수 있는 것이다.

통일체적 세계관의 관점에서 바라볼 때, 나이 들어간다는 것은 더욱 성숙한 존재가 되어간다는 것을 의미한다. 통일체적 세계관을 받아들였을 때, 우리들은 아름답고 행복하게 나이 들어갈 수 있다. 우주적인 존재로서의 자신과 세계를 자각하고 이를 즐기는 노인들은 젊은이들로부터 존경받고, 그들이 추구해야 할 모범이 될 것이다.

세계관의 전환은 삶의 의미와 목표의 대전환을 수반하며, 이것은 동시에 문명의 목표가 대전환되는 것을 의미한다. 새로운 삶과 문명의 목표는 우주적인 존재로서의 자신과 세계를 자각하고, 이를 즐기는 것이다. 깨달음이 가장 깊을 수 있는 집단은 노인이기에, 새로운 사회에서는 노인이 중심이 되어 아름다운 삶과 문명을 건설해 나갈 것이다. 이렇게 되었을 때, 새로운 세계는 인간의 존재 차원이 격상된 아름다운 문명이 될 것이다.

통일체적 세계관의 관점에서 수행으로서의 나이 들기를 실천했을 때, 그 결과 출현하는 탈현대 노인의 모습은 어떤 것일까? 수행을 통해 재탄생한 노인은 근본적인 자기 변화를 경험하며, '참된 자기의 자연'을 즐기는 낙도하는 삶을 살아간다. 수행의 결과, 낙도하는 삶을 살아가는 노인의 모습을 요약하면 다음과 같다.[251]

첫째, 수행을 통해 재탄생한 노인은 존재 수준의 수직적인 상승을 경험한다. 그가 살아가는 삶의 판이 바뀌는 것이다. 두순(杜順)의 「화엄법계관문(華嚴法界觀門)」에는 작은 물결과 큰 바다의 비유가 나온다.[252] 수행 이전에 나는 작은 물결로서의 삶을 살아간다. 수행이 진행되면서, 차츰 작은 물결인 내가 큰 바다임을 깨닫게 되며, 작은 물결인 채로 큰 바다의 삶을 살아간다. 이것이 바로 존재 수준의 변화의 의미이다. 수행의 결과, 존재 수준의 변화가 일어나며, 나는 낙도하는 삶을 산다.

둘째, 수행을 통해 재탄생한 노인은 사물을 있는 그대로 분명하게 볼 수 있는 지혜의 눈을 갖게 된다. 탐욕이나 분노, 무지나 편견 등으로부터 벗어나서, 자신과 세계에 대한 올바른 이해에 도달할 수 있다. 이렇

---

251) 노인의 낙도하는 삶에 대한 설명은 홍승표의 『노인혁명』(예문서원, 2007) pp. 154-158. 「수행의 결과」를 요약한 것이다.

252) 대한불교조계종편, 『화엄종관행문』(조계종출판사, 2001), p. 170 참조.

게 되었을 때, 우리는 존재의 깊은 잠으로부터 깨어나서, 일상적인 것으로 간주해온 주위 모든 것에서 그들의 참되고 경이로운 모습을 발견할 수 있다. 아내, 아들, 나 자신, 어머니, 나무, 산, 호흡, 먹는 음식, 마시는 물… 등, 우리들은 이 모든 것을 새롭고 생생하게 느낄 수 있다.

셋째, 수행을 통해 재탄생한 노인은 일체가 무상함을 깨닫고, 모든 것에 대한 집착에서 벗어난다. 변화한 노인은 자유인이 되어 돈이나 명예, 권력이나 인기 등과 같이 자신을 얽매고 있던 것으로부터 해방되며, 더 이상 욕망이나 희망, 분노나 불안, 과거나 미래에 사로잡히지 않는다. 또한 무상한 것의 소중함을 알게 된다. 우리는 자신과 아내, 어머니와 아들, 소중한 친구들이 늘 여기에 있으려니 여기면서 살아간다. 하지만 그 모든 존재의 무상함을 깨닫고 나면, 나와 그들이 여기 있음을 깊이 느끼고, 감사하는 마음을 가질 수 있다.

넷째, 수행을 통해 재탄생한 노인은 진정한 마음의 평화를 누린다. 틱낫한은 이렇게 말했다. 수행을 잘하면, "여러분은 강하고 안정된 존재가 되어 진정한 평화로움 속에서 모든 일을 미소로 맞이할 수 있게 됩니다."[253] 변화한 노인은 더 이상, 분노나 원망, 질투나 시기, 기대나 회한 같은 것들이 마음의 평화를 깨뜨릴 수 없는 경지에 들어선다.

다섯째, 수행을 통해 재탄생한 노인은 근심이 없으며, 순간순간의 삶이 즐겁다. 그는 한 번의 숨쉬기를 즐기고, 파란 하늘과 감미로운 봄바람을 즐기며, 한가로운 마음으로 걷는 것을 즐기고, 아름다운 음악을 즐기며, 친구나 사랑하는 사람과의 만남을 즐기고, 제자들을 가르치는 것을 즐기며, 조용하게 미소 지음을 즐기고, 설거지나 청소를 즐긴다.

---

253) N. H. Thich, 허문명 옮김, 『죽음도 없이 두려움도 없이』(나무심는 사람, 2003), p. 51.

여섯째, 수행을 통해 재탄생한 노인은 자신과 세계를 무한한 긍정과 사랑의 눈으로 바라본다. 그렇게 되었을 때, 그는 사랑스런 존재가 된다. 더 이상 그의 존재는 이 세상에 고통과 불행을 주지 않는다. 그는 아름다운 꽃과 같이 피어나 주위 사람들에게 기쁨을 선물한다.

일곱째, 수행을 통해 재탄생한 노인은 겸손하다. 내가 아무리 많은 학식 · 재물 · 미모 · 권력 등을 갖고 있다고 하더라도 무변광대한 대우주의 영원함과 무한함에 비추어 보면 아무것도 아니다. 그러므로 그는 "높은 자리에 있어도 교만하지 아니하며 낮은 자리에 있어도 근심하지 않는다."[254] 또한 내가 아무 것도 갖고 있지 않은 보잘것없는 사람이라 할지라도 나는 대우주를 내 안에 품고 있는 위대하고 아름다운 존재이다. 그리하여 그는 자신과 세계를 진정으로 존중하는 겸손한 사람이 된다.

여덟째, 수행을 통해 재탄생한 노인은 자신을 둘러싸고 있는 세계와 조화로운 삶을 살아간다. 나와 너, 인간과 자연이 모두 하나라는 것을 깨달았으므로, 그는 도와 합치하는 삶을 산다. 그는 자신을 포함한 모든 존재들과의 관계에서 그들의 본성을 해치지 않으며, 각각의 존재가 자신의 본성을 실현할 수 있도록 도와주는 삶을 산다.

이리하여 수행을 통해 새롭게 탄생한 노인은 이 세상을 맑고 아름다운 곳으로 바꾸어가는 샘과 같은 존재가 된다. 새로운 노인은 새로운 시대를 열어가는 주역이 된다.

---

254) 『周易』, 「文言傳」, "居上位而不驕 在下位而不憂"

Chapter

Ⅷ
동양 사상과 탈현대 죽음관

삶으로 나를 수고롭게 하고,
늙음으로 나를 편안하게 하며,
죽음으로 나를 쉬게 한다.255)

이 장의 목표는 동양 사상의 바탕 위에서 탈현대 죽음관을 제시하는 것이다. 현대 인간관의 지배를 받는 현대인은 죽음의 문제를 해결할 수 없다. 이에 반해서, 통일체적 인간관의 관점에서 보면, 죽음의 문제를 넘어설 수 있을 뿐만 아니라 죽음을 통해 우주적인 존재로서의 자신과 세계를 자각할 수 있다.

『반야심경(般若心經)』에 나오는 다음 한 구절은 동양 사상과 탈현대 죽음관의 결론이라 하겠다.

> 이에 늙음과 죽음이 없음에 이르고 또한 늙음과 죽음이 다함이 없음에 이른다.256)

이 구절을 해석하면 다음과 같다. 늙음과 죽음[老死]이 없는 것이 아니다. 석가모니를 비롯해서 성인의 반열에 든 모든 사람들이 늙고 죽어갔다. '늙음과 죽음이 없음[無老死]'의 의미는 '늙음과 죽음'을 경험하지만 더 이상 '늙음과 죽음'이 자신을 지배하지 못함을 말하는 것이다. 다시 말하자면, '늙음과 죽음'이 없어지는 것이 아니라 나는 '늙고 죽어가

255) 『莊子』, 「大宗師」, "勞我以生 佚我以老 息我以死"
256) 『般若心經』, "乃至無老死亦無老死盡"

지만' 늙고 죽어가는 가운데 '늙음과 죽음'으로부터의 자유를 누린다는 의미이다. 이것이 바로 탈현대 죽음관의 핵심이다.

1. 탈현대 죽음관 모색의 필요성

이 책에서 새로운 죽음관을 찾는 작업을 시도하고자 하는 까닭은 무엇인가? 그 이유는 현대인에게 소외된 죽음관이 팽배해 있기 때문이다. 그리고 이로 인해서, 현대인은 비인간적이고 고통스럽게 죽어가며, 살아있는 동안에도 죽음에 대한 공포와 불안으로부터 자유로울 수 없기 때문이다.

현대 사회에서 죽음의 소외 문제는 심각하다. 현대인은 죽음을 부정적이고 파괴적인 관점으로만 바라본다. 그래서 죽음을 외면하려고만 하고, 늦추려고만 하며, 때로는 극복하려고 한다. 현대인에게 죽음을 창조적으로 해석하고 자신의 삶에 받아들이는 것은 거의 불가능한 일이 되었다. 그래서 죽음은 현대인의 삶에 부정적이고 파괴적인 영향을 미친다.

인간을 포함한 모든 생명체들에게 있어서 죽음은 필연적이다. 하지만 역사적으로 볼 때, 죽음을 바라보는 관점은 다양하다. 예를 들자면, 전현대 사회에서는 죽음에 대해 현대 사회와는 판이한 관점을 갖고 있었다. 서구 중세 사회에서 사람들은 육신이 죽고 나면 영혼이 내세에서 영원토록 삶을 계속한다고 보았다. 중세를 살던 사람들에게 있어서 현세에서의 삶은 그냥 스쳐 지나가는 덧없는 것이고, 진정한 삶이란 내세에서의 삶을 의미했다.

그렇다면 서구 중세와 현대라는 역사의 두 시점에서 '죽음 이후'에 대해 명백하게 다른 두 관점이 존재함이 확인되었다. 그렇다면 이 두 관점 중에서 어떤 것이 옳은 것일까? 그 답은 어떤 것이 옳은 것이 아니라, 이 두 개의 죽음관은 서로 다른 관점에서 바라본 죽음에 대한 상이한 해석이라는 것이다.

그런데 문제의 핵심은 많은 현대인들이 '죽음 이후에는 무(無)로 돌아간다'는 생각을 하나의 관점이 아니라 사실로 받아들인다는 점이다. 시간을 돌이켜보면, 많은 중세 사람들이 '죽음 이후에는 영원한 내세에서의 삶이 있다'는 것을 하나의 관점이 아니라 사실로 받아들였다는 점을 확인할 수 있다. 왜 이런 관점과 사실 간의 착각이 생겨나는 것일까? 그 이유는 특정 세계관이 특정 시대를 강력하게 지배하게 되면, 그 시대를 살아가는 사람은 어떤 인식 대상에 대한 특정 세계관에 바탕을 둔 해석을 사실로 오해하는 일이 빈번하게 일어나기 때문이다.

특정 세계관이 지배하는 어떤 시점에서, 문명이 삶의 만족을 제공한다면 이런 착각은 심각한 실제적인 문제를 발생시키지 않는다. 하지만, 그렇지 않을 경우 사실과 해석의 명확한 구분은 중대한 의미를 갖는다. 왜냐하면 특정 세계관의 바탕 위에서 이루어진 해석을 사실로 오인하게 되면, 특정 세계관을 벗어나서 그 인식 대상을 새롭게 해석하는 일이 근원적으로 불가능해지기 때문이다.

현재 인류 문명이 바로 이런 곤경에 처해 있다. 한 때는 현대 세계관이 전현대 문명에 대한 창조적인 비판을 가하고 새로운 문명을 건설하는 데 있어 기초로 작용했었다. 하지만 오늘날에 이르러 상황은 급변했다. 현대 문명은 문명의 존폐가 의심스러울 만큼 커다란 위기에 직면해 있는데, 현대 문명 위기의 근원이 바로 현대 세계관이다. 현대 세계관의 바탕 위에서 발전을 추구하면 추구할수록, 그리고 그 추구를 달성하면 달성할수록, 현대 문명 위기가 심화되는 역설적인 상황에 현대는 직면해 있다.

그렇다면 현대 문명 위기 극복을 위한 첫 단추는 무엇일까? 바로 위에서 언급한 객관적인 사실과 특정 관점에 입각한 해석의 차이를 명백하게 인식하는 것이다. 오늘날 우리는 현대 세계관이라는 안경을 끼고 인식 대상에 대한 해석을 하고 있다. 그런데 우리는 마치 맨눈으로 대상에 대한 객관적인 사실을 인식하고 있는 것처럼 착각하고 있다. 이런 착각을 인식하는 것이야말로 긴요한 일이다. 왜냐하면 현대 세계관의 안경을 낀 채로는 현대 문명에 대한 창조적인 비판이 불가능하며, 새로운 문명에 대한 비전 제시는 엄두도 낼 수 없는 일이기 때문이다.

바로 이런 현대 세계관의 안경을 자각하고, 세계관의 대전환을 이루어내는 작업의 중심에 죽음의 문제가 놓여 있다. 죽음관은 태풍의 눈과 같은 것이다. 얼핏 보면 지극히 고요해 지금 이 시대의 긴박한 현안을 비껴있는 것 같지만, 사실은 현대 문명 위기의 핵심에 죽음의 문제가 놓여 있다.

왜 죽음의 문제가 그렇게 중요한가? 세계관과 문명 대전환의 핵은 '나는 누구인가?'에 대한 대답의 대전환이다. 그리고 '나는 누구인가?'에 대한 대답에 의해 죽음관은 판이하게 달라진다. 현대 세계관의 관점에서 보면, 나는 시공간적으로 분리된 개체이며, 나의 죽음은 '나의 종말', '무(無)로의 회귀'를 의미한다. 이에 반해서, 통일체적 세계관의 관점에서 보면, 나는 영원한 시간과 무한한 공간과 맞닿아 있는 우주적인 존재이며, 나는 나지도 죽지도 않는다. 죽는 것은 거죽의 나뿐이며, 거죽의 나의 죽음은 진정한 나에 대한 자각을 위한 계기를 준다.

이렇듯, 상이한 세계관은 상이한 죽음에 대한 해석을 제공하며, 상이한 죽음관은 우리의 삶과 문명 형성에 판이한 영향을 끼친다. 그런데 현대 사회에서는 많은 현대인이 '현대 세계관에 입각해서 이루어지는 죽음에 대한 해석'을 '죽음에 대한 사실'로 오인하고 있다. 그래서 현대인은 죽음을 부정적인 관점에서만 바라보고, 파괴적으로만 해석한다. 이에 따라서, 현대인은 죽음에 대한 심각한 불안과 공포를 갖게 되었고, 가능한 한 죽음을 외면하려 하며, 고통스럽게 죽어간다. 누구나 죽음을 피할 수 없는 것이라면, 죽음으로 인해 현대인이 이렇게 커다란 고통을 겪는다는 것은 안타까운 일이다.

창조적으로 죽음을 해석하고, 장엄하게 죽음을 맞이할 수는 없는 것일까? '있다'라는 것이 이 책에서의 대답이다. 하지만 이 대답이 성립하기 위해서는 인간을 바라보는 관점의 혁명적인 전환이 요청된다. 현대사회에 팽배해 있는 부정적이고 파괴적인 죽음관은 현대 인간관이라는 특수한 인간관의 바탕 위에서 성립된 것이다.

만일 현대 인간관을 인간에 대한 객관적인 시각으로 착각한다면, 현대 죽음관의 문제를 해결하는 것은 불가능하다. 그러나 현대 인간관은 분명히 인간을 바라보는 하나의 특수한 관점이기에, 우리는 새로운 인간관의 바탕 위에서 새로운 죽음관을 제시할 수 있다. 이 책에서는 먼저 현대 인간관과 소외된 죽음관의 문제를 다루고 난 뒤에, 탈현대 인간관의 바탕 위에서 탈현대의 새로운 죽음관을 제시하고자 한다.

2. 현대 인간관과 소외된 죽음관

현대 사회에 팽배해 있는 소외된 죽음관의 근원은 현대 인간관이다. 현대 인간관은 물론 인간을 바라보는 유일한 관점이 아니다. 따라서 현대의 죽음관 역시 죽음을 바라보는 유일한 관점이 아니다. 그러나 현대인은 현대 인간관에 고착되어, 소외된 죽음관을 벗어나지 못하고 있다.

'인간이란 어떤 존재인가?', '나는 누구인가?'라는 질문에 대한 현대의 대답의 핵심은 '분리 · 독립된 개체'로서의 인간, 즉 '개인(individual)'이라는 것이다. 현대 인간관은 수백 년의 세월이 흐른 지금 현대인의 의식을 지배하는 인간에 대한 강력한 관점으로 작용하고 있으며, 그 지배력이 너무 커진 나머지 많은 현대인은 현대 인간관을 인간을 바라보는 하나의 관점이 아니라 인간 존재에 대한 사실로 착각하게 되었다.

현대 인간관은 서구 중세의 신본주의적인 질서 속에서 신음하는 인간을 해방시켰으며, 보다 큰 틀에서 보면, 전현대 사회의 집단으로부터 미분화된 인간을 집단으로부터 독립된 주체적인 존재로 재탄생시키는 데 기여했다. 이리하여, 현대 인간관은 전현대의 질곡으로부터 인간을 해방시키고, 현대 문명이라고 하는 새로운 문명 건설의 기반으로 작용해왔다.

이와 같이, 현대 인간관은 역사의 특정 시점에서 출현한 인간에 대한 특정한 관점임이 분명하다. 그럼에도 불구하고, 현대 인간관의 영향력이 커지면서, 오늘날 많은 사람들은 현대 인간관을 마치 인간에 대한 보편적이고 객관적인 관점인 양 받아들이는 경향이 짙다.

만일 역사의 특정 시점에서 그러했던 것과 같이, 현대 인간관이 인간 해방과 행복에 기여하고, 건강한 사회 건설의 기반으로 작용한다면, 이런 착각은 실제적인 문제를 일으키지 않을 것이다. 하지만 현실은 그렇지가 않다. 현재 인류 문명은 환경 위기, 인간과 집단 관계의 악화, 인간 소외의 심화 등 전면적이며 심각한 위기에 직면해 있다. 그리고 위기의 근원은 현대 인간관이다. 그러므로 현대 문명 위기의 극복을 위해서는 현대 인간관이 인간에 대한 특수한 관점임에 대한 명확한 인식이 필요하다.

하지만, 현대인은 현대 인간관이 지배하는 시점에서 출생해서, 현대 인간관이 지배하는 시대를 살아왔기 때문에, 이런 착각이 착각임을 인식하는 것 자체가 지극히 어렵다. 이것은 마치 우리가 지구 중력장 속에서 출생하고 살아왔기 때문에, 우리 몸에 중력이라는 특수한 힘이 작용하고 있다는 것을 인식하는 것이 힘든 것과 마찬가지이다.

자신에게 스스로 '나는 누구인가?'라는 질문을 던져보도록 하자. 나 자신을 생각해보면. 대학 교수라는 직업, 남편, 아버지, 아들, 형, 친구 등과 같은 나의 지위와 역할 묶음, 남자라는 성별, 중년의 나이, 머리카락이 백발이 되고 뒷머리가 벗겨진 사람이라는 등의 외모, 내가 사는 아파트나 승용차 등과 같은 소유, 수입이나 재산과 같은 경제적인 상태, 옷이나 화장품 등과 같은 소비, 나의 지능, 나의 감정, 내 머리 속에 떠오르는 수많은 생각들, 과거의 기억들, 내 마음에서 꿈틀거리는 욕망, 나의 집안 배경 등과 같은 것이 떠오른다.

이런 나에 대한 모든 대답이 현대 인간관의 관점 위에서 이루어진 것이다. 현대 인간관의 핵심은 '인간이 자신을 둘러싸고 있는 세계와 근원적으로 분리된 존재'라는 것이다. 현대 인간관의 관점에서 볼 때, 인간 실존의 특징은 '우연성', '유한성', '무의미성' 등이다.

인간은 우연하게 생겨난 존재이다. 그의 탄생에는 아무런 필연성도 존재하지 않는다. 인간은 유한한 존재이다. 인간은 시간적으로 보면, 출생에서 죽음에 이르는 한정된 시간 동안만 존재하며, 공간적으로 보면, 피부 안쪽에서만 존재한다. 인간은 출생 이전이나 죽음 이후에는 존재하지 않으며, 자신의 피부 바깥의 세계와 아무런 연관도 없는 존재이다.

인간 실존의 '우연성'과 '유한성'은 인간 실존의 '무의미성'과 연관된다. 인간은 우연히 생겨난 존재이고, 또한 시간적으로나 공간적으로 자기 바깥의 존재와는 아무런 연관이 없는 존재이기 때문에, 인간은 본래적으로 '무의미한 존재'이다. 바로 여기에서 자신의 존재 의미를 확인하기 위한 현대인의 강박적인 노력이 이루어진다. 소유와 소비, 인기, 외모, 권력, 지식, 지위, 명예, 학식 등을 통해, 현대인은 자신의 존재 의미를 확인하고자 하며 확장하려 한다.

소유와 소비의 측면에서 본다면 많은 재산을 소유하고, 값비싼 승용차를 갖고 있으며, 비싼 옷을 소비하는 사람은 그렇지 못한 사람들보다 쉽게 자신의 존재 의미를 확인한다. 외모가 뛰어난 사람은 못생긴 사람에 비해, 남들이 선망하는 직업을 가진 사람은 그렇지 못한 사람에 비해, 명문대를 나온 사람은 그렇지 못한 사람에 비해, 많은 인기를 누리는 사람은 그렇지 못한 사람에 비해, 쉽게 자신의 존재 의미를 확인한다. 그러므로 현대 인간관이 지배하는 현재의 사회에서 사람들은 자신의 존재 의미를 확인하고 확장하기 위한 자아 확장 투쟁에 온 삶을 바친다.

현대 인간관은 필연적으로 소외된 죽음관으로 연결된다. 현대 인간관의 관점에서 보았을 때, 죽음이란 무엇인가? 죽음이란 '분리된 개체로서 나의 존재가 무(無)로 화하는 것'이다. 자아 확장 투쟁을 통해, 자신이 평생 동안 쌓아온 그 모든 것이 총체적으로 일시에 무화(無化)되는 것, 그것이 죽음이다.

그러므로 현대 인간관을 받아들일 때, 죽음을 창조적으로 해석하고 받아들일 수 있는 가능성은 원천적으로 없다. 이에 따라서, 현대 인간관이 지배하고 있는 현대 사회에서는 죽음에 대한 비관적인 해석만이 팽배해 있다. 그러므로 현대 사회와 현대인은 죽음을 외면하려하고, 연기하려하며, 때로는 극복하려한다.

현대 사회에 팽배해 있는 비관적인 죽음관은 소외된 죽음관이다. 그 이유는 현대 죽음관이 아래와 같이 많은 문제를 발생시키기 때문이다.

첫째, 인간은 누구나 죽어야 하는데, 현대인은 평화롭게 그리고 인간다운 장엄함을 간직하면서 죽을 수 없다. 전현대 사회에서는 종교가 그 시대정신을 지배했다. 대부분의 종교는 죽음 이후의 삶을 약속했다. 죽음 이후의 또 다른 삶을 믿었던 전현대인들은 죽음을 비교적 평화롭게 맞이할 수 있었다.

그러나 현대 사회에서는 종교의 영향력이 급격히 쇠퇴하고, 현대 인간관이 지배하게 되었다. 공간적 · 시간적으로 단절된 개체로서의 인간에게 있어서, 죽음이란 이 세상의 종말을 뜻한다. 그래서 많은 현대인들은 죽음이 수반하는 육체적인 고통뿐만 아니라 죽음의 공포와 두려움을 떠안은 채로, 고통스럽고 비인간적인 죽음을 맞이한다.

둘째, 살아있는 동안 언제나 미래의 죽음은 현대인에게 공포감을 주며, 불안과 고통을 양산한다. 현대인에게 죽음의 고통은 죽는 순간에만 존재하는 것이 아니다. 인간은 상상력을 갖고 있기 때문에 죽음을 직접적으로 맞이하기 전에도 죽음의 공포에 시달린다.

죽음의 불안에 대한 현대 사회의 대책은 죽음의 은폐이다. T. 만(Thomas Mann, 1875-1955)의 소설 『마(魔)의 산』은 스위스 산중에 위치한 결핵 요양소가 무대인데, 요양소에서 죽은 환자는 아무도 눈치채지 못하게 재빨리 처리된다. 그래서 병원 쪽에서는 죽음을 앞둔 환자들에게 마치 죽음이 없는 것처럼 위장하려 한다. 이것이 현대가 죽음에 대처하는 전형적인 방식이다.

어린이에게는 죽음을 보여주거나 이야기하지 않으며, 병원에서도 죽은 사람의 시체를 가능한 한 주변 환자들로부터 은폐한다. 이렇게 해서, 현대 사회는 마치 죽음이 존재하지 않는 양 사람들을 호도하고자 한다. 하지만 이런 전략은 궁극적으로 성공할 수 없다. 현대인은 의식적으로나 무의식적으로나 죽음의 공포에 시달리며 고통 받는다. 현대인의 삶은 늘 죽음에 속박되어 있다.

셋째, 현대인은 죽음을 마지막 성장을 위한 기회로 활용할 수 없다. 이것이 가장 본질적인 현대 죽음관의 문제점이다. 현대 인간관의 관점에서 인간을 분리된 개체로 간주하게 되면, 죽음은 모든 것의 끝이다. 그러나 인간이 온 우주를 자신 안에 품고 있는 존재라고 간주하면, 우주적인 존재로서의 인간의 죽음은 존재하지 않는다.

통일체적 인간관의 관점에서 볼 때, 분리된 자아로서의 나의 죽음은 '우주적인 존재로서의 나'를 자각하는 데 있어 가장 좋은 교육의 소재가 될 수 있다. 흔히 분리된 자아로서의 내가 겪는 고통이 우주적인 존재로서의 나의 자각을 위한 기회가 되는 경우가 많다.

입시나 취직 등과 같은 경쟁에서의 패배자, 암과 같은 치명적인 질병에 걸려서 건강을 상실한 환자, 부도가 나 전 재산을 상실한 사업가, 사고로 인해 아름다운 외모가 훼손된 여성, 나이 들어서 직업이나 건강을 상실한 노인, 사형 집행을 앞둔 사형수, 자녀를 출가시키고 허전함을 느끼는 중년 부인 등은 분리된 자아로서 내 존재의 커다란 훼손을 겪은 사람들이다.

이런 사건들은 분리된 개아로서 나에게 고통을 주며 내 존재의 안정성을 뒤흔든다. 이런 고통과 불안정성의 증가가 분리된 자아를 넘어 존재하는 우주적인 나에 대한 자각의 기회가 될 수 있다. 죽음이란 분리된 자아로서의 나의 최종적이고 궁극적인 상실이다. 그러므로 분리된 자아의 죽음은 우주적인 나에 이르는 가장 큰 기회가 될 수 있다. 하지만 현대 인간관에의 고착은 죽음을 통한 존재의 변화라는 큰 기회를 앗아감으로써 인간의 진정한 성장을 가로막는 걸림돌이 된다.

이렇듯, 비관적인 죽음관은 많은 문제를 발생시키지만, 현대 인간관의 틀 안에서는 이런 문제들을 벗어날 수 없다. 그러므로 새로운 죽음관의 형성을 위해서는 새로운 인간관의 모색이 필수적이다. 이 책에서는 동양 사상에서 새로운 죽음관의 기초가 될 수 있는 새로운 인간관을 모색해보고자 한다.

3. 동양 사상과 탈현대 죽음관

동양 사상이 제공할 수 있는 새로운 인간관은 탈현대 인간관이라고 할 수 있는 통일체적 인간관이다. 통일체적 인간관의 핵심은 '영원한 시간과 맞닿아 있고, 무한한 공간을 품고 있는 우주적인 존재'로서의 인간이다. '우주적인 존재로서의 나'는 언제 어디에나 존재하기에 태어남도 없고 죽음도 없다.

통일체적 인간관의 관점에서 보면, 죽음이란 분리된 개체로서의 나의 죽음을 뜻한다. 개체로서의 나의 죽음은 우주적인 존재로서의 나를 자각하는 좋은 기회가 된다. 이것이 동양 사상에 바탕을 둔 탈현대 죽음관이 담고 있는 핵심적인 메시지이다.

동양 사상에 바탕을 둔 탈현대 인간관이란 통일체적 인간관을 지칭한다. 통일체적 인간관이란 우주적인 존재로서의 인간이다. 인간은 모든 무생물이나 생물 등과 마찬가지로 영원한 시간과 맞닿아 있고 무한한 공간을 품고 있는 우주적인 존재이다. 또한 인간은 우주적인 존재로서의 자신과 세계를 자각할 수 있으며, 우주적인 존재로서의 자신과 세계를 즐길 수 있는 독특한 존재이다.

통일체적 세계관의 관점에서 보면, 분리된 자아로서의 나는 이 세상 다른 모든 존재들과 마찬가지로 텅 비어 있는 무상(無常)한 존재이다.

불교에서는 분리된 자아로서 인간의 모습을 공(空)[비어있음]이라고도 하고, 무아(無我)라고도 표현했다. 통일체적 세계관의 관점에서 볼 때, 많은 사람들이 흔히 대단한 것이라고 생각하는 것들, 예컨대 돈, 권력, 지식, 인기, 지위, 명예, 학식 등과 같은 것들은 사실 아무 것도 아니다. 살면서 온갖 영화를 누렸던 솔로몬은 만년에 이렇게 말했다. "헛되고 헛되며 헛되고 헛되니 모든 것이 헛되도다."[257] 대우주의 광활한 공간과 영원한 시간 앞에 선 나는 누구인가? 나는 무(無)라고 밖에 할 수 없는 지극히 미소하며 덧없는 존재에 불과하다.

그러나 다른 한편으로 보면, 인간은 다른 모든 존재들과 마찬가지로 더 없이 존귀하며 경이로운 존재이다. 내 안에는 까마득한 과거로부터 먼 미래에 이르기까지 우주적인 시간이 내재해 있다. 내 안에는 아주 작고 미세한 것에서부터 아주 크고 거대한 것에 이르기까지 우주적인 공간이 내재해 있다. 달리 표현하자면 내 속에는 나[분리된 개체로서의 나] 아닌 모든 것이 들어있다. 너 속에도 그리고 이 세상 어떤 존재에도 이런 우주적인 시간과 공간이 내재해 있다. 그러므로 통일체적 세계관에서 보면, 인간은 이 세상 다른 모든 존재와 마찬가지로 지극히 위대한 존재이다.

동양 사상에서는 오래전부터, 분리된 작은 자아를 넘어서, 내 안에 살고 있는 '우주적인 존재로서의 나'를 주목했다. 동서양의 많은 사상가들은 이런 궁극적인 자기를 구름 뒤편에서 언제나 밝게 빛나는 태양에 비유하곤 했다.[258] 분리된 자아가 태양을 가리고 있는 구름이라면, '우주적인 자기'는 언제나 거기서 빛나고 있는 태양이라는 것이다. 통일체

257) 『베스트 성경』(성서교재간행사, 1995), 「전도서」 1장, p. 947.

258) 예컨대, 에크하르트(1994: 141-142)는 이렇게 표현했다. "태양은 끊임없이 비치고 있지만, 구름이나 안개가 우리와 태양 사이를 가릴 때 우리는 빛을 받을 수 없다."

적 인간관이 주목하는 것은 바로 이렇게 영원한 시간과 무한한 공간을 자신 안에 품고 있는 '우주적인 존재로서의 인간'이다.

통일체적 인간관의 관점에서 보았을 때, 인간의 가장 인간적인 특징은 '인간은 우주적인 존재로서의 자신과 세계를 자각할 수 있는 존재'라는 점이다. 인간 이외의 이 세상 모든 존재도 어느 것 하나 우주적인 존재가 아닌 것이 없지만, 유독 인간은 우주적인 존재로서의 자신과 세계를 자각할 수 있는 능력을 갖고 있다.

통일체적 세계관의 관점에서 보면, 장엄한 통일체로서의 세계는 인간이 이를 자각하건 자각하지 않건 언제나 존재하고 있다. 그리고 인간은 통일체적 세계를 자각할 수 있는 잠재적인 능력을 갖고 있다. 하지만 이 말이 인간이 태어나면서부터 곧바로 통일체적 세계를 자각하고 있다거나 모든 사람이 저절로 통일체적 세계를 자각하게 된다는 것을 의미하는 것은 아니다. 실제로 통일체적 세계를 깨닫기 위해서는 열심히 노력해야만 한다.

통일체적 인간관의 관점을 취하면, 삶의 의미와 목적은 확연히 달라진다. 현대 인간관의 관점에서 보았을 때, 인간은 본래 무의미한 존재이며, 그러기에 현대인은 자신의 존재 의미를 확인하기 위한 강박적인 노력으로 삶을 허송한다. 그들은 돈, 인기, 지식, 외모, 권력, 지위, 명예 등과 같은 것의 획득과 확장을 통해, 또 타인의 시선을 통해, 자기 존재의 의미를 끊임없이 확보하고 확장하려 한다.

그러나 통일체적 인간관의 관점에서 보면, 현대인의 삶이란 한 편의 블랙 코미디와 같은 것이다. 그들은 더 이상 자신의 존재 의미를 확인하기 위해 강박적인 노력을 기울일 필요가 없다. 왜냐하면, 나는 이미 너무나 위대하고 아름다운 존재이기 때문이다. 삶의 목적은 외적인 대상 획득으로부터 내적인 자각으로 그 중심축이 바뀌게 된다.

분석적으로 볼 때, 내 삶의 목적은 두 가지로 나누어지는데, 한 가지는 우주적인 존재로서의 자신과 세계에 대한 자각이고, 다른 한 가지는 우주적인 존재로서의 자신과 세계를 즐기는 것이다. 전자를 수행(修行)이라고 하고, 후자를 낙도(樂道)라고 한다. 이 두 가지는 분석적으로는 둘이지만 실제로는 하나이다.

'우주적인 존재로서의 자신과 세계를 자각하고 이를 즐기는 사람'을 유가(儒家)에서는 성인(聖人)이라 했고, 도가에서는 도인(道人)이라 했으며, 불가(佛家)에서는 부처[佛]라고 했다. 호칭은 다르더라도 이들이 가리키는 것은 모두 '사랑의 존재로서의 나' 즉 통일체적 인간이다.

그때까지 나라고 생각했던 개아로서의 나의 특징들, 나의 성격, 외모, 직업, 출생 배경, 소유, 직업, 성별, 나이, 감정, 욕망, 생각 등과 같은 것들은 모두 '우주적인 존재로서의 나'라고 하는 태양을 가리고 있는 짙은 구름에 불과한 것이다. '우주적인 존재로서의 나'를 자각하는 과정은 이런 짙은 구름을 걷어내는 작업이다. 내가 나라고 믿어왔던 내가 하나의 망령된 생각이었음을 자각하는 순간 '우주적인 존재로서의 내'가 깨어나 활동하기 시작한다.

우주적인 존재로서의 자신과 세계를 즐기는 삶[樂道]이란 '우주적인 존재로서의 내'가 깨어나 활동하는 것을 즐기는 것이다. 하늘, 바람, 나의 숨결, 걸음, 아내 등과 같이 그때까지 늘 거기 있는 것이려니 하고 생각해 왔던 일상적인 존재가 갑자기 깨어나 아름다운 빛을 발하고, 우리는 그것을 즐거워한다. 이것이 낙도하는 삶의 의미이다. 통일체적 인간관의 관점에서 보면, 이런 사람이야말로 진정으로 인간다운 사람이다.

통일체적 인간관의 관점에서 본다면, 죽을 수 있는 것은 무엇인가? 현대인이 나라고 생각하는 거죽의 나에 불과하다. 우리가 만일 '우주적인 존재로서의 나'를 자각한다면, '분리된 개체로서의 나'는 본래 존재하지 않는다는 것[無我]을 자각한다면, 죽음은 없는 것이다. 본래 존재하지 않는 망상으로서의 나만이 죽는 것이기 때문에, '우주적인 존재로서의 진정하고 영원한 나'는 죽지 않는다.

분리된 자아로서의 나를 벗겨내면 드러나는 '진정한 나'를 옛 성인들은 '도(道)', '불(佛)', '인(仁)', '사랑' 등과 같은 여러 가지 이름으로 불렀다. 이름은 다르지만 그것이 가리키는 것은 하나이다. 분리된 자아가 태양을 가리는 구름이라고 한다면, '도', '불', '인', '사랑'은 모두 구름 뒤에서 빛나고 있는 태양이다.

그 태양은 나의 태양임과 동시에 너의 태양이다. 그것은 수억 년 전 아기 공룡의 태양이기도 하고, 빅뱅 이후 대우주를 떠도는 먼지의 태양이기도 하다. 길가에 피어있는 예쁜 민들레의 태양이기도 하고, 수천 년 후 내 자손의 태양이기도 하다. 그러므로 거죽의 나를 벗어버렸을 때, 나는 지금 바로 너이고, 너는 지금 바로 나이다. 그러므로 죽을 수 있는 것은 오직 거죽의 나일뿐이며, 태양으로서의 나는 나지도 죽지도 않는다[不生不滅]. 통일체적 인간관이란 '태양으로서의 나'에 대한 인식이다. 그러므로 통일체적 인간관의 관점에서 볼 때, 죽음은 없다.

태어남이나 죽음에 대한 관념은 '분리된 자아'로서의 인간 인식에 근거하고 있다. 그런데 통일체적 인간관의 관점에서 보면, '분리된 자아'라는 생각은 망상이다. '분리된 자아'로서의 나는 실체로 존재하지 않으며[空], '분리된 자아'라는 의미에서 나는 무아(無我)이다.

불교에서는 나라고 하는 인식 주체와 너라고 하는 인식 대상이 모두 비어 있음을 말한다. 인식 주체인 나의 비어 있음을 아공(我空)이라고 하고, 인식 대상인 세계의 비어 있음을 법공(法空)이라고 한다. 그래서 불교적인 깨달음이란 나와 세계 모두 '분리된 자아'는 존재하지 않음을,

모든 존재는 상즉·상입하는 통일체적인 방식으로만 존재함을 온몸으로 자각하는 것이다.[259)]

죽음이란 '분리된 자아'로서의 나의 죽음이다. 통일체적 세계관의 관점에서 보면, 이 세상 모든 존재는 우주적인 존재이며, 우주적인 존재의 죽음은 없다. 그렇다면 분리된 자아로서의 죽음이 갖는 효용은 무엇일까? 통일체적 인간관의 관점에서 보면, 치명적인 질병, 파산, 경쟁에서의 패배, 인기의 상실 등과 같이 '분리된 자아'에게 상처가 되고 때로는 '분리된 자아'의 존재 자체를 위협하는 경험들이 모두 '분리된 자아'라고 하는 망상을 깨뜨려버리는 계기가 될 수 있다. 죽음은 '분리된 자아'에 대한 위협이 아니라 소멸이다. 이런 점에서, 분리된 자아의 죽음은 우주적인 존재로서의 나를 자각하는 데 결정적인 기회를 제공할 수 있다. 바로 이런 점에서 죽음은 가장 좋은 공부의 소재가 된다.

이와 같이, 통일체적 인간관의 관점에서 보면, 죽음에 대한 창조적인 해석이 가능하다. 현대인의 견고한 자아의 껍질을 깨뜨리는 데 '분리된 자아'의 죽음은 좋은 기회를 제공한다. 진정한 자기의 존재를 자각한 사람에게 죽음은 더 이상 두렵지 않다. 그는 편안하고 행복하게 죽음을 맞이할 수 있다. 그는 수평적으로 흘러가는 유한한 시간을 살아가기를 그치고, '지금, 여기'에서의 수직적인, 다시 말하자면 순간과 영원이 맞닿아 있는 영원한 삶을 살아간다.

259) 정재걸, "불교와 죽음 그리고 죽음교육", 『東洋哲學硏究』 55(東洋哲學硏究會, 2008), p. 107 참조.

4. 새로운 죽음관의 탈현대적 함의

현대 인간관의 영향으로 인해서, 현대인은 자신을 시공간적으로 세계와 분리된 개체로 인식하며, '분리된 자아'로서의 삶을 살아간다. 자신을 '분리된 자아'로 인식하게 되면, 필연적으로 자기 존재의 우연성, 유한성, 무의미감, 무력감 등의 문제에 직면하게 된다. 결국 현대적인 삶이란 자기 존재의 우연함, 유한함, 무의미함, 무력함 등에서부터 벗어나기 위한 강박적인 노력이라고 할 수 있다. 그래서 현대인은 돈, 권력, 인기, 직업, 지식, 외모, 소비 등을 쟁취함으로써, 자기 존재 의미를 확인하려 하며, 확장하려 한다. 이른바, '자아 확장 투쟁'으로서의 삶을 현대인은 살아가는 것이다.

'분리된 자아'로서의 삶을 살아가는 현대인은 삶의 평화와 진정한 행복을 찾을 수 없다. 또한 현대인의 이런 삶의 방식으로 인해서, 오늘날 문명 위기가 고조되고 있다. '자아 확장 투쟁'으로서의 현대인의 삶을 통해서는 결코 지속적인 행복에 도달할 수가 없다. 자신의 존재 의미를 확인할 수 있는 대상 획득에 실패하는 경우, 이미 획득한 대상을 상실하는 경우, 이미 획득한 대상을 유지하거나 확장하려고 하는 경우, 현대인은 커다란 고통과 불행을 겪으며, 그의 존재로 인해서 주변 사람들마저 고통스럽고 불행하게 된다. 현대적인 삶의 방식이 고통을 증대시킨다는 사실은 자살률, 정신병 발병률, 범죄율, 마약 중독율 등과 같은 불행 지수가 근래에 지속적으로 상승함을 통해 쉽게 확인할 수 있다.

또한 이런 현대적인 삶의 방식은 끝없는 경쟁과 갈등을 부추긴다. 현대인이 외부 대상 세계에서 쟁취하고자 하는 것은 대부분 희소 자원이다. 이 때문에 쟁취에 대한 욕망이 커질수록, 개체나 집단 간의 경쟁과 갈등은 심화될 수밖에 없다. 그리고 경쟁과 갈등의 증대는 개인 간 · 집단 간의 관계 악화를 초래한다. 또한 현대적인 삶의 방식은 지구 생태 위기와 환경 오염을 포함한 환경 문제의 근본적인 요인이기도 하다. 욕망 충족적인 문명 건설의 박차가 가해질수록, 환경은 인간의 확장된 욕망으로 인해 고통 받을 수밖에 없다.

그러므로 현대 문명 위기를 벗어나, 평화롭고 행복한 삶과 사랑의 사회에 도달하기 위해서는 현대적인 삶의 방식으로부터의 탈피가 절실히 필요하다. 이 책에서 논의한 탈현대 죽음관은 현대적인 삶의 방식으로부터의 탈피라고 하는 이 시대의 과제를 해결하는 데 기여할 수 있다. 현대 문명 위기의 근원은 현대적인 삶의 방식이며, 현대적인 삶의 방식의 근원은 인간을 분리된 자아로 인식하는 현대 인간관이다. 새로운 죽음관은 분리된 자아라는 현대의 관념이 망상에 불과한 것임을 밝힘으로써, 현대적인 삶의 방식이 부질없는 것임을 자각하도록 도울 수 있다.

새로운 죽음관은 현대적인 삶과 문명의 문제를 해소시키는 데 기여할 수 있다. 뿐만 아니라, 이것은 탈현대적인 사랑의 삶과 사회 건설을 위한 기초가 될 수 있다. 새로운 죽음관은 태양[사랑, 부처, 인(仁), 도(道)]으로서의 나의 삶이라고 하는 새로운 차원에서의 삶을 촉구한다. 죽음이란 분리된 자아의 죽음일 뿐이다. 우리는 분리된 자아의 죽음을 기회로 활용해서 우주적인 나의 죽음 없는 세계에 도달할 수 있다.

분리된 자아로서의 현대인의 삶이 과거에서 미래로 이어지는 수평적인 시간의 삶이라면, 우주적인 존재로서의 탈현대인의 삶은 지금 이 순간에서의 수직적인 시간을 살아가는 삶이다. 우주적인 존재로서의 나의 삶에서는 지금 이 순간의 나를 통해 영원한 시간과 무한한 공간과의 접촉과 교류가 이루어진다. 지금 여기 있는 그대로 나는 영원하며, 무한한 존재로서의 삶을 살아간다. 이것이 사랑의 삶이다. 태양으로서의 나의 존재는 나의 에고와 이 세상을 따뜻하게 비추면서, 이 세상에 존재하는 증오, 갈등, 원망, 불안 등을 눈 녹이듯이 녹여준다. 이렇게 해서 도래하는 새로운 사회가 탈현대이다. 바로 이런 의미에서, 탈현대 죽음관은 새로운 삶과 문명의 기초가 될 수 있다.

결론

현대 사회 구조가 해체되고, 탈현대의 새로운 사회 구조들이 출현하고 있다. 노동의 고역이 없는 여가 중심적인 삶의 양식이 확산되고 있으며, 다문화 사회가 보편화되고 있다. 오늘날 경제적인 그리고 문화적인 측면에서 볼 때, 국가라는 경계선이 많이 와해되었다. 현대 가족의 해체가 빠른 속도로 진행되고 있고, 자본주의 경제 체제 역시 위기에 직면해 있다. 현대 교육은 새로운 시대의 요구에 부응하지 못함으로써, 역시 심각한 위기에 직면해 있다.

탈현대는 급속히 우리의 삶에 침투하고 있다. 하지만, 현대 세계관이 제공하는 관념에 여전히 사로잡혀 있는 현대인은 새로운 시대의 흐름에 창조적으로 대응하지 못하고 있다. 뿐만 아니라, 현대인은 새롭게 출현하고 있는 사회 구조를 음울한 눈으로 바라보며, 현대의 위기를 가속화시키고 있다.

새 술은 새 부대에 담아야 하듯이, 탈현대의 새로운 사회 구조는 새로운 세계관의 바탕 위에 받아들여야 한다. 현재 절실히 필요한 것은 탈현대의 새로운 문명을 건설할 수 있는 새로운 바탕이다. 그것이 탈현대 세계관이며, 이 책에서 우리는 그것을 통일체적 세계관이라고 명명했다.

르네상스기의 철학자들은 고대 그리스와 로마의 사상과 문화를 제련해서 새로운 현대 세계관을 구축했다. 그와 같이, 이 책에서는 고대 동양 사상을 제련해서 통일체적 세계관이라고 하는 탈현대 세계관을 구축했다. 그리고 탈현대 세계관인 통일체적 세계관의 바탕 위에서 탈현대 학문, 탈현대 여가관, 탈현대 노동관, 탈현대 다문화 사회, 탈현대 노인관, 탈현대 죽음관 등을 구상해 보았다. 이 작업을 통틀어서 말한다면, 이것은 통일체적 세계관의 바탕 위에서 탈현대 문명의 판짜기라고 할 수 있다. 이 책에서 수행된 각각의 작업 내용을 요약하면 다음과 같다.

이 책의 첫 번째 작업은 통일체적 세계관의 기반 위에서 탈현대 학문의 정체성을 구상하는 것이었다. 오늘날 과학으로 대표되는 현대 학문의 소외가 심각한 수준에 이르러 있다. 학문에 주어진 본연의 임무는 인간다운 삶과 좋은 세상을 만들어 가는데 기여할 수 있는 앎을 생산하는 것이다. 그런데 인간다운 삶과 좋은 세상의 의미는 세계관에 따라 달라진다. 과학으로 대표되는 현대 학문은 현대 세계관의 바탕 위에서 인간다운 삶과 좋은 세상 만들기에 기여하고자 만들어진 특수한 형태의 학문이다.

현대 세계관의 바탕 위에서, 인간다운 삶과 좋은 세상의 의미는 무엇일까? 가장 중요한 이미지는 욕망 충족적인 삶과 사회이며, 그 다음은 이성적인 삶과 사회이다. 현대 학문은 이런 목표 달성에 기여하고자, 연구하는 주체에 의한 연구되는 대상에 대한 검증 가능한 대상지의 생산에 주력해 왔다.

그러므로 현대 학문을 아무리 열심히 하더라도 탈현대적인 의미에서 인간다운 삶과 좋은 세상 만들기에 기여하는 것은 불가능하다. 현대 학문은 사랑, 평화, 겸손, 기쁨 등의 확산에 기여할 수 없다. 그러므로 현대 말·탈현대 초라고 하는 문명 대전환기를 맞아서, 현대 학문은 현대의 다른 모든 제도나 가치관, 사회 집단 등과 마찬가지로 새로운 시대의 요구에 부응할 수 없는 낡고 시대에 뒤떨어진 것이 되어버렸다.

이런 맥락에서, 이 책에서는 새로운 시대의 요구에 부응할 수 있는 탈현대 학문의 정체성을 모색해 보았다. 탈현대 학문에 있어서 앎의 목적은 무엇인가? 과학으로 대변되는 현대 학문의 궁극적인 목적은 '욕망 충족적인 삶과 사회 건설'에 기여하는 것이다. 이를 위해, 현대 학문은 자연과 사회를 욕망 충족에 적합한 형태로 변형시킬 수 있는 체계적인 지식 생산을 목표로 삼는다. 이에 반해서, 탈현대 학문의 궁극적인 목적은 인간에 내재해 있는 '참된 자기'를 해방시킴으로써, '평화롭고 사랑이 충만한 삶과 사회 건설'에 기여하는 것이다.

현대 학문과 탈현대 학문은 모두 도구이지만 그들이 봉사하고자 하는 목적이 다르다. 현대 학문을 지배하고 있는 것은 인지적인 관심이다. 즉, 알고자 하는 욕망을 채우는 것이 학문 활동의 주된 동기이다. 이에 반해서, 탈현대 학문을 지배하고 있는 것은 해방적인 관심이다. 즉, 모든 인간 속에 내재해 있는 '참된 자기'를 해방시키고자 하는 것이 학문 활동의 주된 동기이다. 현대 학문은 연구 대상을 바라보는 눈이 차갑다. 이에 반해, 탈현대 학문은 사랑의 눈으로 연구 대상을 바라본다.

탈현대 학문에 있어서 앎의 의미는 무엇인가? 탈현대 학문에서 앎이란 깨달음과 지혜를 의미한다. 즉, 탈현대 학문에서 앎이란 '인식하는 주체와 인식되는 객체가 근원적으로 하나'라는 전제 위에 이루어지는 인식이다. 탈현대 학문에서 연구자와 연구 대상은 하나이다. 장자의 표현을 빌린다면, 탈현대 학문이 추구하는 앎은 '대지(大知)'이다.

탈현대 학문에 있어서 앎의 방법은 무엇인가? 탈현대 학문이 제시하는 연구 방법론의 특징은 연구 주체가 연구 대상과 하나가 되어서 앎을 형성하는 방법이다. 연구자는 더 이상 연구 대상과 분리된 존재가 아니다. 그는 연구 대상을 안으로부터 바라보면서 새로운 형태의 앎을 축적해 간다. 통일체적 관점에서 볼 때, 연구자가 자신이 연구하고자 하는 대상과 하나가 되었을 때만 비로소 연구 대상에 대한 진정한 이해가 이루어질 수 있다. 여기에서 이해와 사랑은 하나가 된다.

이 책의 두 번째 작업은 동양 사상의 기반 위에서 탈현대 여가관을 구상하는 것이었다. 지난 수천 년간의 노동을 통해, 오늘날 인류는 '노동 없는 사회'에 급속히 다가서고 있다. 이에 따라서, '여가가 삶의 중심을 차지하는 새로운 삶의 양식에 인류가 어떻게 대응할 것인가?' 하는 것이 참으로 중대한 문제가 되었다. 하지만, 현대는 낡은 현대 세계관에 얽매여서, 새로운 시대 변화에 창조적으로 응전하지 못하고 있다.

현대 여가의 특징을 한 마디로 말하자면, 현대 여가란 '에고의 여가'이다. 즉, 현대 인간관의 영향으로 인해, 현대 여가란 분리된 자아로서의 에고가 자신을 더 크고 더 높게 하기 위한 시간 사용이다. 결국 현대적인 의미에서 여가 시간을 잘 보낸다는 것은 첫째, 에고를 더 크게 느낄 수 있는 방향으로 여가 시간을 사용하는 것이고, 둘째, 에고가 쾌락을 느낄 수 있는 방식으로 여가 시간을 사용하는 것이다.

현대 인간관의 영향으로 노동이 궁극적인 것으로 떠받들려지는 가운데, 현대 사회에서 여가란 격이 떨어지는 것이다. 이에 따라서, 현대인의 여가 생활을 돌아보면, 단순한 오락이나 소비 활동으로 여가 시간을 보내는 경우가 대부분이다. 이런 여가의 오용은 개인적으로는 삶의 불행을, 문명의 차원에서는 문명의 파탄을 초래할 심각한 문제이다.

여가 시간의 사용이 이렇듯 중대한 의미를 갖게 되었기 때문에, 이 시대의 요구에 부응하는 새로운 여가관을 모색하는 작업은 긴요한 일이 되었다. 통일체적 세계관은 이런 시대적인 요구에 부응할 수 있다. 통일체적 세계관이 제시하는 새로운 여가관은 수행과 낙도로서의 여가이다.

통일체적 세계관의 관점에서 볼 때, 창조적인 여가 시간 보내기의 한 가지는 수행으로서의 여가 시간 보내기이다. 이것은 내 안에 잠들어 있는 '우주적인 나'를 깨우고 활동하게 하기 위한 노력으로 여가 시간을 활용하는 것이다.

수행으로 여가 시간 보내기는 다양한 방식이 있다. 이 책에서는 바깥으로 치닫는 에고의 활동을 멈추는 무위의 수행, 자신의 마음속에서 일어나는 생각, 감정, 욕망 등에 대해 그것을 자각하려고 하는 깨어 있기 수행, 지금 이 순간 행하고 있는 일에 온 마음을 기울이는 마음 다하기 수행, 에고가 받아들이고 싶어 하지 않는 상황을 저항하지 않고 받아들이기 위해 노력을 기울이는 받아들이기 수행, 자신과 세상을 향해 따뜻하게 미소 짓는 미소 짓기 수행, 자신에게 주어진 모든 것에 감사를 느낄 수 있는 능력을 키우는 감사 수행, 상실과 패배의 경험을 창조적으로 해석하고 맞아들이는 상실과 패배를 통한 수행, 사랑할 수 있는 능력을 키우는 사랑의 수행, 깊은 이해 그리고 올바른 이해를 위해 노력을 기울이는 이해의 수행, 내적인 자유의 증대를 위해 노력을 기울이는 자유의 수행, 진정으로 자신을 낮추는 겸손의 수행, 온 마음을 기울여 행복하게 걷기 위한 노력을 기울이는 걷기 수행, 호흡을 자각하면서 행복하게 숨쉬기를 하는 숨쉬기 수행, 우리가 만나는 사람들과의 관계에서 '우주적인 나'를 자각하기 위한 노력을 기울이는 인간관계에서의 수행 등을 다루었다.

'수행으로서의 여가 시간 보내기'가 '우주적인 존재로서의 나'를 깨어나게 하기 위해 노력을 기울이는 것이라면, '낙도로서의 여가 시간 보내기'는 깨어난 '우주적인 존재로서의 내'가 주인공이 되어 살아가는 것이다.

낙도로서의 여가 시간 보내기에는 다양한 양상이 있다. 이 책에서는 부부생활의 즐거움 누리기, 부자관계의 즐거움 누리기, 벗과 함께 하는 즐거움 누리기, 배우고 가르치는 즐거움 누리기, 산책의 즐거움 누리기,

숨쉬기의 즐거움 누리기, 사랑의 즐거움 누리기, 일하는 즐거움 누리기, 자연의 아름다움을 즐기기, 한가로움을 즐기기, 자유로움을 즐기기, 경이로움을 즐기기, 유머를 즐기기, 도와줌을 즐기기 등을 설명했다.

이 책의 세 번째 작업은 동양 사상의 기반 위에서 탈현대 노동관을 구상하는 것이었다. 현대 말 · 탈현대 초에 처해 있는 지금, 인류는 현대 노동관을 끌어안고서 탈현대의 새로운 문명으로 나아갈 수 없다. 그러므로 이 시대는 새로운 노동관을 절실히 요구하고 있다.

현대 노동관은 현대 인간관에 기반을 둔 것으로 노동에 궁극적인 의미를 부여한다. 노동에 대한 사회적인 수요가 급속히 감소하고 있는 상황에서, 현대 노동관은 인류의 재앙이 되어버렸다. 오늘날 현대 노동관에의 고착은 많은 고통을 양산하고 있으며, 인류가 탈현대의 새로운 사회로 진입하는 것을 가로막는 중요한 장애물로 작용하고 있다.

통일체적 세계관은 노동에 대해 시대에 부합하는 새로운 관점을 제공할 수 있다. 통일체적 세계관의 관점에서 볼 때, 노동이란 다양한 인간 활동의 평범한 일부이며, 등위를 매긴다면 자신과의 만남을 이루는 내향적인 활동에 비해 열등한 활동이다. 탈현대 노동관에서는 노동 특히 직업 노동에 부여해왔던 특별한 지위를 박탈한다. '노동이 인간의 인간다움을 실현해나가는 유일한 활동'이라는 생각은 단호하게 배격된다.

통일체적 세계관의 관점에서 보았을 때, 바람직한 노동은 다른 모든 활동이 그러하듯이 수행(修行)과 낙도(樂道)로서의 노동이다. 노동은 현대적인 의미에서는 인간다움에 이르는 배타적인 중요성을 갖는 활동이었으나, 탈현대적인 의미에서는 인간다움에 이르는 무수한 형태의 활동 가운데 하나일 뿐이다.

노동은 그 자체로서 의미 있는 활동이 될 수 없다. 노동이 의미 있는 활동으로서의 지위를 획득하게 되는 것은 분석적으로 보면 두 가지 경우이다. 한 가지는 노동을 통해서 사랑의 존재로의 재탄생이 이루어지는 경우이다. 이것을 수행으로서의 노동이라고 한다. 다른 한 가지는 노동을 통해서 사랑의 즐거움을 누리는 경우이다. 이것을 낙도로서의 노동이라고 한다.

탈현대 노동관은 현대 노동관으로부터의 탈피를 가능케 하며, 노동에 대한 새로운 지위와 의미를 부여한다. 탈현대 노동관이 이 시대에 갖고 있는 함의는 풍부하다. 첫째, 탈현대 노동관은 탈현대의 새로운 사회 구조와 조화를 이룰 수 있다. 둘째, 탈현대 노동관은 직업 노동에 대한 강박적인 집착으로부터의 해방을 가능하게 하며, 궁극적으로 지구 환경의 복구에 기여할 수 있다. 셋째, 탈현대 노동관은 탈현대적인 의미에서 노동의 인간화에 기여할 수 있다.

이 책의 네 번째 작업은 동양 사상의 기반 위에서 새로운 다문화 사회의 기초를 구축하는 것이었다. 단일문화 사회로부터 다문화 사회로의 전환은 역사 운동의 필연이다. 사회의 하드웨어가 이렇듯 급속히 변화하고 있는데 반해, 소프트웨어의 측면에서 보면 지금은 낡은 것이 되어버린 현대 세계관이 여전히 현대인의 의식을 지배하고 있다. 이에 따라서, 다문화 사회라는 새로운 사회 구조와 현대 세계관이라는 낡은 세계관 간의 격심한 충돌이 일어나고 있다.

이리하여 현재 다문화 사회에는 문화 간의 경쟁과 갈등, 시기와 차별이 팽배해 있으며, 진정한 평화와 사랑은 사라져버렸다. 이런 상황이 야기된 근본적인 원인은 현대 세계관에의 고착이다. 현대 세계관의 근본 전제는 '모든 존재들 간의 근원적인 분리'이다. 현대 세계관의 영향으로, 현대 다문화 사회에서는 문화의 혼재 속에도 근원적인 분리와 단절이 지속되고 있으며, 자신과 상대편 문화를 근본적으로 존중하지 않는다. 문화는 서로 지배하려하며 차별한다. 문화 간 경쟁과 갈등은 확산되고, 평화로운 공존과 공영은 근원적으로 불가능하다.

새로운 사회 구조로서의 다문화 사회와 낡은 세계관인 현대 세계관이 이렇게 충돌하면서 인류의 삶을 피폐화한다면, 이 둘 중에서 버려야 할 것은 당연히 현대 세계관이다. 바로 이런 맥락에서, 이 책에서는 통일체적 세계관의 바탕 위에서 조화로운 다문화 사회 건설의 기초를 구축하고자 했다.

동양 사상에는 새로운 다문화 사회 구축을 위해 좋은 자원이 많이 내장되어 있다. 그 대표적인 몇 가지 경우를 본문에서 살펴보았다.

유가 사상에는 새로운 다문화 사회의 기초가 될 수 있는 자원이 많다. '화(和)' 사상과 '겸(謙)' 사상은 그 대표적인 경우이다.

'화(和)'는 유가가 추구한 궁극의 경지이자 동아시아 전통 사상과 문화의 이상이었다. 유가의 '화' 사상은 현대 다문화 사회의 '불화' 문제를 해결하는 데 기여할 수 있다. '화'란 대립물 간에 서로 사랑하는 것이다. 유가의 관점에서 보면, '화'는 가장 창조적인 대립물 간의 관계 형식이며, 발전의 원동력이 된다.

'화' 사상은 대대적 관계관에 바탕을 두고 있다. 대대적 대립관의 관점에서 보면, 이 세상 무엇도 홀로 존재할 수 없으며, 각각의 존재는 상대편 존재를 전제로 해서 성립할 수 있다. 대립물은 서로를 이루어 주며, 대립물 간의 다름이 조화와 통일을 위한 전제조건이 된다. 대립물 간의 창조적인 관계 방식은 교감이다.

그러므로 대대적 관계관의 관점에서 다문화 사회를 바라보면 다음과 같은 이치에 도달한다. 모든 문화는 상대편 문화에 의존해서 성립한다. 상대편 문화는 우리 문화를 풍부하게 하는 존재이다. 문화와 문화 간에도 사랑의 관계가 창조적이다. 이렇듯, 현대 세계관의 적대적 대립관으로부터 통일체적 세계관의 대대적 대립관으로 관점 전환을 이루었을 때, 다문화 사회 문제 해결을 위한 좋은 기초가 마련된다.

유가의 '겸(謙)' 사상은 새로운 다문화 사회의 기초가 될 수 있다. 문화 간 알력이나 갈등과 같은 현대 다문화 사회 문제의 바탕에는 상대편 문화를 '존중하고 존경하지 않음'의 문제가 도사리고 있다. 유가는 '겸' 사상을 발전시켜왔고, '겸' 사상의 요점은 '자신과 상대편을 깊이 공경함'이다.

'겸' 사상의 근거는 통일체적 세계관이다. 통일체적 세계관의 관점에서 볼 때, 모든 존재는 우주적인 위대함을 품고 있다. 인종 · 민족 · 문화 집단도 마찬가지이다. 그러므로 낮추어보고 함부로 대할 수 있는 집단이란 존재하지 않는다. 통일체적 세계관의 관점에서 보면, 우리는 더불어 살아가는 모든 상대 집단을 존중하고 존경해야 한다. 상대 집단에 대한 존중과 존경이야말로 새로운 다문화 사회 구축을 위해 절실히 필요한 것이다.

도가 사상에도 새로운 다문화 사회 건설을 위해 사용할 수 있는 소중한 자원이 있다. 장자의 절대 평등 사상이나 노자의 유약(柔弱) 사상 같은 것이 그 대표적인 예다.

장자의 절대 평등 사상은 현대 평등 사상과는 다르다. 현대 평등 사상은 모든 존재들 간의 근원적인 분리를 전제로 삼는 현대 세계관의 테두리 안에서 발달했다. 이 때문에 현대 평등 사상은 차별적인 시각을 바탕에 깔고 있다. 그러므로 현대 사회 사상이 말하는 평등은 모든 존재의 절대 평등이 아니며, 제한된 범위 내에서 서로 간의 차이를 없애는 획일화로서의 평등에 불과한 것이다.

현대 평등 사상과는 달리, 도가 평등 사상은 조화로운 다문화 사회 건설을 위한 기초를 제공할 수 있다. 도가 평등 사상은 절대 평등 사상이다. 도가는 인간 사회의 범위를 훨씬 넘어 이 세상 모든 존재들의 절대 평등을 주창한다. 이런 주장의 논리적인 기초가 되는 것은 '도(道)의 편재성'에 대한 가정이다. 이 세상 모든 존재는 영원한 대우주의 도를 내재하고 있기에, 인간을 포함해서 모든 존재는 절대적으로 평등하며 존귀한 것이다.

도가 평등 사상은 오늘날 지구촌 다문화 사회 문제 해결을 위한 새로운 시각을 제공할 수 있다. 지구촌 다문화 사회의 조화로운 발전을 가로막는 근본적인 문제의 하나는 서구인들이 품고 있는 자신의 문화에 대한 우월감과 비서구인들이 갖고 있는 자신의 문화에 대한 열등감이다. 이것은 서구 문화의 비서구 문화에 대한 지배와 궁극적으로는 문화의 서구화라는 형태로 세계 문화의 획일화를 초래하고 있다. 도가 평등 사상은 현재 다문화 사회에서 일어나고 있는 이런 일들이 '왜 문제인가'에 대한 명쾌한 시각을 제공할 수 있다. 또한 다양한 문화가 평화롭게 공존하면서 조화로운 발전을 이루어나갈 수 있는 새로운 시각을 제공할 수 있다.

노자의 유약(柔弱) 사상은 새로운 다문화 사회의 기초가 될 수 있다. 현대 자본주의 사회와 마찬가지로, 현대 다문화 사회에도 약육강식의 논리가 지배하고 있다. 이에 따라서, 강한 서구 문화의 영향 아래 한국 전통 문화를 비롯해서 제 3세계의 많은 문화는 소멸했거나 약화되었다.

다문화 사회의 근간을 흔드는 이런 상황을 벗어나기 위해서는 진화론의 '강자의 철학'을 대체할 새로운 관점이 필요하다. 노자의 유약 사상에는 현대 다문화 사회 문제를 해결할 수 있는 새로운 관점이 내포되어 있다. 노자 사상은 '유약의 철학'이라고 명명될 만큼 '유약의 가치'를 옹호한다. 노자의 '유약 사상'은 강한 것만이 추구되고 평가받는 현대 다문화 사회에서 가치관의 일대 전환을 촉구한다.

'유약'에 대한 노자의 찬사는 약육강식의 원리에 따라 움직이는 현대 다문화 사회 문제를 인식할 수 있는 시각을 제공해준다. 또한 다양한 문화가 평화로운 공존과 사랑으로 결합하기 위한 기초를 제공할 수 있다.

불가 사상에도 새로운 다문화 사회의 기초로 활용할 수 있는 자원이 풍부하게 내장되어 있다. 이 책에서는 특히 '무아(無我)' 사상과 '상즉(相卽)' 사상에 초점을 맞추어, 불가 사상에서 다문화 사회의 세계관적인 기초를 찾아보고자 했다.

무아(無我) 사상은 새로운 다문화 사회의 기초가 될 수 있다. 나에 대한 현대적인 관념은 새로운 시대와 조화를 이룰 수 없다. 새로운 시대는 모든 행위 주체들 간의 분리와 반목을 극복할 수 있는 새로운 관점을 요구한다. 불교 무아 사상은 이 시대가 필요로 하는 새로운 대답의 하나이다.

불교는 '분리 · 독립된 개체로서의 나'라고 하는 현대적인 관념은 '환(幻)'이라고 말한다. 불교의 관점에서 보면, '이런 의미에서의 나는 실재하지 않는다[無我].' 실재로서의 나는 오직 '환'으로서의 나를 벗어났을 때만 존재할 수 있다.

무아 사상은 '나의 문화의 감옥'으로부터의 해방에 기여할 수 있다. 무아를 자각하면, 나의 문화에 대한 우월감과 열등감, 상대 문화에 대한 증오심, 나의 문화에 대한 집착 등으로부터 자유를 얻게 된다. 이것은 나의 문화와 너의 문화를 진정으로 사랑하는 출발점이 된다. 이렇게 해서, 무아 사상은 조화로운 다문화 사회 발전의 기초가 될 수 있다.

상즉(相卽) 사상은 새로운 다문화 사회의 기초가 될 수 있다. 상즉이란 외견상 상이한 범주들 간의 통일성을 지시하는 개념이다. 불교 상즉 사상의 관점에서 보면, 이 세상 어떤 것도 분리된 실체로 존재하지 않는다.

불교 상즉 사상의 관점에서 보자면, 모든 존재는 공간적으로 그리고 시간적으로 상즉한다. 불교 상즉사상을 문화 영역에 적용하면 조화로운 다문화 사회의 기초를 제공할 수 있다. 상즉 사상의 관점에서 보면, 나의 문화 속에는 너의 문화가 살고 있으며, 지금 이대로 나의 문화는 너의 문화이다.

이 책의 다섯 번째 작업은 동양 사상의 바탕 위에서 탈현대 노인관을 구상하는 것이었다. 노년기를 어떻게 인식하는가 하는 것은 개인적인 삶의 차원에서나 문명의 차원에서 중요한 문제이다. 노년기는 급진적으로 길어지고 있지만, 현대 사회에서는 노년기를 지극히 부정적인 시각에서만 바라보고 젊음을 숭상하는 문화가 팽배해 있다. 현대 문화의 이런 특징으로 말미암아 심각한 사회 문제가 야기되고 있다.

현대 사회에서 나이 들어감에 대한 비관적이고 부정적인 관점만이 팽배해 있는 이유는 현대 인간관이 이 시대를 지배하고 있기 때문이다. 현대 인간관의 관점에서 볼 때, 죽음은 이 세계가 끝나는 것을 뜻한다. 나이 들어감이란 죽음에 점점 다가가는 과정이다. 그러므로 현대적인 관점의 지배 아래서 '나이 들어감'을 긍정적 · 창조적으로 해석할 수 있는 여지란 없다.

이에 반해서, 통일체적 세계관은 나이 들어감에 대한 긍정적이고 발전적인 해석을 제공할 수 있다. 통일체적 세계관의 관점에서 볼 때, 나이가 들수록 인간은 더 성숙하고 아름다운 존재가 되어갈 수 있다. 물론 이런 존재 차원의 변화는 나이가 든다고 해서 자동적으로 이루어지는 것이 아니며 변화를 위한 많은 노력을 요구한다. 그러나 노년기가 필연적인 쇠락의 과정이라고 보는 관점과 진정한 인간다움에 이를 수 있는 시기라고 보는 관점은 확연히 차이가 있다.

나이가 들수록 더 성숙하고 아름다운 존재가 될 수 있는 이유는 다음과 같다. 첫째, 노인이 되면 욕망의 노예 상태로부터 벗어나는 것이 상대적으로 용이해 진다. 둘째, 노인이 되면 한가로운 시간이 많아져서, 그 이전까지 바깥으로만 치닫던 의식을 자신의 내면으로 돌릴 수 있는 좋은 기회를 갖게 된다. 셋째, 노인이 되면 죽음에 직면하게 되면서 유머 감각을 가질 수 있다. 넷째, 노인이 되면 삶에 대한 깊은 이해와 경험에서 우러나는 지혜를 가질 수 있다. 다섯째, 노인이 되면 누구나 에고의 상실에 직면하게 되며, 이는 우주적인 존재로서의 자신과 세계를 자각할 수 있는 계기를 마련해 준다.

통일체적 세계관의 관점에서 수행으로서의 나이 들기를 실천했을 때, 그 결과 출현하는 탈현대 노인의 모습은 다음과 같다. 첫째, 수행을 통해 재탄생한 노인은 존재 수준의 수직적인 상승을 경험한다. 둘째, 수행을 통해 재탄생한 노인은 사물을 있는 그대로 분명하게 볼 수 있는 지혜의 눈을 갖게 된다. 셋째, 수행을 통해 재탄생한 노인은 일체가 무상함을 깨닫고, 모든 것에 대한 집착에서 벗어난다. 넷째, 수행을 통해 재탄생한 노인은 진정한 마음의 평화를 누린다. 다섯째, 수행을 통해 재탄생한 노인은 근심이 없으며, 순간순간의 삶이 즐겁다. 여섯째, 수행을 통해 재탄생한 노인은 자신과 세계를 무한한 긍정과 사랑의 눈으로 바라본다. 일곱째, 수행을 통해 재탄생한 노인은 행동이 겸손하다. 여덟째, 수행을 통해 재탄생한 노인은 조화로운 삶을 살아간다. 이리하여 수행을 통해 새롭게 탄생한 노인은 새로운 시대를 열어가는 주역이 된다.

이 책의 여섯 번째 작업은 동양 사상의 바탕 위에서 탈현대 죽음관을 구상하는 것이었다. 이 책에서 새로운 죽음관을 찾고자 하는 까닭은 현대인에게 소외된 죽음관이 팽배해 있기 때문이다. 그리고 이로 인해서, 현대인은 비인간적이고 고통스럽게 죽어가며, 살아있는 동안에도 죽음에 대한 공포와 불안으로부터 자유로울 수 없기 때문이다.

현대 사회에 팽배해 있는 소외된 죽음관의 근원은 현대 인간관이다. 인간을 유한한 개체로 인식하는 현대 인간관의 관점에서 보았을 때, 죽음이란 '분리된 개체로서 나의 존재가 무(無)로 화하는 것'이다. 그러므로 현대 인간관의 관점을 받아들일 때, 죽음을 창조적으로 해석하고 받아들이는 것은 원천적으로 불가능하다. 이에 따라서, 현대 인간관이 지배하고 있는 현대 사회에서는 죽음에 대한 비관적인 해석이 팽배해 있다.

이에 반해서, 우주적인 존재로 인간을 인식하는 통일체적 인간관은 죽음에 대해 새롭고 창조적인 해석을 제공할 수 있다. 통일체적 인간관의 관점에서 본다면, 죽을 수 있는 것은 현대인이 나라고 생각하는 거죽의 나에 불과하다. 우리가 만일 '우주적인 존재로서의 나'를 자각한다면, '분리된 개체로서의 나'는 본래 존재하지 않는다는 것[無我]을 자각한다면, 죽음은 없는 것이다. 본래 존재하지 않는 망상으로서의 나만이 죽는 것이기 때문에, '사랑의 존재로서의 진정하고 영원한 나'는 죽지 않는다.

이와 같이, 죽음이란 '분리된 자아'로서의 나의 죽음이다. 그렇다면 죽음의 효용은 무엇일까? 통일체적 인간관의 관점에서 보면, 치명적인 질병, 파산, 경쟁에서의 패배, 인기의 상실 등과 같이 '분리된 자아'에게 상처가 되고 때로는 '분리된 자아'의 존재 자체를 위협하는 경험들이 모두 '분리된 자아'라고 하는 망상을 깨뜨려버리는 계기가 될 수 있다. 죽음은 이런 점에서 무아를 자각하고 진정한 나를 실현하는 데 결정적인 기회를 제공할 수 있다. 바로 이런 점에서 죽음은 좋은 공부의 소재가 된다.

현대의 위기를 벗어나 행복한 삶과 사랑의 사회를 건설하기 위해서는 '현대적인 삶의 방식으로부터의 탈피'가 절실히 필요하다. 새로운 죽음관은 '현대적인 삶의 방식으로부터의 탈피'라고 하는 이 시대의 과제를 해결하는 데 기여할 수 있다. 현대적인 삶의 방식의 근원은 인간을 분리된 자아로 인식하는 현대 인간관이다. 새로운 죽음관은 분리된 자아라는 현대적인 관념이 망상에 불과한 것임을 밝힘으로써, 현대적인 삶의 방식이 부질없는 것임을 자각하도록 도울 수 있다.

새로운 죽음관은 현대적인 삶과 문명의 문제를 해소시키는 데 기여할 수 있을 뿐만 아니라, 탈현대적인 사랑의 삶과 사랑의 사회를 건설하는 데 도움을 줄 수 있다. 새로운 죽음관은 태양[사랑, 부처, 인(仁), 도(道)]으로서의 나의 삶이라고 하는 새로운 차원에서의 삶을 촉구한다. 죽음이란 분리된 자아의 죽음일 뿐이다. 우리는 분리된 자아의 죽음을 기회로 활용해서 우주적인 나의 죽음 없는 세계에 도달할 수 있다.

위에서, 이 책에서의 서술 내용을 요약해보았다. 이 책은 동양 사상의 바탕 위에서 탈현대 세계관인 통일체적 세계관을 구성했다. 그리고 통일체적 세계관의 바탕 위에서, 탈현대 학문관, 탈현대 여가관, 탈현대 노동관, 탈현대 다문화 사회, 탈현대 노인관, 탈현대 죽음관 등을 구상해 보았다.

현대의 눈으로 보자면, 현재는 유토피아에 가까이 도달한 사회일 것이다. 현 인류는 현대 이전 사람들이 상상할 수조차 없을 만큼의 물질적인 풍요를 누리고 있으며, 마음껏 쾌락에 탐닉하고, 정치적으로는 민주주의가 뿌리를 내리고 있다. 그러나 우리는 불행하다. 우리는 불행하기에 불행을 벗어나보려고 더욱 현대적인 노력을 기울인다. 그러나 그러면 그럴수록, 우리는 현대의 늪에 점점 깊이 빠져들고, 더 불행해진다.

'어떻게 이 현대가 만든 불행의 늪을 빠져나올 수 있을 것인가?', 이것이 이 책이 제기한 질문이었다. 그리고 이 책이 제시하는 그 답은 '인간과 세계를 바라보는 관점의 대전환'을 통해서만 그것이 가능하다는 것이었다.

관점을 바꾸어서 보면, 현 문명 위기는 사실은 새롭고 아름다운 문명을 탄생시키기 위한 진통임을 알 수 있으며, 우리는 새로운 문명에 대한 비전을 가질 수 있다. 새로운 관점에서 새로운 문명에 대한 비전을 제시해보는 것, 그것이 바로 이 책이 서술하고자 한 목표였다.

참고문헌

[경전류]

• 유가 경전

『周易』(影印本), 學民文化社, 1989
김석진 역주, 『周易傳義大全』, 대유, 1996
김병효 역주, 『亞山의 周易講義』, 소강, 2002
高亨 주해, 김상섭 옮김, 『고형의 주역』, 예문서원, 1995
王弼, 임채우 옮김, 『주역 왕필주』, 길, 서울, 1998
劉一明 주해, 임채우 옮김, 『주역천진』, 청계, 2006
智旭 주해, 박태섭 옮김, 『주역선해』, 한강수, 2007
『論語』(影印本), 學民文化社, 1989
성백효 역주, 『論語集註』, 전통문화연구회, 1990
동양고전연구회, 『논어』, 지식산업사, 2002
『孟子』(影印本), 學民文化社, 1989
성백효 역주, 『孟子集註』, 전통문화연구회, 1991
『大學』(影印本), 學民文化社, 1989
박완식 편저, 『大學 · 大學或問 · 大學講語』, 이론과 실천, 1993
성백효 역주, 『大學 · 中庸集註』, 전통문화연구회, 1991
김병효, 『亞山의 大學講義』, 소강, 1996
『中庸』(影印本), 學民文化社, 1989
김병효, 『亞山의 中庸講義』, 소강, 1996
憨山, 오진탁 옮김, 『감산의 中庸 풀이』, 서광사, 1991
『書經』(影印本), 學民文化社, 1989
『荀子』
김학주 옮김, 『순자』, 을유문화사, 2001
周惇頤, 『通書』

張載, 『張子全書 1』, 「西銘」
장윤수, 『정주철학원론』, 이론과 실천, 1992
朱熹, 『朱子語類』, 黎靖德(編), 王星賢(點校), 中華書局出版, 1994

• 도가 경전

『老子道德經』
남만성 옮김, 『老子道德經』, 을유문화사, 1970
王弼, 임채우 옮김, 『왕필의 노자』, 예문서원, 1997
憨山, 오진탁 옮김, 『감산의 老子 풀이』, 서광사, 1990
『莊子』
안동림 옮김, 『莊子』, 현암사, 1993
憨山, 오진탁 옮김, 『감산의 莊子 풀이』, 서광사, 1990
嚴遵, 『老子持歸』, 北京: 中華書局, 1994

• 불가 경전

『한글대장경 華嚴經(六十卷本) 1 · 2 · 3』, 東國譯經院, 1989
『한글대장경 華嚴經(八十卷本) 1 · 2 · 3』, 東國譯經院, 1992
『般若心經』
대한불교조계종편, 『화엄종관행문』, 조계종출판사, 2001
元曉, 은정희 · 송진현 역주, 『원효의 금강삼매경론』, 일지사, 2000
元曉, 조용길 · 정통규 옮김, 『금강삼매경론』 상 · 하, 동국대학교 출판부, 2002
法藏, 김무득 옮김, 『華嚴學體系(華嚴五敎章)』, 우리출판사, 1998

• 기독교 경전

『베스트 성경』, 성서교재간행사, 1995

[국내 단행본]

김기태, 『지금 이대로 완전하다』, 침묵의 향기, 2007
김영한, 『르네상스의 유토피아 思想』, 탐구당, 1983

김해주, 『義湘華嚴思想史硏究』, 민족사, 1993
류시화, 『나는 왜 너가 아니고 나인가』, 김영사, 2003
석동호 편, 『과학기술사』, 중원문화, 1984
유승무, 『불교사회학』, 박종철출판사, 2010
이동인, 『율곡의 사회개혁사상』, 백천서당, 2004
이영찬, 『유교사회학』, 예문서원, 2001
______, 『유교사회학의 패러다임과 사회이론』, 예문서원, 2008
이현지, 『동양사상과 탈현대의 발견』, 한국학술정보, 2009
원정근, 『도가철학의 사유방식』, 법인문화사, 1997
전경갑, 『현대와 탈현대의 사회사상』, 한길사, 1993
정문길, 『疎外論 硏究』, 문학과 지성사, 1978
정재걸, 『만두모형의 교육관』, 교육신문사, 2001
______, 『삶의 완성을 위한 죽음교육』, 지식의 날개, 2010
______, 『오래된 미래교육』, 살림터, 2010
정재걸 외, 『동양사상과 탈현대의 죽음』, 계명대학교출판부, 2010
조동일, 『인문학문의 사명』, 서울대출판부, 1997
차하순, 『르네상스의 사회와 사상』, 탐구당, 1991
최석만 외, 『유교적 사회질서와 문화, 민주주의』, 전남대학교출판부, 2006
________, 『탈현대와 유교』, 전남대학교출판부, 2007
최영진, 『유교사상의 본질과 현재성』, 유교문화연구소, 2002
한자경, 『일심의 철학』, 서광사, 2002
홍승표, 『깨달음의 사회학』, 예문서원, 2002
______, 『존재의 아름다움』, 예문서원, 2003
______, 『동양 사상과 탈현대』, 예문서원, 2005
______, 『노인혁명』, 예문서원, 2007
______, 『동양 사상과 새로운 유토피아』, 계명대학교출판부, 2010
______, 『동양 사상과 탈현대적 삶』, 계명대학교출판부, 2011
홍승표 외, 『동양 사상과 탈현대의 여가』, 계명대학교출판부, 2006
________, 『한국전통사상과 새로운 노동관』, 계명대학교출판부, 2010

[국내 논문류]

곽신환, 「周易에서의 大德관 萬物一體論」, 허원선생 · 이경선생화갑기념논문집 『동서철학의 제 문제』, pp. 1-19, 1996

김정근, 「우리나라 평균 수명의 과거와 현재와 미래」, 「한국인구학」 7(1): 124-140, 1984

백진호, 「양명의 죽음관」, 『원불교사상과 종교문화』 44: 317-353, 2010

신종화, 「현대 사회와 여가」, 홍승표 외, 『동양사상과 탈현대의 여가』, 계명대학교출판부, pp. 19-44, 2006

오세근, 「공자의 인과 예사상의 현대 평화이념으로서 독해 가능성에 관한 연구」, 『東洋社會思想』 10: 127-169, 2004

신오현, 「르네상스 휴머니즘과 철학」, 신오현 외 6인 공저, 『르네상스 휴머니즘의 현대적 의의』, pp. 65-129, 영남대학교 출판부, 1990

오세근, 「유교 학문론 · 공부론의 탈근대학문 언어체계로의 적용 가능성에 관한 연구」, 『東洋社會思想』 13: 53-91, 2006

이규성, 「우주적 연대 속의 인간과 욕망」, 김종철 편, 『녹색평론선집1』, pp. 134-146, 녹색평론사, 1993

이동인, 「이이 사회사상의 철학적 기초」, 『東洋社會思想』, 3: 237-263, 2000

이승연, 「'개(個)'와 '가(家)'」, 『東洋社會思想』 3: 179-209, 2000

이완재, 「易學的 認識과 表現方法에 關하여」, 韓國周易學會 편, 『周易의 現代的 照明』, 범양사 출판부, pp. 199-217, 1992

이평래, 「如來藏思想 形成의 歷史的 考察」, 『佛敎學報』 29: 445-470, 1992

이현지, 「음양론의 여성학적 함의」, 『東洋社會思想』 4: 255-275, 2001

______, 「동양사회사상과 새로운 세계관의 모색」, 『東洋社會思想』 16: 15-32, 2007

______, 「『주역』과 탈현대 가족 여가의 '즐거움'」, 『東洋社會思想』 21: 45-69, 2010

______, 「동양사상의 관점에서 본 한국 노인복지의 현주소」, 『東洋社會思想』 22: 145-174, 2010

정재걸, 「신자유주의와 전통적 자유의 개념」, 『중등우리교육』 102: 40-45, 1998

______, 「유가 교육 사상의 탈근대적 의미」, 『東洋社會思想』 2: 127-162, 1999

______, 「복기초(復其初)의 의미에 대한 일 고찰」, 『東洋社會思想』 11: 35-57, 2005

______, 「나는 누구인가?: '唯識 30頌'의 경우」, 『교육철학』 32: 245-273, 2007
______, 「노인을 위한 죽음준비교육 프로그램 개발 연구」, 『東洋社會思想』 16: 197-236, 2007
______, 「불교와 죽음 그리고 죽음교육」, 『東洋哲學硏究』 55: 105-136, 2008
______, 「한국 전통사상과 수행과 낙도로서의 노동」, 『한국학논집』 38: 145-169, 2009
최봉영, 「'사회' 개념에 전제된 개체와 전체의 관계와 유형」, 『東洋社會思想』 1: 79-104, 1998
______, 「성리학적 인간관과 인본주의」, 『東洋社會思想』 2: 31-77, 1999
최석만, 「사회윤리로서의 합리주의와 유교의 비교」, 『東洋社會思想』 1: 133-160, 1998
______, 「유교사상과 민주주의의 접합을 위한 이론 구성 및 방법론」, 『東洋社會思想』 2: 5-29, 1999
______, 「공(公)과 사(私)」, 『東洋社會思想』 5: 5-21, 2002
최홍기, 「韓國文化의 自生的 展開」, 임희섭 편, 『韓國社會의 發展과 文化』, 도서출판 나남, 1997
허재윤, 「르네상스 휴머니즘의 종교적 의의」, 신오현 외 6인 공저, 『르네상스 휴머니즘의 현대적 의의』, pp. 130-185, 영남대학교 출판부, 1990
홍승표, 「對待的 對立觀의 탈현대적 의미」, 『철학논총』 40(2): 389-404, 2005
______, 「수행과 낙도로서의 여가」, 홍승표 외, 『동양사상과 탈현대의 여가』, 계명대학교출판부, 2006
______, 「유교사상을 통해 본 다문화 사회」, 『철학연구』 107: 19-89, 2008
______, 「동양 사상과 수행과 낙도로서의 블랙잭」, 『여가학연구』 6(2): 15-30, 2008
______. 「동양 사상과 탈현대 대안사회의 구성」, 『東洋社會思想』 17: 59-84, 2008
______, 「통일체적 세계관과 인간적 노동의 구현」, 『東洋社會思想』 19: 5-20, 2009

[서양 문헌]

Bacon, Francis, 진석용 옮김, 『신기관--자연의 해석과 인간의 자연 지배에 관한 잠언』, 한길사, 2001

Blake, William, 김종철 옮김, 『天國과 地獄의 結婚』, 민음사, 1974

Bolen, Jean Shinoda, 이은봉 옮김, 『道와 人間心理』, 집문당, 1994

Bronowski, J. and Bruce Mazlish, 차하순 옮김, 『西洋의 知的 傳統』, 학연사, 1986

Capra, Fritjof, 이성범 · 구윤서 옮김, 『새로운 科學과 文明의 轉換』, 범양사출판부, 1985

__________, 이성범 · 김용정 옮김, 『현대물리학과 동양사상』, 범양사출판부, 1989

Chang, Garma C. C., 이찬수 옮김, 『華嚴哲學』, 경서원, 1998

Darwin, Charles R., 이민재 옮김, 『種의 起源』, 을유문화사, 1983

Eckhart, Meister, 이민재 옮김, 『마이스터 에크하르트 1 · 2』, 다산글방, 1994

Emerson, Ralph Waldo, 이창배 옮김, 『에머슨 隨想錄』, 서문당, 1973

Engels, Friedrich, 한철 옮김, 『반뒤링론』, 이성과현실, 1989

Fromm, Erich, 김철수 옮김, 『자유로부터의 도피』, 계명대학교출판부, 1988

Hobbes, Thomas, Leviathan, Indianapolis, Indiana: Hackett Publishing Company, Inc., 1994

Johnston, William, 이원석 옮김, 『禪과 기독교 신비주의』, 대원정사, 1993

Laurent, Alain, 김용민 옮김, 『개인주의의 역사』, 한길사, 2001

Malthus, Thomas R., 이민재 옮김, 『인구론』, 대양서적, 1972

Marx, Karl and Friedrich Engels, The German Ideology, Karl Marx and Frederick Engels Collected Works Vol. 5, Moscow, U.S.S.R.: Progress Publishers, 1984

__________________________, Manifesto of the Communist Party, Karl Marx and Frederick Engels Collected Works Vol. 6, Moscow, U.S.S.R.: Progress Publishers, 1984

Mirandola, Giovanni Pico della, "Oration on the Dignity of Man", In The

Renaissance Philosophy of Man, edited by Ernst Cassirer, Paul Oskar Kristeller, and John Herman Randall, Chicago: The University of Chicago Press, 1948

Montesquieu, Baron de La Brède et de, 이명성 옮김, 『법의 정신』, 홍신출판사, 2005

More, Thomas, 황문수 옮김, 『유토피아』, 범우사, 2005

Platon, 박종현 옮김, 『국가 · 政體』, 서광사, 1997

Popitz, Heinrich, 「史的唯物論의 哲學的 기초」, 김창호 편역, 『마르크스의 人間觀』, pp. 95-145, 동녘, 1983

Rajneesh, Osho, 박노근 옮김, 『도마복음강의』, 도서출판 예문, 1997

Rifkin, Jeremy, 이영호 옮김, 『노동의 종말』, 민음사, 1996

Sartre, Jean Pau, 양원달 옮김, 『存在와 無』, 을유문화사, 1968

Thich, Nhat Hanh, Being Peace, Berkeley, California: Parallax Press, 1987

______________, Present Moment Wonderful Moment, California: Parallax Press, 1990

______________, 오강남 옮김, 『귀향』, 모색, 2001

______________, 류시화 옮김, 『마음을 멈추고 다만 바라보라』, 꿈꾸는 돌, 2002

______________, 허문명 옮김, 『죽음도 없이 두려움도 없이』, 나무심는 사람, 2003

______________, 진현종 옮김, 『아! 붓다』, 반디미디어, 2004

Timasheff, Nicholas S. and George A. Theodorson, 박재묵 · 이정옥 옮김, 『사회학사: 사회학 이론의 성격과 발전』, 풀빛, 1976

Tolle, Eckhart, 류시화 옮김, 『Now』, 조화로운 삶, 2008

__________, 노혜숙 · 유영일 옮김, 『지금 이 순간을 살아라』, 양문, 2008.

Trigg, Roger, Ideas of Human Nature: An Historical Introduction, Oxford, UK: Basil Blackwell, 1988

Westby, David L., The Growth of Sociological Theory: Human Nature, Knowledge, and Social Change, New Jersey: Prentice Hall, 1991

von Franz, M. L., 「個性化 過程」, Jung, Carl G. 편, 이부영 외 옮김, 『人間

과 無意識의 象徵』, pp. 164-239, 집문당, 1983
Wallerstein, Immanuel et al., 이수훈 옮김, 『사회과학의 개방』, 당대, 1996
Wu, John C. H., 류시화 옮김, 『禪의 황금시대』, 경서원, 1986
Young, Robert, 「맬더스와 진화론자들」, 김영식 편, 『근대사회와 과학』, pp. 206-245, 창작과 비평사, 1989

[중국 문헌]

勞思光, 정인재 옮김, 『中國哲學史』, 탐구당, 1987
蒙培元, 『中國哲學主體思惟』, 北京: 東方出版社, 1993
楊的, 노승현 옮김, 『동서인간론의 충돌』, 백의, 1997
陳鼓應, 최진석 옮김, 『老莊新論』, 소나무, 1997

[기타 문헌]

淺野榮一 · 古賀英三郞 편저, 한마당편집실 옮김, 『어떻게 社會科學을 할 것인가』, 한마당, 1982
淸水正德, 한마당 편집부 옮김, 『노동의 의미』, 한마당, 1983

[자료]

보건복지부, 「사회통계조사」, 보건복지부, 2004-2008
통계청, 『2009년 사망원인 통계 결과』 보도자료, 2010

탈현대와 동양사상의 재발견

2012년 6월 22일 초판 1쇄 발행
2012년 9월 14일 초판 2쇄 발행

지은이 **홍 승 표**
펴낸이 **신 일 희**
펴낸곳 계명대학교 출판부
(704-701) 대구광역시 달서구 달구벌대로 1095
TEL: (053)580-6233
FAX: (053)580-6235
홈페이지: www.kmupress.com
출판등록: 1970. 9. 1(제347-1998-1호)

ISBN 978-89-7585-587-0 93150 정가 17,000원
*잘못된 책은 교환하여 드립니다.